游魂故乡 野人天堂

孟火火的第三本书

◎孟火火 著

必是轮回里放逐的游魂
方可每到一处皆如故乡
唯有红尘中漂泊的野人
才能纵横八方步步天堂

天津出版传媒集团
天津人民出版社

图书在版编目（CIP）数据

游魂故乡 野人天堂 : 孟火火的第三本书 / 孟火火著. -- 天津 : 天津人民出版社, 2021.2
ISBN 978-7-201-15986-7

Ⅰ. ①游… Ⅱ. ①孟… Ⅲ. ①游记－作品集－中国－当代 Ⅳ. ①I267.4

中国版本图书馆CIP数据核字（2020）第084596号

游魂故乡　野人天堂
YOUHUN GUXIANG YEREN TIAN TANG

出　　版　天津人民出版社
出 版 人　刘庆
地　　址　天津市和平区西康路35号康岳大厦
邮　　编　300051
邮购电话　（022）23332469
电子信箱　reader@tjrmcbs.com

责任编辑　刘子伯
特约编辑　孙小野
封面设计　孟火火

印　　刷　江苏汇文彩色印务有限公司
经　　销　新华书店
开　　本　710毫米×1000毫米　1/16
印　　张　28.5
字　　数　459千字
版次印次　2021年2月第1版　2021年2月第1次印刷
定　　价　69.80元

导读

关于《阿呆们的十篇序》

如果你也是个阿呆，那么请跳过该部分。

关于《宝贝别哭》

如果你不是个宝贝，那么请跳过该部分。

关于《Goodbye darling》

如果你不知何为再见，那么请跳过该部分，不然你就知道得太多了。

关于《游魂故乡 野人天堂》

如果你想读一本好书，恭喜你，这不仅是一本好书，还可以用来砸坏人。

目　录 CONTENTS

Goodye darling

后记

写在前面

传统以及详见后记

窗外阵雨刚过，分外凉爽，我在家中“徘徊”多日，终于落座，为这篇关于“结束”的文章，论磨蹭拖延的原因，除了“时尚”外，更多是“舍不得”和“话太多”。

舍不得，这几年行走天涯书写生活，目标之一就是要完成这个“旅行三部曲”，虽说旅途格外精彩，但写作终归是一个辛苦的工作，本以为结束也会叫人轻松愉快，可当提笔才顿觉艰难，就像是跟一位旅伴同行多年，看似彼此已熟到厌倦，怎知突然就来到了分手时刻……

话太多，内心“戏”那么足，怎是一篇文章能够演完，无奈书本容量有限，而这几年出版成本涨了又涨，每多一字对于我这个“无人青睐”只能“自主营销”的作者来说，都有可能导致“狗粮”断货，于是苦思冥想，如何才能把“剧本”精简再精简，而当我认真查阅了银行账号上只有个位的数字后，终于痛下决心大刀阔斧开出了一条活路，那就是单纯聊聊关于《三部曲》的各种传统。

那么，都有哪些传统呢？

传统一：穷。

到目前为止，我依然很穷，对此，我除了流泪，实在没什么别的好说……

传统二：前无古人，后无来者。

如有不解，详见本书后记二。

传统三：自主营销。

虽然穷，但作为我“旅行三部曲”的收官之作，本书仍旧由我自主营销，而至于“穷”还能“自营”的原因和出版过程，详见后记二。

传统四：10 篇序。

本书仍然有 10 篇序，分别由 10 位在旅途中结识的朋友创作，而跟前两本稍有不同的是，这次的 10 位序作者都是国际友人，10 篇序共使用“英、荷、日、西、印、德、波兰、比利时”8 种语言，是不是很奇特？奇特就对了！而至于为何是“10 篇序”，详见后记二。

传统五：“屠”文“病”茂。

本书的总字数和前两本各十五万余的规模相近，而又一个不小心就塞进去了 700 多张照片，为了保证照片的观赏性和排版的美观，虽然在最开始定了“死”目标“本书不能超过 400 页”，但最终页数还是达到了 450 页，这也算是我生命“鲜活”的另一种证明吧，总之，没有辜负“屠”文“病”茂这四个字，至于为何是这四个字，详见后记二。

传统六：出版过程曲折而漫长。

“三部曲”的正文内容开始于 2013 年 6 月 1 日，结束于 2016 年 9 月 16 日，共跨 3 年时光，节奏上是每年写一本书，可是全部出版竟然用了 7 年之久，可见过程曲折而充满故事，至于为何如此艰难，在此我贴心广告：详见前两本书的《写在前面》以及三部曲的全部后记，同时由于前两本书都是限量版（都只印了 5000 册），现在已经所剩无几，所以欲购从速，请前往我亲自打理的淘宝网店“孟火火的书店”。

传统七：令人愉快。

2016 年初我做了一次长途旅行，总历时 5 个半月，本书就是在那次旅行中创作完成的，故事发生在除了国内西藏等地区外，还包括：印度、孟加拉国、泰国、缅甸、柬埔寨、越南、老挝，一路上各种故事和事故，大家看过觉得精不精彩、感不感动我不敢妄言，但看完开心，我敢保证！

综上七项，便是“孟火火旅行三部曲”这些年来一直保持的“传统”。那么既然冠以“传统”二字，说明三本书是存在着内在关联的，不过这并不像三部曲结构的小说那样，存在着情节推进和人物成长上的线性关联，我这

“旅行三部曲”的关联主要是故事发生的方式——大部分都是在旅行途中发生，而每本书的故事之间，除了都有“我”出现外，其他都没有直接的因果关联，因此大家在阅读这套书的时候，不必有阅读顺序的负担，可以从第一本读到第三本，也可以从第三本读到第一本，当然如果心情好，也可以从第二本书的中间开始向两边读，那将会是比较有趣的体验……

那么，接着“传统”咱们再聊聊本书的书名，为什么是《游魂故乡 野人天堂》？这个得从最开始说起。

在进行第一本书中的旅行时，我写了一首诗：

必是轮回里放逐的游魂
方可每到一处皆如故乡
唯有红尘中漂泊的野人
才能纵横八方步步天堂

我把这首诗的前两句印在了第一本书的封面上，取书名为《孟火火的第一本书》；而在第二本书上印了后两句，为了不在概念上重复自己，于是书名稍作调整，我取两句诗每句末尾的一词合并成书名《野人天堂》，同时定副标题为《孟火火的第二本书》，而此时我对“三部曲”的规划也已成熟，并计划第一本书再版时改书名为《游魂故乡》，副标题为《孟火火的第一本书》，因此，按照规划，在第三本的时候，我把四句诗合体并完整地印在了封面上，同时定书名为《游魂故乡 野人天堂》，副标题《孟火火的第三本书》，怎么样，像不像是完成了一个拼图游戏？是不是觉得特别“幼稚”、特别“投机”、特别“酷”呢？哈哈，不管怎样，我喜欢这个“天下一统”的局面，游戏结束，好玩开心就够了。

那么，对这首诗也常有朋友问我，最想要表达的是什么？这个也简单。

什么是游魂，什么是野人？都是一种自由开放的状态，所以我的意思是，

如果我们有一个自由开放的心态，或者说灵魂，

那么不论我们走到哪里，都会收获故乡般的亲切感，
如果我们有一个自由开放的心态，或者说灵魂，
那么不论我们走到哪里，都会收获在天堂般的美感。

就是这样，如果大家赞同，来，请与我击掌，如果大家不赞同的，没关系，请大家为我使劲儿鼓掌，手疼到停不下来那种，哈哈！

好了，夜已深，就让我们用一个问题和其答案来作“晚安”，我这“三部曲”字数共计四十五万余，三本书共塞进了近两千张照片，如果大家问我三部曲到底要表达怎样的精神和思想？答案更简单，正是那首诗的标题和本书的书名：

游魂故乡，野人天堂。

2019.05.18 夜
于疯野工作室

阿呆们的十篇序

全世界的呆，满世界的爱。

火火注：这位是肖恩，我们相识于印度·孟买，他生活在伦敦，老家比利时，所以我请他用比利时语写了这篇序，译文大意：火火超友善！

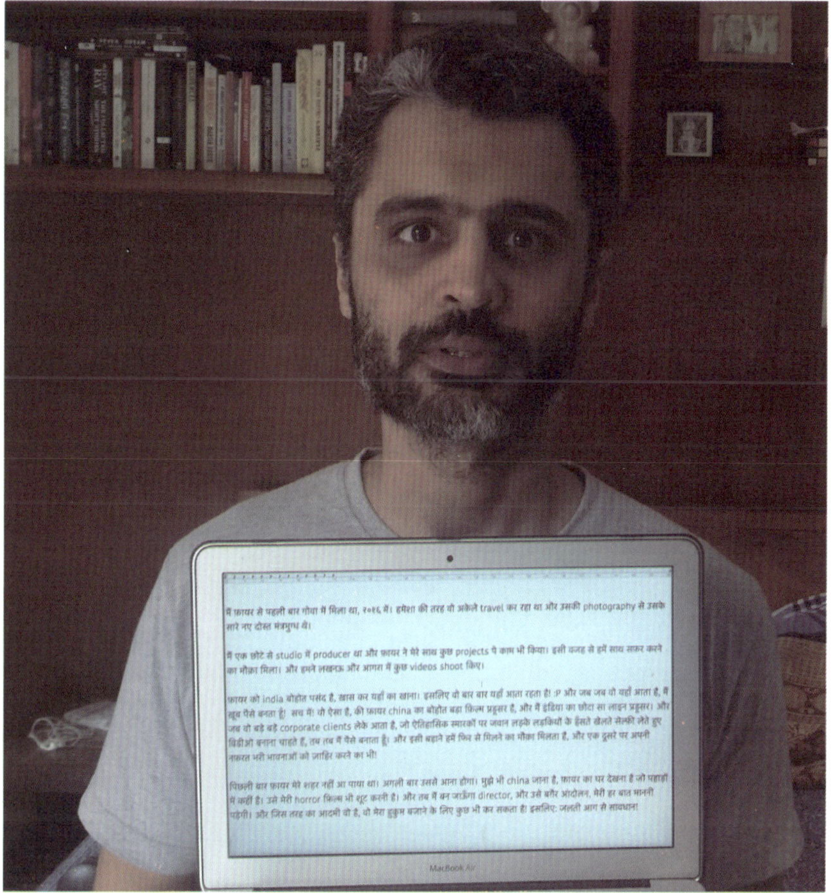

मैं पहली बार 2016 में गोवा में फायर से मलिा था। वह हमेशा की तरह अकेले यात्रा कर रहा था और उसके सभी नए दोस्त उसके फोटोग्राफी कौशल से मंत्रमुग्ध थे। मैं एक छोटे से स्टूडयियो में प्रोड्यूसर के रूप में काम कर रहा था और फायर ने कुछ प्रोजेक्ट्स में सनिमैटोग्राफर के रूप में मेरा साथ दयिा। इससे हमें लखनऊ और आगरा जैसी जगहों की यात्रा करने का मौका मलिा। और हमने ताजमहल पर भी शूटगिं की! FIRE को भारत और भारतीय खाना बहुत पसंद है। यही कारण है कि वह बार-बार आते रहते हैं! और हर बार जब वह आता है, तो मैं पैसा कमाता हूं! यह सच है। आप देखिए, वह चीन में बड़े फलि्म नरि्माता हैं। और मैं भारत में फ्रीलांस प्रोड्यूसर के रूप में काम करता हूं। इसलए जब वह बड़े कॉर्पोरेट वशिाल ग्राहकों

को ऐतहािसकि स्मारकों में सेल्फी लेने वाले कशिोरों के वज्ञिापनों को शूट करने के लए लाता है, तो मैं पैसे कमाता हूं! हम फरि से मलिते हैं और फरि से एक-दूसरे से नफरत करते हैं, जो मजेदार हो सकता है। पछिली बार वह मेरे गृह नगर नहीं आ सका था। अगली बार उसे आना होगा। मैं पहाड़ों में उनके घर जाना चाहता हूं। हमें साथ मलिकर एक फल्मि भी बनानी होगी। मैं उसका नर्दिेशक बनूंगा और उसे वही करना होगा जो मैं कहता हूं, बनिा वरिोध कए। वास्तव में वह मेरी आज्ञा का पालन करने के लए हत्या भी कर सकता है! तो उग्र आग से सावधान रहें!

火火注：这位是儒衫鞑，我们相识于印度·果阿，他是印度人，所以我请他用印地语写了这篇序，译文大意：火火超热情！

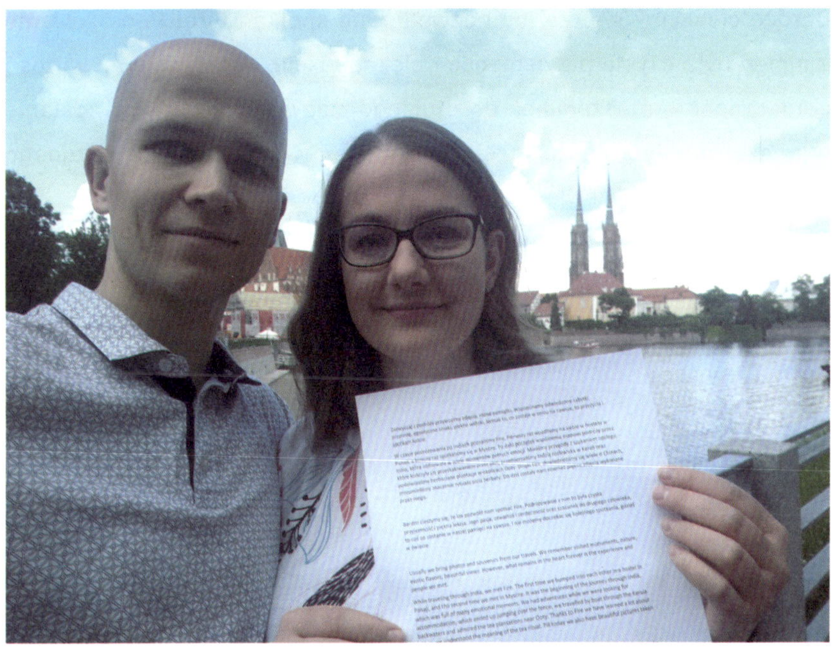

Zazwyczaj z podróży przywozimy zdjęcia, różne pamiątki. Wspominamy odwiedzone zabytki, przyrodę, egzotyczne smaki, piękne widoki. Jednak to, co zostaje w sercu na zawsze, to przeżycia i spotkani ludzie.

W czasie podróżowania po Indiach poznaliśmy Fire. Pierwszy raz wpadliśmy na siebie w hostelu w Panaji, a kolejny raz spotkaliśmy się w Mysore. To dało początek wspólnemu etapowi podróży przez Indie, która obfitowała w wiele momentów pełnych emocji. Mieliśmy przygody z szukaniem noclegu, które kończyły się przeskakiwaniem przez płot; przemierzaliśmy łodzią rozlewiska w Kerali oraz podziwialiśmy herbaciane plantacje w okolicach Ooty. Dzięki Fire dowiedzieliśmy się wiele o Chinach, zrozumieliśmy znaczenie rytuału picia herbaty. Do dziś zostały nam również piękne zdjęcia wykonane przez niego.

Bardzo cieszymy się, że los pozwolił nam spotkać Fire. Podróżowanie z nim to była czysta przyjemność i piękna lekcja. Jego pasja, otwartoś i serdeczność oraz szacunek do drugiego człowieka, to coś co zostanie w naszej pamięci na zawsze. I nie możemy doczekac się kolejnego spotkania, gdzieś w świecie.

火火注：这两位是罗德克和马格达，我们相识于印度·迈索尔，他们是波兰人，所以我请他们用波兰语写了这篇序，译文大意：火火超幽默！

Travelling, in my humble opinion, is not about destinations. Well, maybe a little, but the things you are really going to remember the most are without a doubt the people you meet along the way.

When we started the Singalila ridge trek, just outside of Darjeeling, there was this tall Chinese man walking with a bamboo stick.

I quickly noticed that he had something going on with one of his legs, he told us he injured it a couple of days before. Although he limped, the guy had the best attitude and biggest smile in our little crew!

On the second day, when the group was taking a short break the tall man raised his voice and said : Guys, I wrote a poem and I would like to tell it to you.I thought now that's a bold move to break the ice !

The poem was about hope if I remember correctly.

Talking with Fire was fun. His opinions were refreshing and moving and made us realize how authentic he was .

The story of our trip to India wouldn't be whole if we didn't talk about our time with Fire.

My wife, my friend Vincent and I will always remember him.

火火注： 这位是飞利浦，我们相识于印度 · 新格里拉山区，他是加拿大人，所以我请他用英语写了这篇序，译文大意： 火火超有才！

火火注：这位是 Shirish，我们相识于印度 · 新格里拉山区，他是印度锡金邦人，所以我请他用印地语写了这篇序，译文大意：火火超勇敢！

Fire and I first met in guest house in Dhaka, Bangladesh. From day one, we got on like a house on ‘Fire’ - and he was one of the best travel companions.

His warm and friendly nature, coupled with his desire for adventure meant we explored places I would never have seen by myself. From the tea plantations to Sylhet, we saw so much. He captured those moments so beautifully with his camera, meaning not only do I have life long memories but I also have the photos to go with it too.

Our friendship did not stop when we both left Bangladesh. Only a few months later, we found ourselves staying in the same hostel in Vietnam. Through chance or design, this allowed us to share more memorable moments.

Fire is a wonderfully talented photographer and friend - I am very glad our paths crossed in this journey we call life.

I hope one day soon we will share more adventures (and photos!)

火火注：这位是罗塞尔，我们相识于孟加拉国·达卡，她是英国人，所以我请她用英文写了这篇序，译文大意：火火超帅！

燃えるように暑いヤンゴンで

2016 年年 4 月 28 日

初めてミャンマーへ入国し、早速ゲストハウスに向かった。
ヤンゴンはバンコクから飛行機ですぐだった。何より気温は猛烈に暑く昼間は 40° C くらいにもなる。

ゲストハウスに到着したのは確か昼前後。特に予定もなく、ゲスト ハウスのラウンジで時間を潰してたら、背の高い中国の北北京出身のやつと出会う。

彼も到着したばかりというので、午後から市内を一緒に回ることになった。彼の名前はファイヤー。「火」って名前らしい。

彼は、映画を作るのが仕事だと言っていて、俺も映画ではないが、映像制作をしていたので、意気投合した。中国は映画がどんどん 大きくなってて、そんな中で映画づくりをやってるのはすごいと 思った。とにかく気のいいやつだったので、すぐに打ち解けて街に繰り出した。

ヤンゴンの街は、思ったより賑やかで、スマホを使う若者も少なくなかった。それでもバンコクと比べるとまだまだ発展途上。厳格な仏教国という珍しい国を外からの目線で２人で徒歩でまわった。

飯を食べたり、街中の風景を写真撮ったり、多くのお寺をまわったり、ナイトライフを楽しんだり。

その後、俺はヤンゴンから郊外へ行く予定があり、ヤンゴンを離れることになったが、記憶にいつも残っている。またどこかで会えることを楽しみだ。

こういう出会いは一生の中でもそう多くはないし、今度は中国で会えたらいいなと思う。旅と出会いに感謝だ。

一期一会
大介

火火注：这位是戴斯，我们相识于缅甸·仰光，他是日本人，所以我请他用日语写了这篇序，译文大意：火火超聪明！

Mientras escribo este texto suena una canción pop que estuvo de moda el año 2016. No se trata de una melodía precisamente sorprendente: Tres minutos de balbuceos y gemidos con auto-tune. El hecho de que la recuerde tiene más que ver con la nostalgia que una buena memoria. Con esa magnífica– y a ratos peligrosa- capacidad para idealizar el pasado.

Playas hermosas asiáticas, lado A: Un rincón solitario de arena blanca y agua turquesa. El amor y el desapego, la promesa de vivir cada día en el presente y agradecida.

Playas hermosas asiáticas, lado B: Histeria. Odio parido por los turistas que gritan todo el santo día, beben cervezas y arrojan las botellas al mar. Que no preguntan cómo se dice hola en el idioma local, y que nunca callan.

Odio parido, también, por los lugareños que escupen al comer, que no hacen filas y me empujan cada dos minutos. Finalmente, odio por mí, por tener problemas para aceptar lo distinto y ser bastante menos tolerante que lo que insinúan mis redes sociales.

Odiando, odiando. Odiando ando.

Estas dos caras, entre varios matices de caras, mis propias caras, me acompañaron durante seis meses, cinco países, algunos aviones y muchos buses. Por islas, montañas y ciudades atestadas de gente, lugares constantemente en pugna entre el turismo y la pobreza. Por paisajes alucinantes. Esas dos versiones me regalaron conversaciones profundas con viajeros imperfectos, aprendizajes en forma de espejos, risas y, por supuesto, picaduras de mosquitos asesinos.

¿Qué es un viaje, sino llevarte a ti mismo?

Cada vez que aparecen fotografías de lo vivido en mi cabeza, sonrío. Sigo manteniendo el contacto con algunas personas con las que compartí, de otros apenas recuerdo sus nombres. Olvidé rutas, confundo ciudades. Pero me acuerdo perfectamente de lo que sentí al contrastar mi realidad con la de otros. Hoy sigo uniendo puntos a partir de esa maravillosa experiencia, también llamada perder el control.

No creo que sea necesario viajar a otro continente para lograrlo, pero algunos necesitamos perdernos en todo sentido. Desde lo visual hasta lo fonético, incluso en un paquete que parece perfecto. Quizás la clave de todo es, precisamente, la eterna búsqueda de lo perfecto, y cómo lidiar con su imposibilidad en dondequiera que estemos.

A veces, cuando las cosas se ponen difíciles, quiero agarrar la mochila y partir. Aunque sea mujer, aunque vaya sola, aunque me dé más miedo que la vez pasada porque siguen aumentando las sirenas que terminan asesinadas en la arena.

Pero ese es el mundo. Aquí y allá. Ese que en un segundo te muestra la mejor versión de la humanidad y al siguiente su miseria. Esa dualidad sin filtros de Instagram, la que está llena de arrugas. Esa verdad que se cuenta cuando se escucha.

Quiero seguir viajando eternamente. Para adentro y para afuera. En Malasia y en el metro de Santiago de Chile. En mi casa. En los besos y en las mentiras.

En el aire. Recuerdo y doy las gracias a cada una de las personas con las que me he topado hasta ahora, en las situaciones más paradisiacas y en las que jamás confesaríamos. Gracias por obligarme a dialogar con el mundo, con todo lo que ello implica.

Carla Stagno Gray

火火注：这位是卡拉，我们相识于越南·大叻，她是阿根廷人，所以我请她用西班牙语写了这篇序，译文大意：火火超有魅力！

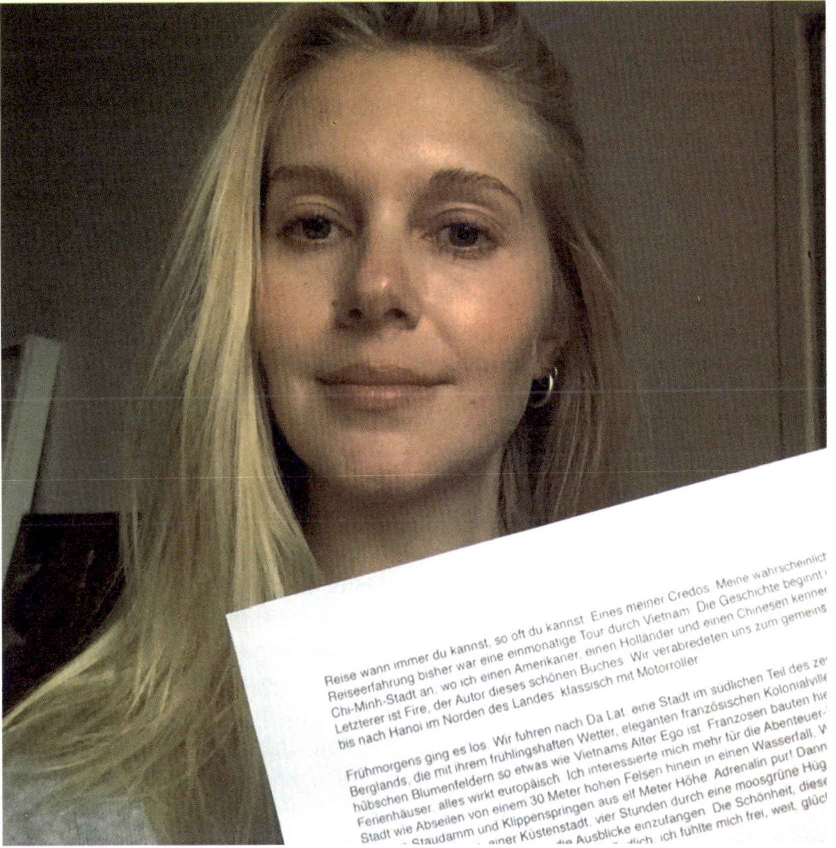

Reise wann immer du kannst, so oft du kannst. Eines meiner Credos. Meine wahrscheinlich tollste Reiseerfahrung bisher war eine einmonatige Tour durch Vietnam. Die Geschichte beginnt in HoChi-Minh-Stadt an, wo ich einen Amerikaner, einen Holländer und einen Chinesen kennenlernte. Letzterer ist Fire, der Autor dieses schönen Buches. Wir verabredeten uns zum gemeinsamen Trip bis nach Hanoi im Norden des Landes: klassisch mit Motorroller.

Frühmorgens ging es los. Wir fuhren nach Da Lat, eine Stadt im südlichen Teil des zentralen Berglands, die mit ihrem frühlingshaften Wetter, eleganten französischen Kolonialvillen und hübschen Blumenfeldern so etwas wie Vietnams Alter Ego ist. Franzosen bauten hier ihre Ferienhäuser, alles wirkt europäisch. Ich interessierte mich mehr für die Abenteuer-Variante der Stadt wie Abseilen von einem 30 Meter hohen Felsen hinein in einen Wasserfall, Wasserrutschen in einen Staudamm und Klippenspringen aus elf Meter Höhe. Adrenalin pur!

Dann ging es Richtung Nha Trang, einer Küstenstadt, vier Stunden durch eine moosgrüne Hügellandschaft.
Immer wieder hielten wir an, um die Ausblicke einzufangen. Die Schönheit, diese Weite schnürte mir fast die Luft ab. Ich sog die Ruhe ein. Endlich, ich fühlte mich frei, weit, glücklich. Auf einem Motorroller in Vietnam.

Hoi An war der nächste Stopp, geradezu Pflicht auf jeder Vietnamreise. Die kleine Stadt verkörpert das hübsche Bilderbuch-Vietnam, nach Einbruch der Dunkelheit werden die Lampions angeknipst, die bunten Lichter verbreiten eine fröhliche Stimmung. Mitten durch die Stadt fließt der Thu Bon, der mit seinen türkisfarbenen Booten ein beliebtes Postkartenmotiv abgibt. In Hoi An muss man Cao Lau probieren, ein Nudelgericht mit geschmortem Schweinefleisch, Mungobohnensprossen, Kräutern und Croûtons, eine Köstlichkeit, die so nur hier serviert wird. Dazu gehört ein Bia Hoi, das täglich frisch gebraute Light-Bier.

Weiter nach Norden, Hanoi, Halong-Bucht und Sapa. Die Hauptstadt Hanoi, mit ungefähr 1000 Jahren eine der ältesten Städte Südostasiens, hat eine charmante, quirlige Altstadt, geprägt von Kolonialbauten, angesagten Vintage-Shops und hippen Cafés, auch hier beherrschen die Mopeds und Tuk-Tuks das Straßenbild. Mit rund sieben Millionen Einwohnern ist sie das kulturelle Zentrum des Landes: Wir besichtigten das Ho-Chi-Minh-Mausoleum, bestaunten den Literaturtempel Van Mieu, dessen Schönheit so gekonnt in die Architektur einer religiösen Anlage eingebunden ist, und besuchten das Museum für Vietnamesische Geschichte, ließen uns vor allem vom Chaos auf den Straßen treiben. Von Stadt zu Natur – im Nationalpark Cat Ba bestiegen wir schwitzend einen Berg und als wir erschöpft den Gipfel erreichten lag uns sprichwörtlich die Natur zu Füßen. Auf dem Aussichtsplateau war es, als hätten wir gerade die Welt erobert.

Wir endeten unsere Reise in Sapa, ein Ort wo die Lichtspektakel über den Reisterrassen unbeschreiblich sind und das Gefühl der Unabhängigkeit endlos scheint. Ich ließ die letzten vier Wochen Revue passieren. Bei Sprühregen wanderte ich durch die Reisfelder, hoch zu Wasserfällen und wieder hinunter in die kleinen Dörfer im Tal, atmete die klare Bergluft. Hinter mir lagen 1600 Kilometer auf einem Motorroller.

Als ich meine Reise begann, wusste ich nicht genau, wonach ich suche. Heute weiß ich, dass es die Andersartigkeit war, die mir fehlte, das faszinierende Fremde. Ich glaube mehr denn je, dass man sein Schicksal selbst in die Hand nehmen kann und Schöpfer seines eigenen Glücks ist. Wenn man mit offenen Augen durchs Leben geht und auch kleine Zeichen wahrnimmt. Offen ist für

Menschen, die auf den ersten Blick nicht ins Freundschafts Beuteschema passen, einen aber bereichern können. So habe ich drei Freunde fürs Leben gewonnen.

Fire hat einige der schönsten Momente unserer Vietnam Tour sowie viele weitere seiner anderen Reiseziele in diesem wundervollen Buch festgehalten. Er hat es möglich gemacht, dass ich mich wann immer ich möchte, an Vietnam und die damit für mich verbundenen wirklich wichtigen Dinge im Leben zurückerinnern kann. Dafür möchte ich ihm danken und ich hoffe, du findest einen Teil von dir und derer, die dir wichtig sind in diesem Buch wieder.

火火注：这位是茱莉亚，我们相识于越南·胡志明市，她是德国人，所以我请她用德语写了这篇序，译文大意：火火超 MAN！

Dit is het verhaal over de mythische Phở-man. Een man die - gebaseerd op observaties- alleen Phở eet. Een Vietnamese soep, gemaakt van bouillon, noedels en vlees. Dit is een waargebeurd verhaal. Daar kun je mij op vertrouwen. Laten we teruggaan naar de plek en tijd waar dit allemaal heeft plaatsgevonden.

Phở-man en ik hebben elkaar ontmoet in een hostel in Ho Chi Min stad. Het regende pijpenstelen die avond. Het was rond 23:00. Het hotel was op de zevende verdieping van een hoog gebouw aan de Zuidoost kan van de stad. “Fijn om deze plek zo snel te vinden en het ziet er best redelijk uit.” Zei ik tegen mijzelf, terwijl ik over de Cau Caimette en Cau Khanh bruggen in de verte het stadcentrum zag liggen. Ongelofelijk dat ik slechts een paar minuten geleden de ingang van het hostel had gevonden. De ingang was namelijk in een donkere steeg en verscholen achter een stel afvalcontainers. Een wonder eigenlijk dat ik het gevonden heb. Ik heb altijd last van spanning in mijn lijf als ik net ben aangekomen in een onbekend land. Zeker zo laat in de avond en zonder te weten waar ik ben, toegang tot Internet of valuta. Het is een bescheiden adrenaline roes, waarvan ik achteraf pas geniet. Content dat ik nu was, gooide ik mijn rugzak in de slaapzaal, claimde een stapelbed en ging terug naar de woonkamer.

Hij lijkt op een Chinese man, maar dan 3 meter 57 groot. Hij had donkere ogen en lang sluik haar. Hij had iets weg van een hele grote samoerai krijger. Of een doorsnee samoerai krijger van heel dichtbij bekeken. Hij droeg een wit overhemd en een strakke zwarte broek. Ook droeg hij een grote paarse hoed, maar vanwege het verbod op hoeden, een strikte gehanteerde regel van het hostel, stond de hoed bij de ingang. Met een duistere donkere stem zei hij "Hey jongeman, wat ben jij van plan hier in dit Vietnamese land?" Ik keek rond, maar volgens mij waren wij momenteel de enige gasten. Ik vertelde mijn plan om naar het Noorden te reizen en zo het land te ontdekken. Zonder enige twijfeling in zijn stem, zei hij mee te willen. Daar op dat moment, op 26 mei 2016 om 23:23 werd de basis van het team gelegd.

Vanwege zijn lengte was het een enorme uitdaging een geschikt vervoersmiddel te vinden. Uiteindelijk hebben we gekozen voor scooters. Deze hebben namelijk geen dak. Het is altijd een raadsel gebleven hoe Phở-man naar Vietnam is gereisd. Hij is veel te groot voor de vliegtuigstoelen of überhaupt een vliegtuig te boarden. Misschien heeft hij wel tussen de vliegtuigstoelen in het gangpad moeten liggen. Maar dit lijkt mij persoonlijk gevaarlijk.

We vertrokken de volgende dag. Na het ontbijt deed ik de afwas, terwijl mijn reisgenoot zich bezig hield met Phở-en. We bonden ons rugzakken stevig vast aan het bagagerek van de scooters. Op het moment dat we wilden vertrekken, landde er een vogel op Phở-man's Honda. Een kleine lichtgekleurde vogel. Het lijkt op een Tapuit. Hoewel deze vrij veel voorkomen, vooral in Centraal Europa, was dit een oogverblindend exemplaar. De wetenschappelijke naam is Oenanthe Oenanthe, volgens mij. Ooit, toen in begin twintig was, had ik kortstondig een interesse in vogels. Vervelend alleen dat ik vogels alleen kon herkennen van tekeningen en plaatjes, en niet in het echt. Vanwege dit gebrek en dat de interesse nooit wederzijds was, ben ik deze interesse uiteindelijk verloren.

De Oenanthe Oenanthe sprong achterop de scooter van Phở-man en keek ons aan alsof het wilde zeggen "Kom op, vertrekken! Wat is het probleem?" We reden weg bij dageraad. Door de chaotische, hete stad Ho Chi Minh reden we richting het Noorden.

We reden enkele uren buiten de stad. Phở-man wou hier foto's maken. Hij gebaarde om te stoppen door onhandig van zijn scooter af te vallen. Phở-man is een geweldig getalenteerd wezen, maar minder begaafd in scooter rijden. Hij rekte zijn lange lichaam uit. Zijn armen en benen boden mij even schaduw, bescherming van de brandende zon. We stonden op een lange uitgestrekte weg, die iets weg had van een boulevard maar dan midden in de woestijn. Het was helemaal vlak en leeg. Ergens leek het alsof de boulevard om de weg nog moest worden aangelegd; de huizen, clubs, cafés, bomen en planten. Misschien een kleine zee of meer. Of was deze plek een enorm clipboard? Zoals dat van een computer, waarop je items, gekopieerd dan wel geknipt, tijdelijk bewaard voordat je het naar de definitieve plek plakt.

Oenanthe Oenanthe vloog hoog boven Phở-man's hoofd. Ze scheen erg van het uitzicht te genieten. Ik keek naar boven, maar mijn hoofd deed zeer. Phở-man zei 'ga eens naast de Honda staan' Hij choreografeerde mijn houding. Ik heb in menig potje Twister natuurlijker gestaan dan daar naast mijn scooter. 'Sta casual en in een natuurlijke pose' ging hij verder. Phở-man kroop over de grond om de meest artistieke foto's te maken, terwijl ik steeds meer bedwelmd raakte door de hitte van de zon.
Eenmaal weer onderweg voelde ik mijn hoofd steeds luider bonzen. Wat deed dat zeer. Mijn wit met rode strepen jaren 70 pothelm zou mijn hoofd bescherming bieden aan de buitenkant, maar had helaas geen effect op de krachten die van binnen kwamen. Heb je al eens een hete oven opgemaakt en met een breinaald geprikt in een cake om te zien of deze al klaar was? Die hete lucht in je gezicht? Zo voelde het rijden ook op deze scooters, maar dan over je hele lichaam en zonder cake. Ik droeg een shirt en broek. Alles was klam en zweterig. Maar gelukkig alleen de delen bedekt met kleding, de rest was slechts stevig verbrand door de zon. Daar op die scooter begon ik het universum te haten. Ik haatte deze oncomfortabele scooter, de klote camera van Phở-man en bovenal de zon. Tjonge, wat haatte ik de zon!

We reden en reden. Er leek geen einde aan te komen. Wat had ik een ontzettende dorst. Ik zou graag iets drinken, al kon mijn maag dat waarschijnlijk niet aan. Deze voelde gekrompen. Ik kneep een paar keer mijn ogen dicht en werd wakker in een hotelkamer.

De gordijnen waren dicht en het was donker. Ik lag in bed en zweette hevig. Ik had nog altijd hoofdpijn en nu ook nog krampen in mijn benen. Naast mij lag een lege kom, eetstokjes en een uitgeknepen citroenpartje. Ik keek omhoog en zag Phở-man en de vogel aan het voeteneind van het bed zitten. De vogel was zich aan het wassen. Phở-man keek mij aan en pakte toen iets uit zijn plunjezak. Het was een klein flesje met een bruine vloeistof. Ik maakte de fout om eraan te ruiken en moest zowat kokhalzen. Hij vroeg eerst, maar kort daarna droeg mij indringend op om het op te drinken. Ik gehoorzaamde. De wereld was al aan het tollen, maar nu voelde ik mij ook nog misselijk.

Vierentwintig uur, een goede nachtrust in een koele hotelkamer en twee vieze bruine drankjes later zijn we weer op pad. Ik op mijn scooter, Phở-man languit op het asfalt. Een klein stuurfoutje.

De vogel is een tijdje geleden weggevlogen. Ondanks dat zowel Phở-man als ik, Oenanthe Oenanthe leuker zijn gaan vinden dan we willen toegeven, is ze niet te temmen. We naderen Khe Sahn. De weg ontdoet zich van de jungle en we rijden de stad in. Langs de hoofdweg zien we een groot statig hotel. Dit lijkt dikke prima. We parkeren er checken in.

We bestellen een Vietnamese bouillon met noedels, rundvlees en groenten bij het eetkraampje in de lobby van het hotel. Op het vuistje, we willen namelijk naar de legerbasis voor dat het donker wordt. Enige tijd bevinden we ons in de loopgraven van de beruchte basis Khe Sahn. Hier is flink gevochten. Dat het op exact deze plek ooit een stuk minder vredig was, is te herkennen aan de gepantserde voertuigen, vliegtuigen en bunkers vol met kogelgaten. Uit het niets springt er een figuur op en rent rechtstreeks op ons af. 'Schiet gericht!' en ook 'Je kunt het niet veroorloven om te missen!' De lege verpakking van de soep liet ik in alle schrik op de grond vallen. Het blijkt een man met een analoge camera te zijn. Samen met zijn vrouwelijke reisgenoot. Phở-man en ik kijken elkaar aan en schieten in de lach. Het geeft ons de kans om onze lichamen te ontdoen van de adrenaline. We lopen rond op de basis. Terwijl ik van bezichtig naar bezichtig loop, draait Phở-man als een planeet met een onregelmatige aardbaan fotograferend om mij heen. Soms is hij linksvoor, dan achter mij en na een tijd schiet hij rechts voorbij. Als we de basis rond zijn, gaan we terug naar het hotel.

Vermoedelijk wist men dat Phở-man in de stad was. Want toen we terug waren bij het hotel, bleken zijn schoenen te missen. Gestolen! We hebben overal gekeken, maar nergens te vinden. Gek, maar anderzijds ook begrijpelijk: Er is hier een enorme behoefte aan rivierboten en hier liggen twee prachtige kano's voor het oprapen.

De volgende stad is Hoi An. Omdat we alles eerlijk delen, dragen we bij aankomst ieder één schoen. Ons hostel is gelegen aan een groeien, brede en rustige straat in een van de buitenwijken van de stad. De vogel wacht op in een hoge boom naast de poort van het hostel. Om haar heen zit een hele groep trekkende vogels. Typisch voor Oenanthe Oenanthe, overal waar ze komt trekt ze zulke groepen aan. Als we langslopen hopt ze vanuit de boom op Phở-man's hoofd – een klein sprongetje.

Het hostel wordt gerund door een Duitse jongeman, Manfred genaamd. Hij is ongeveer 20 jaar. Hij is ooit in slaap gevallen in een nachtbus vanuit Ho Chi Minh stad en toen hij wakker werd, was hij in deze stad. Eerst wou hij nog terug, maar daarna kreeg hij het hier naar zijn zin en besloot te blijven. Dat was ongeveer 3 jaar geleden. Omdat Manfred niet echt iets anders omhanden had, sloot hij zich bij ons aan om de stad te ontdekken.
Die avond besloten we de stad te verkennen. De food market, de 'verse biertjes', de oude brug en onverwachts ook nog het politiebureau. Maar laat ik bij het begin beginnen. We hadden honger en de eerste stop was de 'food market'. Een mooi authentieke hal. Binnen was het onprettig warm en er hing een indringende geur van specerijen en zweet. En er hingen heel wat kippenpoten aan het plafond. Op het eerste gezicht zag het er twijfelachtig uit. Maar toen ik eenmaal de moed bijeen had geraapt om een stoofpot van vlees met mango en daarbij rijst te eten.... was ik om....het was overheerlijk!

Daarna de oude brug en daarachter ook de marktstalletjes. We namen plaats bij een minuscuul stalletje met 'verse biertjes'. Dit waren weldra de meest verfrissende en dorstlessende biertjes die ik ooit heb gehad! Misschien is al het bier wel zo lekker als het vers is! Kennelijk brouwen ze het de voorgaande dag en ligt de nadruk op de versheid. Ze doen zelfs geen moeite om het goed te bottelen, maar vervoeren het in geïmproviseerde containers. In dit geval een colafles van een B-merk. Misschien komt de smaak door de ingrediënten en zijn deze -bewust of onbewust- allemaal biologisch? Maar misschien is het de algehele ervaring: Het goede gezelschap van Phở-man, Oenanthe Oenanthe en de uitbater Manfred. De avondzon en deze mooie oude stad.

Potjandriedubbeltjes! Was ik bijna vergeten te vertellen over het politiebureau. Toen we onderweg naar de stad, geheel ontspannen en nogal toeristisch ogend door een twijfelachtige buurt en donker steegje liepen, kwam er een scooter voorbij die een van Oenathe's veren uittrok en had doorreed. Phở-man sprong zonder twijfel achterop de scooter van een behulpzame bijstander om de dader te zoeken. Kennelijk was het meerijden meer zijn ding. Meer dan zelf rijden!vWe eindigde op het politiebureau, om aangifte te doen van deze diefstal. Erg anticlimactisch, maar zoals vaak bij kleine criminaliteit, wordt het item en de dader vrijwel nooit gevonden.

Het laatste stuk op de scooter was naar Hanoi. Phở-man, Oenanthe Oenanthe en ik kwamen aan bij een plein met daarop een grote kerk die erg leek op de Parijse Notre-Dame. Hopelijk kun jij je onze blijdschap indenken om op deze bestemming aan te komen, na een 1500 km rit op een erg oncomfortabele scooter. Welke voor mij al te klein was, maar voor Phở-man heel erg te klein was. We vlogen elkaar in de armen! Phở-man schoot meteen in de fotograafstand. Hij schoot wederom de mooiste plaatjes, van ons, het plein, de kerk en ook een wat minder artistieke selfie. Terwijl hij fotografeerde, had ik de kans om de stad in mij op te nemen. Het leven leek hier mooi: Het was zonnig, de straten stonden vol met bomen en mensen hadden fruit bij zich. Het was een zonnige en fijne dag.

Ons hotel lag op de hoek van een vrij drukke kruising. Toen we aankwamen, was de 'Eagle' er al. De Eagle was een jong, welbespraakt persoon. Erg Amerikaans en volledig gekleed in een outfit van een bekend Amerikaans sportmerk. Als je erna vroeg, vertelde ze altijd dat ze door het merk werd gesponsord. Maar het verhaal gaat dat ze de dochter was van het bekende sportmerk. Ze was een oude vriendin van Phở-man en hadden afgesproken om elkaar hier in Hanoi te treffen. Opeens kwam daar ook Manfred aan bij het hotel! We waren opgetogen verrast. Hij zei dat hij eindelijk genoeg had van Hoi An en de moed bijeen had geraapt om in de bus te stappen om ons op te zoeken.

De laatste plaats die we bezochten was Sapa. Het is een prachtig bergachtig gebied en herbergt mensen met enorme sterke benen! Met gemak tillen ze manden met fruit, brandhout en zelfs levende varkens naar de bergtoppen! Ook was er een bar met de actie: koop een drankje en krijg een gratis voetmassage! Wat een geweldige deal, wie wil er nu geen voetmassage terwijl je geniet van je koele verfrissende drankje?!

Op de terug weg haalde ik mijn voet open aan een stuk verroest metaal. Het bloedde flink. Tot mijn geluk was de Eagle een dokter! Toen we terug bij de herberg waren, verzorgde ze mijn verwonding. Ze desinfecteerde de wond en verbond deze mooi in verband. Dat was echt heel fijn!

De Eagle, Manfred, Phở-man, Oenanthe Oenanthe en ik genoten van onze laatste gezamenlijke maaltijd. Phở-man maakte deze keer niet zelf de foto's, maar vroeg de ober om een foto van ons allemaal te maken. Zelfs jaren later, als ik naar deze foto kijk, word ik nog altijd blij als ik terugdenk aan deze ervaring. En als ik terug denk dat ik nog nooit iemand zoveel Phở heb zien eten als Phở-man! Indrukwekkend!

Diezelfde avond namen we afscheid. We moesten allemaal naar een andere plek. De Eagle en Manfred moesten de bus halen. Phở-man en ik omhelsden elkaar nog een laatste keer. De vogel vloog weg. Hoog in de lucht, daar ging ze. Het was echt een hele bijzondere reis. Ik was weer alleen, klaar om dit land te verlaten.

火火注：这位是乔石，我们一起纵穿了越南，他是荷兰人，所以我请他用荷兰语写了这篇序，写了这么长，他主要想说：火火，这家伙超爱吃面，且是我见过最能吹牛的人！

插图说明

曾经售罄（新）

我经常会跟朋友说：“我的摄影水平在国内算不上顶尖，但在国际上绝对是！”接着我还会补充，“当然这只是个玩笑，不过你最好当真，哈哈！”而至于朋友对我的这两句话怎么理解并不重要，重要的是最后两个字，“哈哈”！

在 2018 年，我用一整年时间做了 100 场“第二本书”的见面分享会（即本书后记二《疯火 100》的内容），每次会上大家都会跟我聊聊关于摄影的话题，而大部分话题总结起来其实也就是同一个问题：摄影的灵魂是什么？

答案就是，内容。

内容是什么呢？内容是，思想、意识和情感。

当然，可以说任何艺术创作的灵魂都是“思想、意识和情感”，但是很显然在数码设备普及的当下，大众对摄影存在着不小的误解，而最明显的就是“唯设备论”，从没有人问达·芬奇用什么颜料作画，从没有人问莎士比亚用什么笔写小说，也从没有人问贝多芬用什么钢琴作曲，但总有人问“你用什么相机拍照？”

这类问题的潜台词是，只要跟摄影师有个一样的设备，就可以拍出跟摄影师一样好的照片，这是一个巨大的误区。

而面对此类问题，我总是很无奈甚至有些悲伤，感觉似乎相机是条狗，摄影师只需把狗带出去，而在外面狗是吃肉还是吃屎就全都是狗自己的事了。要说我面对这类问题的具体感受，就像我见义勇为挨了一千来刀侥幸没死还从恶棍手里救下一个美女，之后所有围观的群众都过来夸美女漂亮，却没人给我喊个救护车，而后来那个美女还嫁给了别人。

颜料、画笔、钢琴和相机等等，无非一介工具，而世界上最牛的工具是安全套，所以除非你觉得佳能或者尼康再或者莱卡等等也有类似功能，否则你就应该承认“你用什么相机拍照？”似一个反人类的极端问题，对于摄影师来说这个问题的效果相当于恐怖袭击。

为什么说“内容”是摄影的灵魂呢？我举个例子，大家看完就明白了。

假设我们面前有一座巨大无比的垃圾山，这个垃圾山高到了几乎看不到天空，宽到了几乎看不到左右边界，天气阴沉，下着雨夹雪，气温很低，地上四处有水泊，到处是人类和各种动物的排泄物。

那么在这个场景里面，除非我们要拍一张表现肮脏的主题照片，否则我们是无法体现美的，即使找来“世界顶级摄影师”孟火火，也无济于事。

但如果这个时候，场景里突然出现了一对母子，妈妈衣衫褴褛，孩子只有几个月大，妈妈抱着孩子走到垃圾山前面，哆哆嗦嗦地蹲下来，开始给孩子哺乳。

那这个场景瞬间就变了，变得温暖，变得有色彩，变得有力量。

为什么呢？因为场景里面出现了人类情感中最伟大的一类：

母爱！

母爱是什么？就是内容，是思想、意识和情感。

这个时候，即使我们的设备差一点，技巧差一点，构图不怎么好，曝光不够准确，甚至焦点都有点虚，但只要“母子”这个元素能够被识别，这张照片就有力量，就能感动观众，因为“母爱”！

那当我们拥有“内容”的时候，设备和技巧的意义是什么呢？是，助攻。

有“母爱”这个元素存在，如果我们有个好点儿的设备和技巧的话，直接作用就是可以让母爱这个元素表达得更清晰和准确，观众在感受“母爱”内容的时候，会更直接迅速和强烈，这就是助攻的作用。

我再举第二个例子：我们为什么要拍照？

我们拍照是因为被眼前的场景感动。感动不一定是要落泪，任何的情绪波动，都可以叫作感动。

那么“专业摄影师”和“业余爱好者”的区别在哪里呢?

当我们面对一个感动了我们的场景时，业余爱好者只是拿起他的设备，咔嚓，把这个场景拍了下来。而专业的摄影师可以通过他的构图和技术手段，把这个场景里面感动他的元素，更加准确、直接和迅速地捕捉出来，最终呈现在观众面前。

这就是业余和专业的区别。

但是，如果在场景里不存在感动我们的元素的话，专业和业余又有什么区别呢? 没有任何区别。

因此显然，内容是王，内容是摄影的灵魂。

也有朋友常问我一个问题：火火，你觉得作为一个摄影师最应该培养的能力是什么?

答案是：设备是需要的，做饭得有锅不是? 但并不是一定要多么高级的“锅”，只要有“米”这个内容，拿什么锅都可以做出好吃的饭。

另外，基本的技术修养是需要的，但也并不是主要。就好比登山，如果我们有一根手杖，那么登山时就会轻松和快速些，那这根手杖于摄影便是“理论”，可是如果没有手杖我们可以攀登高峰吗? 显然是可以的，只是需要付出更多的努力和汗水罢了。

那么最应该培养的能力是什么呢?

答案是：敏感度。

摄影和功夫是一个道理，都是唯快不破。我们只有足够“敏感”了才能足够“快”，只有足够“敏感”足够“快”了，才可以随时随地、随时随刻地发现在我们生活中存在着的可以感动我们的元素，才可以捕捉到那些饱含着灵魂的拍摄内容。

那么如何培养“敏感度”呢?

这样就要求我们对世界和生活投注足够的“热情”和“关照”！当我们对世界和生活投注了足够的关怀和热情，我们就会自然而然变得敏感。那么什么是“热情”和“关照”，就是“爱”。因此，摄影师最应该培养的能力是什么，这个和所有职业需要培养的能力都是同样的，那就是：

爱！

那么说回“内容”，当我们来到一个陌生或熟悉的环境举起相机按下快门的时候，重要的不是感光多少、快门多少、光圈多少，而是我们有没有看到、有没有感受到、有没有思考到？真正的好作品无关尺寸、无关清晰度、无关宽容度，唯一有关的是“爱”，有爱就能感动观众，就是好照片！只要我们的爱足够饱满，那么世界的每个角落都会给我们惊喜。

因此，请不要再问我是用什么拍照，只告诉我有没有用心认真地爱。

是不是很有道理？如果有的话我想补充一下，以上道理尤其适用于我这样的穷人。让我们抛开设备来谈谈“爱”，而“爱”属于灵魂，可灵魂又是一个过于庞大复杂的哲学命题，一言难尽，因此还是让我们回过头来谈谈穷人的事情吧。

这些年行走拍照无数，遗憾的是关于“摄影”没办过影展，没出书立著，没开班授徒，也没有像传说里那般被美女们追扑，但幸运的是，见过些世面，听过些奇闻，讲过些好故事，还交了些抛开外貌谈灵魂的好朋友，而最令我开心的是朋友们都喜欢我拍的照片，而恰恰那“一切幸运”又都在我的照片里。

又因照片也很惭愧，从脸来看我都属于六十年代了，但至今我都没有卖出过一张照片，而我又不是凡·高，不敢割自己的耳朵，因此我那些照片也不会有人打算收藏，也就破灭了子孙后代们沾个死人光的愿景，所以亲爱的朋友们，请原谅我在《游魂故乡 野人天堂》里再一次塞进了大量不被市场青睐的残次摄影作品，以借此书之名，假装我曾经售罄。

以上文字是在“三部曲”前两本“曾经售罄”的基础上补充修改完成的，也算是“废物”再利用符合当下的时尚和环保标准的（包括这段）。

那么按照惯例接下来就应该对本书中的插图做下简要的说明了：

在这本书中出现的除我自己拍摄的照片外，以我本人为拍摄主体的照片均由同行伙伴拍摄，包括肖恩、儒衫鞑、詹姆斯、Gaston、乔治、朱莉、Pia、柿子，在此特别鸣谢：

谢谢各位天才！

2019.05.19 夜
于疯野工作室

宝贝别哭

在这个世界上

终结遗憾的方式有两种

“被成全”和“成全”

大师说

深夜，飞行高度 11000 米，目的地孟买，在写这些文字的时候，应该正在跨越国境吧。舍弃春节去过夏天，逃开鞭炮的聒噪在太阳底下蜕皮，对于我这个安静的“霉”男子来说，是再适合不过了。

这是我第二次前往印度，异国他乡，独自一人，相信不会再从客房门缝下面收到写着“清纯少妇”的小卡片了，也就不用再为“到底要不要报警”而纠结了。

啥，你说我装纯？看来，我很有必要去深山里找位高僧来问问：“大师，您说我长成这样，还能装纯吗？”大师肯定会怒目圆睁地给我开悟：“谁说你装，谁就不纯！”

“怎么又去印度，难道你在那儿买了房？”临行前“大王”满是不解地问。我说：“那是国土面积世界第七的‘国家’，不是朝阳‘区’呀，哥！”而事实上，我到“朝阳区”三年了都没摸清东南西北呢，上次在印度北部匆匆忙忙一个月充其量算是走马观花，之后每次有人问我有没有到过印度，我都是有些不好意思开口的，这就像你坐火车经过了一个你从来没有到过的地方，下车后你好意思说你到过那个地方吗？啥，你说你好意思？看来，你也很有必要去深山里找位高僧来问问：“大师，您说我是该好意思呢还是不好意思？”大师肯定会喜笑颜开地用方言给你开悟：“你思不思洒？”。

或许在“大王”的印象中印度确实没有朝阳区大吧，而换个角度也可以说，在很多人的印象中“世界”也大不过“朝阳区”。这个“世界”的面积有“两点一线”平方公里，其拥有的壮美风光和悠久历史都是用工资卡上的数字做的模型，回头瞭得见薄薄的过去，往前摸得着浅浅的未来，这样的日子倒也过得单纯，只是也确实太“自大”了。

啥，你说我这话也说得太自大啦？但，关于“自大”，咱们就不必再去请教高僧了，因为我承认“自大”！不过，我想大家心里也都明白，“自大”是人类在生存这件事儿上的原始基因，人类进化几百万年了都没有改变，而“谦虚”顶天了说也只是个小小的整容手术，做了也没什么用，好看是好看了，但终究会被下一代出卖。

因此，一旦认清了人“本性自大”的真相，“拓展世界”的旅行意义就凸显了出来。是不是转折的很牵强？别急，咱们慢慢来。

说到“拓展世界”，旅行当然不是唯一的途径，但确实是最有效的。从“两点一线”间岔出来，“点和线”就变成了“面和体”，而随着工资卡上的数字越来越少越来越小，模型会坍塌，但总算是建立起了一片真实的“江山”，在这里过去会越变越厚实，未来开始无际无边，随之而来的是生活中更多的风险和未知，或许会慌张恐惧，但这恰恰是让生命鲜活的开始。是的，安稳于一个看得见摸得着的小世界也没什么不好，我只是想说，反正都是“自大”，为什么不让“自大”更接近“自大”？

糊涂了吧？赶紧去请教高僧：“大师，您说孟火火到底说的是啥？”高僧肯定会使劲儿拍着你的后脑勺哈哈大笑说：“你听个光棍儿闲扯，思不思洒？”

好吧，抱歉了，飞机上太无聊，一无聊“傻瓜”就会开始思考人生，而一思考人生就会满世界的无聊。回到在印度买房这事儿上，我觉得经过不断的艰苦奋斗，在不远的将来还是可以实现的，但要是放在“朝阳区”，以大王的“智商”来算，恐怕买一套房的钱都能买下整个印度了，真是细思极恐，不过，我觉得这个也是有可能实现的。

上次印北行结束刚到孟买要开始印南之旅就被风“骗”回了国，当时正处印度雨季并不适合长途旅行，因此回国也没觉得冤枉，之后便一直谋划着再杀回去。每年 12 月到次年 2 月是去印度旅行的最佳时节，因此，这回来算是有幸赶上了个尾巴，而随着天气变热、雨季到来，从“印南”到“印中”再去“印东北”的路线也是顺畅合理的。

再有 20 分钟飞机就要落地孟买了，播报说孟买的地面温度是 30 度，而我还穿着羽绒衣，机舱的灯渐渐调亮，熟睡的乘客也缓缓醒来，一个梦的时间就从寒冬穿越到了炎夏，恰又如梦一般。而我会在这个“夏梦”里待几十天，还要完成关于第一本书预售时的承诺（给参与预售的朋友发明信片和带礼物），再顺便看看能不能给“第二本书”制造个许诺的机会，因此，“单纯”如我，不求艳遇旺达，但求逢人有趣，凡事动人。

而印度之后还打算去孟加拉国、缅甸、老挝、柬埔寨，从越南返回国内，从云南入关，请问高僧是不是很炫很“仇恨”？大师回头看看后墙上挂着的“心经”，又看看面前墙上的时钟，接着就低头望着胸口沉默了。

我明白了，大师的意思是，您一个“蒲团”就已经是“宇宙”，拓展世界的同时还要重视“内观”？

大师说，我去年买了块儿表！

2016 年 2 月 3 日夜

于万里高空

因为你在那里

孟买，只作为我印南行的中转站，又是第二次来，其实是没有必要待四天的，但为了履行第一本书预售时许下的承诺（给当时参加预售的朋友寄明信片和买礼物），并保证那两百张多明信片能够平安“回国”，还是在这个当地人自称领先上海几十年的“国际大都市”始发的好，要知道第一次来印度时我寄回国的几十张明信片，几乎是全军覆没。

这个时节的孟买早晚温度在20度左右，而正午最热时也不过30多度，一天里能够实现春夏来回交替，对我来说真是再美不过了，但孟买的客栈正如旅行宝典《孤独星球》上介绍的那样“很贵，且休想物有所值”！我只待了四天，单住宿一项就消灭了我印南行整月预算的1/3，再加上孟买的拥挤吵闹和孟买人的“过分精明”，我也真是美不胜“受”了。

什么是神奇的印度？就是在孟买的邮局总部竟然没有明信片卖！因此，我用了一整天的时间到地摊儿上搜刮，也可能是因为我去的地方不对，总之，我终于还是用了一天半的时间才从不同的商贩手里买齐了所有明信片，而至于该在明信片上写什么，一开始我还是很想向预售时那个用了四天时间通宵达旦在每本书上写下了不同赠言的“英雄”学习的，但考虑到孟买已经超越上海的“房价”，恐怕再“英雄”一下我就成“烈士”了，因此，我最终还是乖乖在每张明信片上只写下了“春节快乐！”和“PR.China……”，就这样通宵一夜写废了两支笔，花钱请了个“三哥”帮忙用两小时贴了 600 张邮票(感觉吸毒似的)，也真是过足了“撕票”的瘾，总之，我这辈子都不要再寄明信片了。

而再一次什么是神奇的印度？就是当我把贴好邮票的明信片送进寄发窗口时，柜台大姐从旁边抽屉里拿出一打明信片问我为啥不买邮局的？我目瞪口呆地说：“昨天就是你个阿呆（‘阿呆’是心里话）告诉我邮局不卖明信片的呀？”只见大姐摇摇头黝黑地笑了笑就没有再说话了，于是我跟“大姐”之间似乎产生了一种莫名的浪漫情愫，里面蕴藏着千万句那个只有三个字的经典“情话”……

在正式开始印南行之前，我决定换到一个没有空调的多人间，看看是否有人可以组队同行分摊一些费用，这样多少可以给“英雄”补补血，而我一进门就看到一个欧洲男人正抓着他羊毛般卷曲的头发迷失在一本 1995 年版的《孤独星球》里（年份是后来知道的），他见我进来，先是一脸意外但很快就眼里发出了“解脱”的光来，就好像他看到了救世主，因为我手里拿着最新版本的印度《孤星》。

“Hello，I'm Fire .”

“What? Fire?”

“Yeah, and don't tell me you are Water please!”

“Oh, sorry,I'm Sean, nice to meet you !”

“Sean？ You don't look like a sheep.”

“What?”

“It's a cartoon movie. That's why your hair looks like wool？”

“Oh,I got it,Haha! Yeah，so just don't set my wool on fire

please!”

贴心翻译：

“哈喽，我叫火。”

“什么？火？”

“是的，请不要告诉我你是水！”

“哦，抱歉，我是肖恩，很高兴见到你！”

“肖恩？你看起来并不像一只羊。”

“什么？”

“是一部卡通电影。这就是为什么你头发看着像羊毛？”

“哦，我明白了，哈哈！是的，所以请你千万别把我的头发点着！”

以上就是我跟“肖恩”认识的过程，虽然国籍不同，但三言两语就能判断出我们是出自一路的“蠢货”。肖恩是比利时人，但生活在英国，是个暂时没有什么名气的演员，而我则是个看起来都已经过了气的“国际巨星”，于是我俩同病相怜一拍即合，虽然短时间里肖恩不可能会大红大紫，我也不会“春来二度”，但至少我俩这一路“靠演技骗吃骗喝”是不会太苦闷了。

当天下午，我们就一起去了神象岛。第一次来孟买时就计划去的，但那天是周一神象岛不开放，于是就有了后来“勇闯宝莱坞”的故事，倒也算是“塞翁失马”了。

乘船去，一路海鸥左右相伴争抢着船客手里的食物，而海风把玩着肖恩的“羊毛”看起来心情也不错，但肖恩却望着海洋深处满目惆怅，应该是在想念谁吧，想念他那个未知后文的中国前女友或者他曾经饰演过的一个角色，那个角色为了爱情抛弃一切，却什么都没有得到，最后把自己烧死在了一片白茫茫的雪原上……

神象岛上的石窟里耸立着巨大的石刻神像，历史被昏暗的光吞到肚子里悄悄风化，最终跟那些神像残缺的肢体和我脸上的青春一样不知去向。当我跟肖恩要离开神象岛时，遇到了刚刚到达的“吴”，他对我的名字表示陌生，但见我一脸沧桑，非说我一定是个他在电视上见过的明星！我说我只客串过一部戏，明星还不至于吧？难道是他看过我的书，我那么骄傲的书名，他不应该不记得呀？但由于相互赶时间就没有多聊，只是加了微信，结果吴晚上给我发来他脑海里我的照片——张丰毅，而张丰毅生于 1956 年，到现在已经 60 岁了。

这次到印度，我带了两本自己的书，打算送给之前在尼泊尔和斯里兰卡旅行时认识的印度朋友，结果，只见到了在斯里兰卡时认识的“米丽”。在离开孟买的前一晚，米丽约了我跟肖恩吃饭，果然还是当地人会选，花的钱没比我们在 YWCA 客栈的食堂多多少，但地方高档又有情调，于是在轻快的音乐和浪漫的烛光里，米丽碰倒了手边的酒杯，啤酒灌溉了我书封面上那个不喝酒的老男人的脸，而在那一刻之前，我刚刚想好要在日记里写这段的时候用“爱不释手”这个词来形容米丽当时捧着书的状态，但显然已经不能吹那个“牛皮”了，于是我哈哈笑着对米丽说：“以后你每一次翻开这本书都会记起今晚我们的约会，因此，这本书就拥有了历史和生命！”听到这么“意识流”的话，米丽也就没有什么好难过的了，她拎着书脊轻轻抖落冲进书页中的啤酒，像是封面上的男人喝多了在呕吐，而她在替他拍背，之后米丽小心翼翼地在每两页之间铺上了干纸巾，眉目间满是欢喜。

而就在米丽“沉醉”于我的花言巧语时，肖恩总算从刚刚的意外中回过了神，他放下酒杯看着我认真地说：

“Fire, I can’t speak Chinese, but I have already understood your book , because you are there ! ”

贴心翻译：

“火火，我虽不懂中文，但我已经读懂了你的书，因为，你在那里！”

这话说的真好听，也许当我完成环球旅行，全世界就都能懂中文了呢！

2016 年 2 月 4 日夜

于孟买 YWCA 客栈

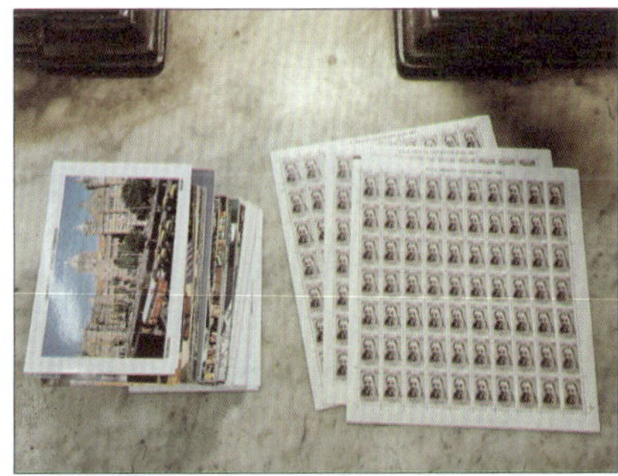

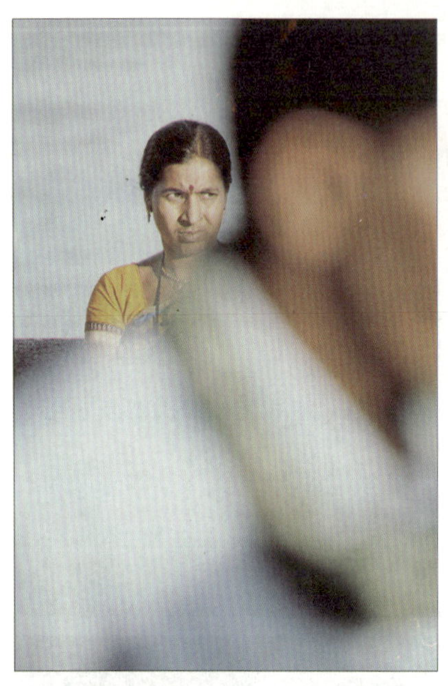

South India

孟火火
的第一本书

“买高以为”

由于时间紧张，在瑜伽圣地浦那（Pune）除了休息没去什么好玩儿的地方，因此无漂亮的图片，也无特别有趣事情发生，但就这样结束一篇游记似乎也太枯燥了，因此，我想还是再补充点什么不一样的内容会比较“解乏”，于是那天，在附近的“O”酒店的天台酒吧认识了来自纽约的德维尼亚和劳拉，当时太阳西沉，暮光把浦那参差不齐的建筑笼罩在一片橘色的浪漫氛围里，而晚风卷走了一昼的燥热，温度恰好回落到了适合互留联系方式的程度，因此，劳拉便在 facebook 上发现了当天是我生日的“惊天秘密”并公之于众，于是招致大家的一致讨伐 :“这么重要的日子，为啥不拿出来给大家消遣？”我摆出一副历经沧桑的哲人模样说 :“到这把年纪已经不爱过生日了，而且我一直在思考，如果世上没有时间概念的话，人们活得会不会更快乐些，爱得会不会更长久些？”但显然，我后半句的“情话”劳拉并没有听进去，而是一针见血地问:“‘这把年纪了’指的是多少岁？”我说:“我生于 1985 年！”“噢，买高，噢，买高！我还以为你已经 50 岁了呢！”

好吧，日复一日年复一年，我对劳拉的惊讶并没有感到意外，而我也相信劳拉的“买高以为”全世界都不会反对！

2016 年 2 月 8 日夜 于浦那

情人节快乐

清晨五点半，夜色如初，小码头躺在庙门前的长明灯里，眺望着漫天闪耀的星斗。一个年迈的流浪汉从远处的河边醒来，先是伸个懒腰，然后起身颤悠悠地走进水中开始沐浴，他口中唱着可以净化灵魂的咒语，同时掬起一捧河水举过头顶，接着那掺有星光的“圣水”便泄入了他花白的头发和虔诚的血液。

我跟肖恩坐进一艘碗状的黑色小船驶向对岸，两人各执一端整理着自己或软或硬的心思，精瘦如骨的船夫沉默着把橹送入同样沉默的河流，水波一圈追着一圈，有些上了岸，有些则消失在了远处，恰如记忆。星光坠落下来扑通通扎进幽暗的河水，完美地不起一滴水花，虫鸣藏在两岸巨石的黑影里此起彼伏，像是在歌颂这即将谢幕的夜，而峭壁上熟睡的猴子却没有那么抒情，在它们舒缓的呼吸里，充满了对白昼烈日的期待并时不时发出别样的呓语，比如：“禽兽，放开那只香蕉！”整个河面上只有这一碗船和我们三个人，又宁静得像是什么都没有……

“噢买高！这么美的时刻，我们的女朋友在哪里啊？”当我正要诗性大发的时候，肖恩像是突发心肌梗死一样，双手扯着他那一头该死的羊毛面目痛苦地如上问道，我想他一定是被四个小时前客房楼上那对法国小情侣的“剧烈浪漫”给刺激到了，才会突然问这个“临终遗言”般的问题，而比肖恩老三岁的我对此问题除了更进一步的“痛苦”外，也无法立即给出什么实际的答案，于是我开始后悔甚至愤怒，两只“单身狗”在情人节这天不好好待在房间里闭上眼睛“忆苦思甜”，一大早悄咪咪“披星戴月”跑出来看个什么球的日出？但咱来自礼仪之邦又自诩机智过人，因此面对国际友人的“困难”怎能不给予帮助呢？于是，我沉住气，在故作深思之后摆出一副“柏拉图”的模样回答道：“我的在明天，你的在别人怀里！”

于是，肖恩“狂笑”着就准备起身跟我干仗，但他那已经“半熟”的红色身体立即本能地做出了投降的决定。事情发生在我们到亨比的第二天，正午时分烈日当头，肖恩非要我跟他去隐藏在亨比“巨石丛林”里的瀑布游泳（说是瀑布，其实是河流在巨石间形成的小湖泊），然而惭愧，刚下水我就磕了腿呛了水，几乎是被肖恩了救了一命，之后我便只能坐在巨石的阴影里，望着肖恩肆无忌惮地在俄罗斯美女们的尖叫声里从十几米高的巨石上不断地扎进水里，而且还时不时地嚷嚷着：“我爱这该死的阳光！”没事儿还会跑过来对我嘲笑一番：“现在你知道谁才是真正的火了吧？”而面对“救命恩人”我要是立刻反驳就是忘恩负义，因此，我只好静静地等待夜幕降临。

不出所料，刚入夜肖恩就像是把圣诞老人的服装纹在了身上，红通通的又像是刚被开水烫过将要宰杀的猪，于是肖恩开始坐立不安、悔恨莫及，半夜听到他喘着粗气无法入睡，突然他艰难地爬起来说感觉自己的身体像是在燃烧，必须去冲个凉水澡，这时我才懒洋洋地问他：“你是真正的火，还怕自焚吗？”只见肖恩一脸青筋地冲进了浴室同时还嚷嚷着：“No！我是水，我是水！”为了报答肖恩的“救命之恩”，我贡献出了自己辛辛苦苦从国内背来的一大罐还未开封的“高级芦荟晒伤护理药膏”，涂在身上后“水噗噗”的爽极，而没过两天“药膏”就被肖恩嗑药式地“爽”没了，因此，肖恩说我也救了他一命，总算我们扯平了！

然而，我根本不在乎那瓶“药膏”的存亡，我在乎的是，一个“对我有意思的意大利姑娘”，莫妮卡。那天房门大开，我正光着膀子在把最后一坨“药膏”往肖恩红肿的背上涂抹，而这一幕恰巧被路过的莫妮卡看到，她望着我们，在门口停留片刻，然后嘴角微微一扬露出了蒙娜丽莎般神秘而又温柔的微笑，莫妮卡走后肖恩回过身来跟我炫耀说：“莫妮卡肯定喜欢我！”我说：“什么？明明是喜欢我，好吗？”肖恩：“不可能，你那么老，我这么年轻！”我说：“大哥，你也二十八了好吧！”吧啦吧啦吧啦；我们争论不休……但事实应该是，前一晚聊天的时候，莫妮卡说她喜欢王家卫的电影，尤其是《春光乍泄》罢了。

而说到“谁更老”的问题，我就不得讲在浦那时的一个小插曲。那是在离开浦那的前夜，我和肖恩同时被两个在“工作静心”的德国姑娘邀请去参加她们组织的晚间时尚秀，而就在下午试装的时候，我们遇到一个同样被邀请来走秀的英国姑娘“露丝”，她棕色短发、面貌姣好、看起来二十出头，楚楚动人，而在试装时“露丝”过来跟肖恩说了几句话，大概意思是愿意跟他组队（时尚秀有个环节是要求男女搭伴走秀），之后肖恩喜气洋洋地跟我说：“露丝肯定对我有意思！”我问：“为啥是你，而不是我？”肖恩说：“因为她跟我说话了呀！”“可是，她说话的时候是看着我的呀！”“不可能！”吧啦吧啦吧啦我们争论不休……至此，我还是头一回见到比我自恋的男人！

我只不过是没事夸夸自己帅，而肖恩却没事儿总以为别人觉得他帅！但不管谁是怎么个帅法，时尚秀开始的时候“露丝”却跟一个满身长毛的匈牙利哥们儿组了队，此时的肖恩内心还是充满希望的，他说：“一定是因为我们迟到了，‘露丝’别无选择才会选了那个呆瓜！”然而，当时尚秀结束，肖恩去跟“露丝”要联系方式的时候却发现，“露丝”正在和一个白发老男人热烈拥吻，那个男人应该有 50 岁了吧，但显然不是我，于是我拍着已目瞪口呆的肖恩的肩头安慰道：“我想她还是更喜欢我一些！”最后肖恩“泪牛满面”，只能眼睁睁地望着他的“白雪公主”牵着“白袍甘道夫”的手消失在了静心社区迷蒙的夜色中。

终于亨比的夜色彻底退去，旭日赤裸裸地就蹦了出来，羞红了山顶上“全世界”的人脸以及“狗脸”，“骄傲”从亨比的每一寸锈色里钻出来，宣告它们又重新接管了这片魅力无穷的大地，而在那“巨石丛林”里矗立或坍塌的每一座庙宇都是从“五百年前”赶来的“使者”，那每一粒巨石、每一棵参天大树、每一缕苍茫的风，都是使者带来的问候和祝福，它们用辽阔的沉默庆祝着这“曾经”和“现在”的联姻,“是的,我已容颜俱毁,但依旧傲骨生威！”这便是亨比，一座“鲜活的废墟”，难以想象在500年前这里是得有多么繁荣和壮美,才会使杀入亨比的德干苏丹联盟大军“嫉妒”到非要把它夷为平地？不过，幸好“嫉妒”是最无能的残酷，它可以摧毁体魄却永远无法消灭精神，因此，如果说500年前那个不可思议的大都市是亨比的肉体，那么现在看到的，正是亨比无比赤诚的魂灵。

这已是我们到亨比的第五天了。正如传说中的那样，所有到这里的人都会修改计划多待几天。我们住在“维鲁巴克沙”寺庙所在的亨比集市，这是一个被无数巨石和遗迹包围的国际化小村落，村里客栈、餐馆、商铺、书店、网吧、黄牛、大象、夫妻情侣孩子、单身狗以及全世界的护照等等，应有尽有，行者们在这里休憩调整、读书写字、去山上看日落、到水边看月升、在屋顶的晚风中弹吉他唱情歌、在热闹的街头欢喜相遇，又在的熙攘的街尾相拥告别……

于是我跟肖恩也说了“再见”！肖恩有个印度本土好友的父亲两天前去世了,他决定前去探望。黄昏,在去村口的路上肖恩看起来有些悲伤,感叹“生死无常”，我很想跟肖恩讲讲我对生死的看法：“我们都活在一场巨大的葬礼之中，地球就是一座墓场，‘青春’和‘苍老’都是通往消逝的列车，不同的只是班次罢了，而‘生’和‘死’虽不同名，但却都是‘终点站’，迎来送往都发生在‘列车’里,站台上无人……”但是发现这话对于我来说太难翻译了，于是就在肖恩的“突突车”（当地电动三轮车）刚刚启动的时候，我说：“记得还我一罐芦荟面膜！”于是,肖恩的悲伤立刻转化为了喜悦的愤怒,“什么？你不是说那是治疗晒伤的芦荟药膏？”而他话音未落就随着突突车荡起的灰尘不见了踪影……

那当然只是面膜,说“药膏”只是想显得更珍贵罢了,不然怎么跟他的“救命之恩”扯平？然而，尽管我们接下来的路线还有重叠，但到底还能不能再见就是真正的“无常”了，因为旅行中最常见的是离别，而不是重逢。

肖恩走后，我去“芒果树餐馆”要了张印度大饼当晚餐，然而食欲不佳，直到餐馆打烊大饼还是完整无缺，只好打包走人。

夜已深，远处“维鲁巴沙克”塔尖上的长明灯照耀着漫天灿烂的星斗，一个头发黑白相间的“流浪汉”独自徜徉于昏黄的集市小巷，他在客栈附近的拐角处坐下来，跟那只每天都冲他狂吠的黑狗分享了晚餐，而那黑狗就卧在脚边有种他从未见过的温柔，他想，既然那只狗每天都冲他叫个不停，必定是非常爱他的，而今夜正好，情人节快乐！

2016 年 2 月 14 日夜
于亨比

YOU
ARE
WELCOME

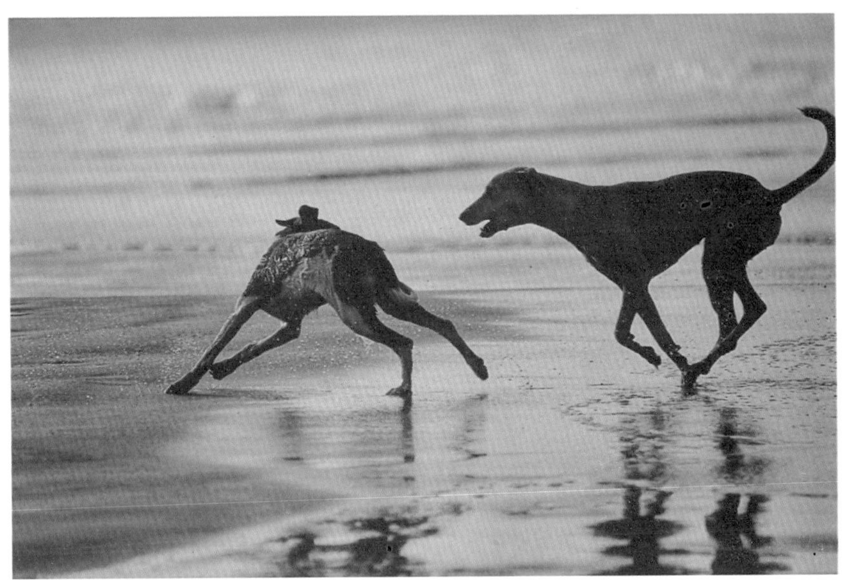

我们相爱了

我在门口把拖鞋摆放整齐（教堂并没有规定脱鞋），虔诚地走进大圣堂，在那座“传奇”的黑色十字架前许下了“世界和平”的宏愿，而当我心满意足的回到教堂大门时却发现拖鞋，不翼而飞了！原来想要“世界和平”只需一双45码的拖鞋作为代价，不然的话就是说，在印度这块土地上，连神光脚走路都嫌烫！

在果阿邦首府帕纳吉为“世界”和“神”作出贡献后，我问心无愧地转移到了著名海滩“帕洛伦”安抚自己“披红挂彩”且无处安放的双脚，然而望着落日金辉下戏水的美人以及月满银沙上相依的情侣，“单身汪”的心怎能不分外悲凉？于是，他把“双抓”狠狠地扎进海水里任凭盐分侵入伤口，刺痛提醒着他：“你可是曾为这受神庇护的美好世界付出过代价的英雄啊！”于是“英雄”骄傲的心里就更不是个滋味了。

好在，另一只“单身汪”及时出现，兄弟俩患难与共多少算是有了些慰藉。在亨比分别后，肖恩的路线是迈索尔、班加罗尔、帕洛伦和帕纳吉，而我的路线与其恰恰相反，但行程的时间点在帕洛伦正好有重叠，因此得以重聚。在帕洛伦通过肖恩的朋友“马特”，我又结识了一帮“单身汪”，因此，从一只心胸狭隘的“汪”的心理来说，一个人的“不幸”是不幸，一群人的“不幸”那便是幸福了！

显然，在见面之前，肖恩已经向他们普及了我“快门杀手、笔墨刺客”的“背景”，但要想取得“组织”信任，仅凭一两句出自他口的赞美哪能轻易得逞？正如每一场朋友间的初识，寒暄过后就不知该如何继续了，而要想在语言不太通畅的情况下，还能占到本土朋友“天时地利人和”的便宜，我就必须拿出点“艰苦卓绝”的诚意来，于是在当天下午我“随便几下”就把每个人都塞进了以充满希望的落日光辉作为背景的画框，而至于接下来能不能占到便宜我就没再考虑，只见当晚本土朋友纷纷把自己 Facebook 的头像换成了我拍的照片。

于是，在接下来的四天里，有幸的是，和大伙儿一起坐皮划艇泡在海水里看了壮美的日落，而不幸的是，“富贵”的我始终没敢把那个放在防水袋里分 24 期付款买来的相机掏出来；又有幸一起租船出海乘风破浪去追寻了海豚的踪迹，而不幸的是，浪里翻滚几人呕吐最终只看到了寥寥几头海豚的“尾鳍”；又有幸一起摩托夜行参加了阿贡达海滩的盛大派对，而不幸的是肖恩爱上了同样来自伦敦的美丽姑娘“伊莎贝尔”，但伊莎贝尔却已经有了男朋友……

然而，以上种种“幸”与“不幸”都比不过有“一个美丽的姑娘邀请你为她拍比基尼，但拍照时她男朋友就站在你的身后”。

美蒂雅是马特的女朋友，他们也是团队里唯一的情侣，美蒂雅来自德国，马特来自美国，而他们是如何在英国相爱现在却又在印度工作，我就管不着了。那晚满月初上，海面银光闪闪，远处孔明灯徐徐升起，近处有烛光轻轻摇曳，我正遗憾“如此静好却没有美人分享”，哪知美人就“被”送上了门来。

马特牵着美蒂雅的手过来“颤巍巍”地问我，次日是否愿意抽出一点宝贵的旅行时间来帮美蒂雅拍几张比基尼写真照片？他说时还特意强调了从来没见过能把照片拍这么好看的摄影师，虽然他也是摄影师。而对于我来说，拍几张好看的照片不过是摁几下快门儿的事儿，又见他们眼里那搅拌着担忧的热情都快掉了出来，于是我虚荣心瞬间膨胀到了宇宙大小，接着就展示出了“传统的火式笑容”，并用一口标准的普通话答应下来：“你们这样‘虐狗’还是人吗？”他们一头雾水害羞地问：“什么意思？”于是我把原话又用英文翻译了一边：“No problem！It’s my pleasure！”于是欢天喜地张灯结彩撒花庆祝！而当次日晚上，我把修好的照片递到他们手中时，马特和美蒂雅由衷地近乎是尖叫着邀请我来年一定要去英国度假，还说他们要对我盛情款待带去我吃“好吃的”，于是更大的“不幸”就降临了，我一听到“英国”和“好吃的”并列，就后悔没跟他们收钱，心想：“英国能有好吃的？您还是弄死我得了！”

“大伙儿”（包括马特跟美蒂雅在内一共八人）都就职于帕纳吉的一家传媒公司，这次来帕洛伦是过周末的，周一就得回去上班。而他们到帕洛伦来的一个重要目的，就是参加每周六晚上举行的“沉默派对”。由于果阿邦立法“全邦晚上十点后禁止大声播放音乐”，因此，在帕洛伦海滩的“聪明人”就发明了这个特别的派对形式来回避禁令，进入现场前工作人员会给每一位来宾配一副耳机，耳机分三个频道，每个频道会播放不同类型的音乐，可以自己切换选择，然后就带着耳机“安静”地跳舞狂欢吧，而当你要想跟身边的人交谈时，只需摘下耳机。

不过，果阿邦这条法律早已是一纸空文，但由于受到当地人和国际游客的追捧，这种“沉默”的形式便被一直延用了下来，而现场也并非完全静音，当你摘下耳机还是可以听到 DJ 台上播放的现场音乐的，只是音量小到了可以让你很轻松听清身边人说的话。我对各种 Party 都没太大热情，来此也只是出于对“沉默”形式的好奇，而对当晚配的耳机又似乎有些过敏，没带多久耳廓便瘙痒不已，于是我干脆到人群边上坐下来，望着肖恩跟伊莎贝尔在人群中“热吻”，噢不对，是“热舞”，是的，伊莎贝尔的男朋友在伦敦，而她此番独自出来就是为了思考到底要不要跟他分手的，看来很快就会有答案了。

“能借个火吗？”

“不好意思，我不抽烟，不过我叫火，可以帮到你吗？”

“什么？这是真的吗？”

如每一次在旅行中自报家门的情况一样，我们开始了交谈，其间他望着在人群中摇摆的一个高挑女孩儿说：“那是我的妻子‘格瑞丝’（化名），我们上个月结了婚，这次来是度蜜月的。”他在说这些话的时候，眼睛里跳动着怜爱的光芒，而话音刚落，人群中的格瑞丝就回过头来冲他做了个鬼脸。

后来，我们聊了很多，关于旅行，关于工作，关于宗教，关于爱，到最后我已对他敬佩满怀，于是我叫他稍等，然后起身走进人群扒开了已经双双“神魂颠倒”的肖恩和伊莎贝尔，然后跟肖恩说：“那边有人想借个火儿？”肖恩顺着我指的方向看过去，然后绽放出一脸诡异的笑“天啊！火，有女孩儿跟你搭讪啦！”我点点头然后又指着人群的中格瑞丝说：“是的，而那个姑娘是‘他’的未婚妻，他们来自中东！”于是，肖恩恍然大悟，跟我一起回到‘他’身边掏出火儿来亲自来为其点上。‘他’叫玛丽（化名）是个美丽的“丈夫”，而他跟格瑞丝也是一对勇敢的夫妻，在她们国家，同性恋面对的是残酷的死刑。

玛丽和格瑞丝是在外国办的秘密婚礼，没有教堂也没有法律证明，但那些之于爱情难道不是多余的东西吗？他们在德黑兰经营着一家咖啡馆，说蜜月完了就要回去，肖恩问玛丽难道不怕被发现吗？玛丽把眉头和双肩轻轻一挑然后说：“怕啊，可是我们相爱了！”

是啊，“我们相爱了，生死何惧！”这便是爱情。

有人终成眷属，就得有人“流浪街头”，而狂欢过后也总是离别。先前我把带来的第二本书送给了肖恩，并在扉页写下了我教他的到目前他说得最顺溜的一句中文——“滚开！”然而，在去班加罗尔的当晚，为了伊莎贝尔前一天已经搬去“阿贡达”住的肖恩还是“恬不知耻”地骑着小摩托摸着黑赶回了帕洛伦跟我吃最后的晚餐，饭间肖恩非要我多讲一些自己的故事，于是在我对家庭、事业、梦想和爱情的一翻“自吹自擂”之后，肖恩再也按耐不住早已在心中爆炸的“嫉妒”说：“You are danm real fire！”但我立刻叫他打消了请我去英国吃“大餐”的念头，拥抱后约定了将来一起拿奥斯卡的“幻想”，而这次该轮到我钻进突突车里望着渐渐缩小的肖恩站在原地挥手了，但和在亨比时的告别不同，接下来跟肖恩共享良宵的是伊莎贝尔，而不是“狗”。

2016 年 2 月 23 日夜
于帕洛伦

SURF RESCUE

你结婚了没

烛光摇曳着跳上了在场每个人翘起的嘴角，幸福从她的笑容里淌出来，给周遭上了一层甜蜜的暖色，众人合掌欢唱、左右轻摇，歌声里男朋友把王冠轻轻戴在她头上，那动作温柔得像是在爱抚一只清晨初醒的小猫，而后两人四目相对，霎时烛火凝滞、歌声收场，世界安静得可以听到他们逐渐靠近的心跳，于是“单身汪”回过头来不敢再看，片刻后欢呼声如核弹爆炸响彻八方，只见蘑菇云里“悲凉”和“狗毛”一起飞扬。

汉娜笑着说这家叫作“Abs”（绝对烧烤）的烧烤店是当地最受欢迎的餐馆，当年哈比向她求婚选的也是这里，而刚刚那对已经是在我们坐下来不到一个钟头的时间里第七桌庆生的了，加之前来庆生的又大多是情侣，因此“绝对烧烤”一定不假，但“真心虐狗”却也是更真啊！

在号称“亚洲硅谷”的班加罗尔，见识到了电脑主板样式的“繁华”交通，只可惜 CPU 不够高级，运行速度还欠着 180G 的内存条，于是“慢”游一日只收获了几张“邦立中央图书馆”的照片，而傍晚当我把照片在“脸书”上发布后不到一分钟就收到了汉娜发来的信息：“若还在班加罗尔，希望能有机会请你共进晚餐？”这是我在国外第一次收到去当地朋友家里做客的邀请，真是打心底里高兴，但当时我已经把行李收拾妥当做好了乘夜间巴士前往迈索尔的打算。

•

高二那年，学校从别处借来了喀麦隆外教大卫给我们上了一堂口语课，奇怪的是当时英语成绩全年级倒数的我莫名其妙竟跟他成了好朋友，后来的每个周末我们都会见面，而“胡说”“比画”加上“猜”，我们之间的沟通基本不算困难，于是一起爬山、一起打篮球、一起骑单车远游，感情日渐深厚，因此就在暑假即将开始大卫准备回国的时候，他爽快地答应了到我家做客的邀请。

那时家中贫寒，很少招待客人，而当父母得知我要请个“老外”到家里做客时，我从他们的眼里看到了我期待已久的对我这个“垃圾堆里捡来的儿子”的别样肯定，像是在说：“果然是亲生的！”

那天中午父母拿出了当时家里最好的“储备”做了满桌好菜，跟过年的阵势不差上下，而考虑到大卫还用不好筷子，家里还特地买了叉子，然而我在约定的时间和地点并没有等到大卫，乘公车去他就职的学校，只看到了紧锁的房门，午后阳光灿烂，父母和兄妹在客厅围坐一桌，等我等到饭菜腾腾的热气都凝结成水滴从盖碗上滑落了下来，而我却站在门外久久徘徊不知该如何面对家人落空的期待，但时间在飞，家总得回，最终我还是咬着牙跨进家门大咧咧坐下来若无其事地说“大卫赶火车已经提早离开”，于是开吃。那天午餐的轻松氛围倒也真是蛮像过年的团圆饭，但席间我一直不敢抬起头来，只是时不时会望着那把特地为大卫准备的叉子发呆，心像是被挖去了一块。

后来在网吧收到大卫从喀麦隆发来的电子邮件，他消失的谜底完全符合我的“谎言”，但那个夏天灼烈的遗憾，在我看到面前汉娜和哈比满足的笑容时，才终于彻底释怀。

在之前的信息里汉娜还说，我是她的第一个“外国”朋友，如果可以请我吃饭会十分荣幸！因此，就在那个时候当年的遗憾重回脑海，那个在阳光下失落的男孩也跑到我身边说："留下来！"于是我推迟了去迈索尔的计划，在传说中极度危险的"印度之夜"，只身前往 20 公里外的"Abs"赴约，道路陌生、街灯昏暗，但我却满心欢喜又迫不及待，因为现在的我早已明白，那个夏夜母亲到床边来摸着我头讲的世上最温柔的道理——

"在这个世界上，终结遗憾的方式有两种，'被成全'和'成全'。"

落日的金辉铺满了整个帕洛伦的海滩，五岁的"尼尔"进进退退跟浪花打得不可开交，汉娜和哈比手牵着手就静静地站在不远处为他们那打算征服世界的儿子保驾护航，而他们的笑容就像海面上的波浪一样闪闪发光，那情景美至灿烂，于是"六弟"（相机型号是佳能 6D）不禁从我手里飘起来咔嚓咔嚓几下就吃下了一片辉煌。而后，我把照片展示给那时还是陌生人的汉娜一家看，看得汉娜差点要把"六弟"买下来，看得哈比当场就要把他手里的单反丢了去填海，看得尼尔把食指放在嘴边咯咯咯笑成了"孟火火"的缩小版，于是看着看着我就吃到了"绝对虐单"的美味饭菜。

席间，汉娜说她的家人和朋友都特别喜欢我给他们拍的照片，说那些照片看着有种说不出的感动。说不出那就对了！因为，感动他们的并不是我和那几千万的像素，而恰恰是在那金色的一瞬间他们最美好的自己！因此同理，若说我的应邀是成全了汉娜，倒不如说是汉娜的邀请成全了我！

很多时候，我们自己无法感动自己，因为我们总是把目光放在别处（比如大卫的叉子），而忽略了自己的美，所以，总是需要一些外力来提醒（比如照片），这就像右边的卡座有对情侣正在进行"第八桌"的生日庆祝，而"单身汪"却还"恬不知耻"地跟着鼓掌一样，接着汉娜就用一个幸福美满的问题提醒了我：

你结婚了没?

2016 年 2 月 29 日夜

于迈索尔

do the math . . .
me

“幽默感”和“宝贝别哭”

亲爱的火火：

是时候说再见了，真希望还能再见！
如果某天你到波兰来，请务必通知我们！
你有超强的幽默感，能和你同行真是一个难忘的经历！
感谢你为我们拍的漂亮照片，让我们见识到了你的魔法！
最后，希望你也喜欢跟我们共度的时光！
祝，旅行愉快！

保重！
罗德克 & 马格达

在沃尔格莱海边悬崖上的客栈告别时，罗德克和马格达冷不丁地就把礼物拿了出来，一张手写的明信片和一只罗德克随身携带的波兰钱包，那时午后灼烈的阳光刚好开始柔和，海风卷着蔚蓝从崖脚轻轻拂过后，直接撞在了我因自己“毫无准备”而惭愧不已的脸上，而正当我脸“疼”得不知所措时，马格达把嘴一噘眼睛就红了，于是得救，我赶紧上去给了她一个拥抱说：“宝贝别哭，钱包里没钱！”因此，刚刚发酵的伤感就跳下了悬崖转瞬即逝，我想这或许就是他们夸我的“幽默感”吧。

自从在迈索尔结伴同行以来，我每天除了用“半生不熟”的英语拿罗德克的“地中海”（谢顶）和马格达的“胃里渊”（吃货）开虐外，似乎没干什么别的好事，而从这两位“受害者”还希望我去他们的地盘对他们继续施虐的结果来看，充分说明了：只要地理学得好，即使四级过不了，也不会影响你忽悠“歪果仁”。

跟罗德克和马格达是在果阿邦首府帕纳吉时认识的，那天早晨我们从同一家客栈的大门出来相互打了个招呼就“向左走，向右走”了，没想到晚上又不约而同出现在了同一家餐馆，于是罗德克就摘下了头巾、马格达就松开了“胃袋”、孟火火就“心眼儿”变了个坏。由于罗德克和马格达在介绍他们职业时用的英语词汇过于高级，“四级零分”的我最终没能听出来，但那已经不再重要，因为他俩都因对自己原先的生活状态感到不满而辞了职，这次拿着所有积蓄出来旅行，就是为了想明白自己到底想要什么样的生活，于是我就他们当前的状态讲了一个古老的中国“神话”——“骑驴找驴”，之后两人相视一笑似乎得到了巨大启发。

正常人当然不会把笑话当真，人不可能永远旅行下去，但旅行真可谓是一个重新认识自己和发现生活的有效方式，在一段时间内脱离原先的生活轨迹和环境圈子，到外面来见识下稀奇古怪又生动鲜活的不同人生，多少都会得到些启发，尤其是当看着带出来的“钱囊”日渐干瘪却没有“慈善机构”来捐款时，就会对过去到底是活了个什么劲儿认识得更加透彻，而至于旅行结束后我们的生活到底会不会有所不同，这个因人而异不能定论，但可以肯定的是，大部分人会比过去更加积极和开明地面对“赚钱”这个最不务正业的正业。

那天饭间，罗德克也问了我为什么出来旅行？我说“为了寄明信片”，于是我跟他们讲了在孟买顾三哥一起贴了 600 张邮票的“传奇”，之后两人感叹：“你怎么会有那么多朋友？”我说：“那哪里是朋友，那都是‘衣食父母’！”他们哈哈大笑，那也是他们第一次说我“很有幽默感”。

而正经的，“到底为什么出来旅行？”我已经用第一本书里的 418 张照片和 150000 汉字作了交代（写这篇文章时第二本书已经写完但还没出版，如果算上第二本书的内容，就应该是，810 张照片和 300000 汉字了），我把书的封面照片给罗德克和马格达看，虽然他们不懂中文，但当他们看到封面上的照片时就立刻明白了我书的精髓，罗德克说：“这本书写的是爱和自由！”而能说出这个高标准的敷衍话，就说明他的那颗“灯泡”绝对不是节能的。没错，“爱和自由”正是旅行的目的，但《孟火火的第一本书》还有一个最重要的特质罗德克并没有看出来，那就是“狗”，一只浪流的“单身狗”。

由于路线不同，加了“脸书”后我跟罗德克和马格达就告了别，而那“两面之缘”还不至于制造出离别的伤感，于是我满身轻松地一路南下，去参加了帕洛伦的盛大派对、出席了班加罗尔的“绝对”晚餐，最后抵达迈索尔，而迈索尔在我看来并没有传说中那么“豪迈”，那座有口皆碑的皇家宫殿跟印北那些耸立在山巅的皇家古堡比起来实在平常了些，或许这种观点跟我的长相有关吧，我一向对皮肤粗糙、头发花白、身材高挑又不爱打扮的“老男人”存有偏爱。

不过，虽然这次迈索尔皇宫没有给我“朕回来了”的错觉，但迈索尔的“德瓦拉集市”倒是给了我一种更接地气的“微服私访”般的亲切感。为拍照我在晨昏时段各去了一次，看到人群在明朗或微氲的光线里熙攘，听到叫卖在东升和西沉的尘埃中追叠，拍了数不清的面孔，每一张面孔都不同，但又是同样地令人动容。很多朋友看了我的发照片后都感叹：“印度人好乐观！”我想他们一定不是在夸我的摄影技术，而是在真心地赞美这个神奇的古老国度，我对“印度人乐观”表示赞同，虽然印度政府“领先中国三十年”的自诩有些过于乐观，但不失为一种好的幽默感，而乐观往往生于困境，苦难频发之地也恰是友善蓬勃之处，因此我真心祝福乐观的印度人民，而对“乐观生于困境”的观点想不明白的朋友，请购买《孟火火的第一本书》参考一下封面照片。

当赶到迈索尔的罗德克和马格达跟我在 Zostel 客栈重逢时，我正在跟一个刚认识的从芬兰冰天雪地里来的，右臂上文着一只小熊猫并怀揣着“赏花”嗜好的叫作安迪的男人聊天，他说在那不算遥远的迈索尔附近的山里有个美丽的小镇叫乌提，那里山青又水秀，那里风和又日丽，那里四季如春鲜花遍野，噢，可爱的鲜花，哦，可爱的小镇……于是次日从 8 点到 15 点在山路上经过七个小时的“拷打”后，我们四人终于抵达了传说中的“乌提戈壁”，而又由于我们一开始就低估了这个在向导手册上没有名气却在本土人看来是避暑“圣”地的小城，在随后的三个小时里我们只好举着“google 地图”，背着大包小包上山下山来来往往走了近二十公里，总算在落日“后”才找到了家凑合的客栈，算是幸免于被山里野花吃掉的厄运，而原本到乌提我们是有着“完美”的进山徒步计划的，但当第二天起来就谁都没有再提了。

乌提在海拔 2000 多米的德干高原的山区里，日温差较大，不过白天最高不过 20 来度，早晚最低温也就十五六度，说是避暑“圣”地一点不假，山确实青，水确实秀，而那山野间五彩缤纷、七彩斑斓的房子一簇接着一簇，像是跟围着它们的花朵一起从土壤里长出来的，看着就叫人春心荡漾，真是美惨了满山遍野胡窜的“狗子们”。

我们坐了从乌提到山城“康纳姆”的观光火车，沿途穿山过隙窗外的风光实在秀丽，但由于客栈的床比我短了十公分，因此当“秀丽”来敲我脑门的时候，我却在梦里找“秀丽”，于是现实和梦想擦肩而过，当我醒来时发现对面坐着的单身乌克兰美女已经跟别的男人成了好朋友，悔恨不已。

那天回到乌提时已是傍晚，但见日头尚在，我们便跟一个“突突车”司机说：“请带我们去最近的一个观景点看日落，那里最好能看到乌提的全景！”于是司机开了个“天价”一口答应了下来，而后我们拎着骨头一顿狂奔，可当我们从“突突车”里钻出来把胯骨重新装上时却集体陷入了沉默，面前一座苍茫大山刚刚好把还挂在半天的夕阳给遮住，而回头望只有零星几座民舍可怜兮兮地分布在远处的洼地里，因此，我们立即公投表决“这真是全世界最最差劲的日落”，想要跟司机理论，但看着他那一脸的“无辜”，我们就只好沮丧地自行脑补了，“他必定是自小生活困苦，食不果腹，现在家里又有个不爱劳动的女人和有七八个未成年的孩子需要他养活，他也必定是从来没有过时间和心情来欣赏美丽的日落，因此他并不能理解我们口中描绘的所谓日落该是个什么样的‘壮阔’……”于是想着想着我们鼻子一酸，就觉得看日落都是种罪过，而在回程的路上司机淡淡地说他刚刚买了房子娶了个漂亮老婆……

为了不再“犯罪”，我跟罗德克和马格达决定离开乌提，前往海边悬崖上的小镇沃尔格莱，而安迪由于在乌提还有个花园没来及看决定多待一天，临别那晚，安迪在把他脸书的头像换成我拍的照片之后，过来拎出一条白天去赏花时买的碎花围巾说：“喂，艺术家，看看我给女朋友买的礼物怎么样？”面对如此可爱善良的男人，我“当机立断”地对他手里那条充满爱意的一看就知道洗了会掉“塞”和缩水的“大型抹布”表达了崇高的赞美和敬意，面对美好的爱情我们多少是要说些假话的，因此我当时最真实的想法是“凭您这审美都能有女朋友，上帝肯定是穿了我的‘拖鞋’却站错了边！”不过在想到将来安迪的女朋友挥舞着那用“褪色的抹布”拧成的鞭子对他满世界地追打的场面时，我突然又觉得，虽然上帝站错了边，但我丢失的拖鞋却真是去对了地方。

从乌提到沃尔格莱没有直达火车和高级大巴，只有“Local bus”，也就是当地公交车，而这一次路上转车转来转去、叮叮咣咣从早上直到深夜才到达沃尔格莱的前一站科勒姆。当时已经没有前往沃尔格莱的车次，只好先就地找客栈休息，然而我们在那家我已经忘记名字的地处湖边黄金位置的“高级酒店”交了比别处高两倍的房费后，罗德克直接从房间里尖叫着冲了出来，因为一只硕大无比的蟑螂，在罗德克打开卫生间房门的时候正正降落在了“地中海”上度过了一秒美好的假期，而见此情景马格达若不是选择站在床上变成木头人，那她就只有把“小强”吃掉的选择了，而我虽然仁慈地憋住了笑，但不得不承认那只蟑螂真是太幽默了。

只可惜幽默的不止蟑螂，还有我房间里发霉的床单，以及我们浴室里喷出冰冷的前台承诺过的“热水”，且喷莲出水一股大过一股，硬得如关公手里的大刀，可到前台理论无果又没有房间供以调换，因此最终我们只好在我使出中国功夫前交了几百卢比的违约金，拿着退来的房款重新又回到了夜深人静的大街。

那时已是凌晨两点，而要到我从 booking 上新找的那家客栈还有一公里的路程，十百米说起来短，但这一天下来疲惫不堪，一百米就是长城了。

“你说夜空美不美？”在前往新客栈的路上罗德克牵起马格达的手望着天空问。

“美！”马格达抬起了紧皱的眉头。

“你说月亮美不美？”

“美！”马格达的眉头开始放松。

“你说马格达美不美？”

“当然美！”马格达笑了出来，她眼里那因之前的遭遇而凝聚的阴云也消散成了温柔。

“你再说，我的脸美不美？”见罗德克和马格达就要上演经典吻戏“单身狗”赶紧上前补了一句。

“呃，这个，挺……挺美的吧！”马格达说时倒吸了一口凉气，然后我们就把嘴都咧成了当时夜空里挂着的弦月。

这一路，我对他们时不时就秀出的恩爱早已习以为常，因此在沃尔格莱的悬崖上看着他们“相互喂食”的虐狗恶举，我也就毫无“恻隐之心”了，只是默默“庆幸”马上就要开始的离别，然而“不幸”的是他们竟然准备了礼物，没有想到只同行了短短一周，他们就胆大包天地把“单身狗”当作了他们的“宠物”，然而我作为“轮回里放逐的游魂，红尘中漂泊的野人”，哪是一封“情书”和一只“钱包”就能留得住?

因此惭愧如我，在相互拥抱的时候，我也只对自己轻描淡写地说了一句：宝贝别哭!

2016 年 3 月 7 日夜

于本地治里

BNPS

我在印度找到了工作

最近我身边的几个坏蛋一闲就跑来问："要在印度炫到什么时候？""难道你在印度拿到了绿卡？""什么时候回国啊请我吃饭？"等等，出来前没见谁惦记我，出来后倒是一个个都放下了架子，感觉是我欠一屁股债务携款潜逃了，而就"什么时候回国？"这个问题，我要公布两个消息，

第一是个好消息：绿卡没想过，钱快花光了，因此，炫不久已，请你妹吃饭倒是可以！

第二是个坏消息：真的，实在抱歉，我在印度找到了工作！

儒衫鞑是我之前提到过的在帕洛伦时认识的几个做传媒的本土朋友之一，他一头白黑相间的长发扎个小辫儿，还挂着满脸潦草的络腮胡，一看就跟我有缘，而单他那胡子来看，他应该是我的"超级赛亚人"版，而那天他在听肖恩吹了关于我照片的牛之后一肚子"不服"地跑来非要看我的作品，于是在正午海边酷烈的阳光里，儒衫鞑盯着我的电脑屏幕说："能不能邀请你今年

冬天再来印度参加我第一部电影的拍摄？”我喜上眉梢一口答应，心想：“终于可以脱下去年在‘宝莱坞’贵宾接待室里穿上的‘冒牌货’了！”而当时海风正好拂过，我嘴角一扬就露出了高高在上的发际线。

这几年旅行给我的一个重要启示：只要你加倍努力，使劲儿变老，就总有一天会对得起你年轻时吹下的牛皮！你吹出了“必是轮回里放逐的游魂，方可每到一处皆如故乡”这样的牛皮，就必须得更加努力地变！

然而，没想到印度的“四季更迭”如此之快，那天我正在收拾行李打算跟罗德克和马格达一起前往沃尔格莱，结果收到了儒衫鞑发来的消息，问我愿不愿意参加他近期一个纪录片的拍摄，而当时他项目的开拍时间比我南印计划的结束时间要早五天，可整个项目的拍摄周期也就一周左右，因此，起初我是委婉含蓄地拒绝了，但不久儒衫鞑又发来信息说他可以等我四天，于是盛情难却，理智再一次被“救世主”的幻觉打败，便一口答应了参加儒衫鞑的拍摄。

而为此，我也加快了自己之后行程的步伐，基本是一天一城的节奏，从沃尔格莱跟罗德克和马格达告别后，在印度最南端“根尼亚古马里”的海岛上回头望了一眼印度大陆，之后在“马杜莱”的伟大神庙拜见了只要遇到真爱三个就会变成两个的米纳克希，而因为它没有变成两个，我只好又奔到“蒂鲁吉拉伯利”，在那个犹如一座小型城市的印度最大寺庙“斯里兰甘娜萨斯瓦米寺”里，充分展现了自己路痴的本领，而为了不在那座寺庙里圆寂我又奔了少年 pi 曾经生活过的海边清新小城“本地治里”，磕磕绊绊读完了在沃尔格莱悬崖上收来的一本老旧的英文版 *Life of Pi*，发现虽然四级没过，但这几年旅行导致英语水平有很大进步，因此认识了不少外国美女，也得出了一个结论，看来看去到最后还是中国的姑娘最漂亮最有味道，我想这句真心话多少会促进下我书的销量吧，在本地治里拍了一幢“糖果在里面”的废弃楼房后，我就奔了印度东部枢纽城市“金奈”，那里嘈杂如孟买、拥挤如班加罗尔，因此，次日中午我就飞去了勒克瑙，在北方邦的首府，终于如期跟儒衫鞑的团队汇合。

那么，在接下来的一周时间里，我终于可以不用花自己的钱、不用担心火车坐过站、不用担心没有热水洗澡、不用担心被无良司机和商贩骗，安安心心地坐剧组的车、吃剧组的饭、住剧组设施齐全的宾馆，不用着急回国谋生赚钱了！

2016 年 3 月 7 日夜

于金奈

CANDY INSIDEL

CANDY INSIDEL

CANDY INSIDEL

印度工作笔记

儒衫鞑递过来一摞厚厚的千元大钞羞涩地说："不好意思，就这些了。"这是我跟他一起工作六天的薪水，而至于具体数目我会在文章结尾进行公布，好让国内我身边那些个过去给得比这少的"坏蛋"觉得惭愧，好让那些个过去给得比这多的"白痴"觉得"亏"，好让那些个过去给得和这一样的"蛋痴"觉得又惭愧又亏。不过事实上，这个为政府歌功颂德的项目拍摄难度并不大，每天举着特批文件畅通无阻于风景名胜外的真实印度，住好吃好之后要做的就是拍几段采访和扫一些空镜，因此对于一个饱了眼福的摄影师来说，在接过那一摞"甘地"时心里也是充满"羞涩"的，于是我乐呵呵地拍着儒衫鞑的肩头安慰道："你知道不好意思就对了！"

六天的时间里，我们围着勒克瑙上山下乡、蹚水过江、驱车行脚有几千公里，然而对于我这个习惯了高压工作的"中国影视民工"来说，每天大大小于八小时的具体工作量实在算不上辛苦，辛苦的是山路曲折破败导致每每在错过了黄金光线后才能开始拍摄；辛苦的是言语不通听不懂对方讲的故事，导致了当对方落泪时我却无动于衷地做了个冷漠看客；辛苦的是乡间风光太好、百姓笑容太美，导致了我开始怀疑自己的前世不再是“朕”，而是个养猪种地的村民，我想第三个“辛苦”是会得到大多数人的赞同的吧？

由于时间相对充裕，在这次纪录片的拍摄中我得以偷闲做了些工作笔记，而这些笔记从整体看来不系统也不太成体统，更像是一条条独立保存的“素材”，不过纪录片拍摄，就是一个素材积累和筛选的过程，因此我想不妨就把“素材”整理出来，作好备注和编号，说不定将来某天就能剪成一部票房过万亿的人类史诗电影了呢，而在那个时候“农民”怎么也翻身当“皇上”了吧？因此，大伙儿看完且当“尚方宝剑”一样保存着吧，说不定哪天能免死呢！

好了，爱卿平身，陪“朕”批奏章吧。

Day1
都会好起来

年久失修的“劳动者工会”莫名其妙地出现在一片荒地里，正午烈日当头，杂草仰望着天空眼巴巴地等风来。办公室内墙壁破损，四起的潮纹疯狂蔓延，最后交错出了整个宇宙。灰尘从天花板摔下来，一层又一层地覆盖着那在角落堆积如山的旧档案，历史就这样在昏沉的光线里被遗忘染黄，被沉默腐坏。

采访对象坐在镜头前侃侃而谈，我不懂印地语，但望着院子里那些个排着队等待签署文件的“愁容”也就猜了个八九不离十。院子另一侧停放着一排像是从电影《甜蜜蜜》里退休下来的自行车，用长焦镜头拉过来看，它们在“强壮”的阳光下摇摇晃晃像是在融化，而这就是那些“愁容”的梦，只要条件达标的文件获得了签字许可，今天就不用走着回家了。如果是单身汉，在回家的路上或许还可以捎个妹子，越想越心酸。

儒衫鞑说这是当地政府刚刚成立的工会，有几项扶贫政策正在落实，那些自行车就是发放给家里缺乏生产工具的贫困户的，而一辆摇摇晃晃的自行车是能否载着他们走上致富的道路很难说，路那么破，即使轮骨不瘪，气胎又能撑多久呢？不过，虽然这个政策就像工会的地理位置一样有些莫名其妙，但正如儒衫勉所说："印度是个贫穷落后的国家，一切才刚刚开始，都会好起来！"

Day2
泥泞中笑出声

起个大早，开到政府投资新建的高速公路上拍日出，朝阳无私地把光明铺向了全世界，于是我清晰地看到在没有护栏的高速公路旁的十米开外就是村舍，大人小孩儿在那里进进出出，好像这条高速公路就是他们家里的走廊；而那些牛牛狗狗之类的神圣动物，更是在路上左右穿梭甚至睡起了大觉，感觉这条高速公路就是人类给他们供奉的优质"地铺"；而往来什么车辆，如大卡车、越野车、小轿车、摩托车、三轮车、自行车、驴马车、"玩具车"等等，我相信如果当地有人造出了"特洛伊木马"，也是可以在这条"高速公路"上奔跑的！

你说在这样的环境下，人们还能每天爬起来看到新一天的太阳，怎能不这说是个"充满希望"的国度呢？这时有一头十二生肖里最勤劳最倔强的"属相"突然冲上高速逼停了一辆"擎天柱"，当看到这一出"牲口"大战"外星人"的好戏后，我把目光转向儒衫勉并摊开了双手，而他只是仰望着长天任凭烈日的光芒灼瞎了他的双眼，最后喷出一口深红的血来并号了一句老气横秋的古训："That's India......"

不过，我依然相信儒衫勉昨天说的"一切才刚刚开始，都会好起来"，你看"擎天柱"投降绕行了！

由于没有约到抚恤金发放处的采访，我们就直接进村采访已经领到抚恤金的村民。不同于旅行指南上的那些拥有名胜古迹的村落，这里的房子大多数都是近些年新建的，结构上也更加注重实用而减少了浮华的民族特征，而给人的整体印象是朴实、破败、宁静、脏乱，虽然从印象上说这就是印度的缩影，但就像北京的"世界公园"一样，"缩影"是吸引不来游客的，更别提国际游客了，因此，当村民见我从车里蹦出来的时候，感觉他们像是看见从石头里蹦出来一只猴子，原本正在激烈争论的老汉噤了声、正在嬉戏追逐的孩子瞬间定在了原地、正在喂牛的村妇把草料扎进了牛的鼻孔，而那个牛的喷嚏才打一半就屏住了呼吸，于是世界陷入一片怪异的宁静，只见我把大手一挥大嘴一咧大大地“Hi”了一声，然后村庄就“Hi! Hi! Hi!......”奇迹般地复活了，因此自“皇帝”和“农民”之后，我又有了前世是“神”的错觉。

采访对象是一个独自抚养两个未成年孩子的寡妇，丈夫两年前因公殉职，因此她领到了政府发放的一笔抚恤金，据说当时还上了报，然而在她那破旧的屋子里除了破旧的木床、破旧的被毯和破旧的锅碗瓢盆外，就没有其他什么可以再用“破旧”来形容的东西了，可见在那份“破”报纸上描述的“幸福保障”也是够“破旧”的了。

在采访过程中，女人几度想要落泪，但最终都咽进了肚子，虽然我仍旧不懂她的语言，但我已明白在她的言语中希望多于绝望。采访快结束时，儒衫鞑说希望看到孩子们的笑，只见女人将正坐在身边的两个孩子搂在怀里，只简单说了几句话孩子们就跟她一起哈哈大笑起来，那笑真心而善良、明媚又开朗，似乎瞬间一切烦恼和悲伤就已烟消云散，而在这极度艰难的困境中，她要隐藏多少痛苦才能让孩子们相信这生活仍旧美好，相信这世界仍旧值得去闯？不得而知或说无法计量！

但我确定，多年后孩子们必定会感激，能有一位可以让他们在泥泞中笑出声来的母亲，他们会懂得当世界支离破碎的时候，只要有一份完整的爱，生活就会充满光亮。

Day3
打水的小女孩儿

我是以图片摄影师的身份加入儒衫鞑的纪录片项目的，但到第三天他和原本的视频摄影师穆萨都不想再浪费我拍视频的手艺，于是就商定了让我跟穆萨一人一天轮班，结果我一动手儒衫鞑就陷入了另一种痛苦，这就是个“田忌赛马”的故事，论视频拍摄在这个项目的拍摄条件和要求下，我跟穆萨的水平其实是看不出太大差别的，但论图片摄影用穆萨自己的话来说就是“求你加入印度国籍吧”！所以，如果我拍视频，那儒衫鞑只能得到正常好的视频和一般水准的照片，而如果我拍照片，那么儒衫鞑不仅能得到正常好的视频，还能得到“印度国籍”的照片，但这次我的参与作为给儒衫鞑第一部电影拍摄的“演习”，我能够理解儒衫鞑想要更多了解我摄影水平的决定，因此也心甘情愿，只是看着每天出现的精彩场景统统被穆萨的快门杀害，我就庆幸他“多亏不是中国国籍”。

总算约到了抚恤金发放处的采访，这里的外观和室内的装潢虽然仍算得上是“破旧”，但也明显比“荒野工会”好了很多，可见直接管钱的机构就是“油水”多些，而至于接受采访的官员说些什么不用猜也能知道，无非是些自吹自擂的真心要为人民服务的“段子”，而要想达到他们宣传标语上写着的“一个更美好的北方邦”的目标，从在高速路上的“种族大战”和村民领了抚恤金却仍旧揭不开锅的情况来看，我觉得任太重而道还太远，还是先建设一个“美好的北方邦”再吹“更”吧。

在进村继续采访之前，路边一个衣衫褴褛头发蓬乱的小姑娘抓住了我的视线，她拎着一只大桶乐呵呵蹦跳跳到那个几乎和她一般高的压力水井旁，双手攥住压力杆深呼吸一口使劲儿蹲下然后跃起，往复间井水就哗哗哗落入了水桶，而在她每一次抬头的瞬间都可以看到甜蜜的笑挂在嘴角。可她为什么会笑？是父亲再一次承诺了给她买那个无法兑现的玩具，还是母亲再一次用亲吻拭去了她饱含委屈的眼泪？正当我举着相机疑惑的时候，小姑娘的视线落在了我这边，但当她目光扫到镜头时就立刻又把注意力放在了打水上。后来很多孩子跑过来要我拍照，唯有她一个站在远处静静看着，而当我再用相机对准她时，她那甜甜的笑又出现在了嘴角，只是不知该把手放在哪里是好……

后来村长告诉我们，她是村里唯一的孤儿，靠每天帮村民干些零活儿来换吃喝。于是心酸腐蚀了我的双眼，我终于明白她为什么会一下子抓住我的视线，也终于明白了那无聊枯燥的“打水”有什么好笑？她一定是受够了孤独和悲伤，才会早早明白只有笑着才能让运气好起来，这很像先前采访的那位母亲，只是女孩儿懂得的更早。

我很后悔没有过去给她看看我给她自己的照片，然后告诉她“来日苦难多，但你笑这么美，就一切都会好”！

Day4
城管

在奥赖火车站外不远处一个英雄人物的雕像下面，儒衫靴抡开胳膊把手一挥对我说：“请把这里拍漂亮！”那是一个“人神车”交错横行的十字路口，半空是更加“人神车”的电缆线路，道路两旁堆积的垃圾和动物粪便如山脉般延绵不绝，在经过以上简单的形势分析后，我接受了儒衫靴的挑战，但同时我也跟他提了一个要求——“把城管喊来做我的助理！”然而儒衫靴并不能理解“城管”是个什么样的存在，因此这个“挑战”到最后于我于他结局都是失败。

到勒克瑙正在建设的一处地铁站旁的楼顶上采访了一个当地的话剧演员，说起话来果然铿锵有力，而他在发表关于地铁建成后将会大大改善民生的观点时，像是在宣布一个新国家的诞生（演员讲的是英语），当然地铁是好的，自信是对的，只是见他在采访结束后把喝过的矿泉水瓶随手就丢进了路旁的下水道，我就想现在谈“新国家”恐怕还为时尚早，任何文明社会的发展和进步绝不是靠通几条地铁线就能实现的，最关键的是要“通人心”，人心通，则路通，则国家兴旺。

Day5
最好慢慢来

在一名政府官员的陪同下，我们驱车前往 200 多公里外的另一条高速公路施工现场，采访一名桥梁建造专家，话题的内容是他们使用了何种先进的钢筋水泥建筑方法，科学家说话还是相当严谨的，时不时还会拿出图纸来比画比画，但今天轮到穆萨拍视频，因此我得空可以和政府官员闲聊。

官员让我说说中国的道路建设和眼前的有什么区别，我望着远处工地上零散又懒散的建筑工人，实在不知道说什么好……最后只能用“中国相对快一些”来敷衍了事，但没想到官员自己倒是替我辩护起来，他说：“不是快一些，应该是超级快！‘中国速度’全世界都知道！希望你不要笑话，我们国家也很大，但问题更大，只能慢慢来！”这话说得诚恳实在，只是有一点他没有说对，就是“印度比不了‘中国’，只能慢慢来！”

国家建设如急于求成，失败是必然的，因此“慢慢来”才是光明大道，最好“慢慢来”。

有这么头脑清醒的官员，我相信印度的未来会更好！

Day6
退朝

采访对象是一位年近 70 的乡村教师，由于道路施工政府征用了他们整个村庄的土地，现在他们正拿着政府发放的补贴金在道路不远处修建新的村落，儒衫鞑问他：“为什么村民不拿着补贴搬到市区去住？”老人说虽然补贴给得不少，但大部分村名舍不得离开这块儿生养他们的土地，于是，这次拍摄的最后一个镜头，我把老人安排在了村外的一处田埂上，那时夕阳正暖，老人向阳而立满面红光，然后老人的儿子走到他的身旁，目光里是无尽的希望……

结局就是这样，任何一块“贫瘠”的土地，只要有热爱它的人民，就会慢慢“肥沃”起来。

树影在田野里慢慢缩短又渐渐伸长，就这样结束了为期六天的拍摄，在酒店大门外的夜色里，跟还没来得及记住名字的剧组成员拥抱告别，从他们不舍的目光里我看出了他们对我的“喜欢”和对我给他们拍摄的“个人写真”的“爱”，于是，在纷纷要了我的“脸书”账号和邮箱号后，总算把我放开，让我跟儒衫鞑和穆萨一起登上了前往德里的飞机。

由于我接下来去加尔各答需要去德里转机，因此索性就跟儒衫鞑直接飞德里了，晚上住在他和他女朋友瑞兔的家里，瑞兔热情友善，而从形体上来看也确实很有“兔”性。当我安顿好后乖乖的瑞兔和儒衫鞑从卧室里拿出了一把“叶子”，想通过这种“天然”手段让我昏睡过去，以免打扰他们一月未见的“干柴烈火”，然而不幸的是，我个子高却脖子短，除了“帅”没能成为一头合格的长颈鹿，因此不喜欢吃草和叶子，但当他们在缭绕的烟雾里飘摇时我已经进入了梦乡，近两月的旅行和连日的工作奔波还是叫我有些疲劳过度，因此睡得一夜深沉，遗憾错过了一场听觉盛宴。

好在第二天一早儒衫鞑就带我去看了在德里重新上映的 *Mad Max*，总算在视觉上把遗憾弥补了回来，而一听说接下来还有几部先前在国内无法上映的大片要重映，我就忍不住在心里窃喜，于是我满怀感激乐呵呵地从儒衫鞑手里接过了那厚厚一包足够我在印度剩下的一个月里“挥霍”的“甘地”（所谓具体数目就是这样的，哈哈哈），并答应了他冬天再来的邀请。

好了，奏章批完了，众爱卿各领一百大板，告老还乡去吧！

2016 年 3 月 18 日

于加尔各答

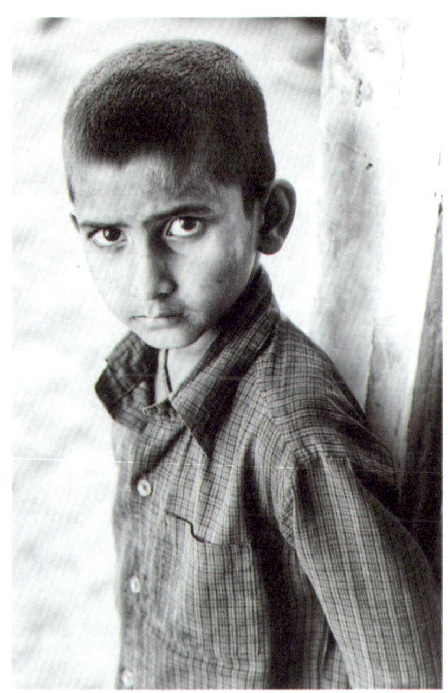

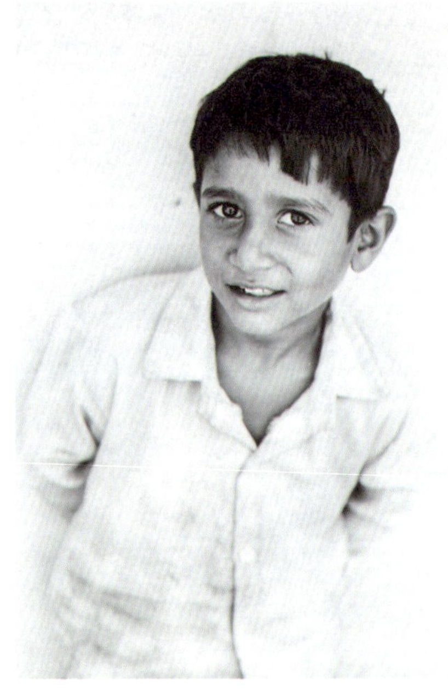

PROACTIVE
SECURITY

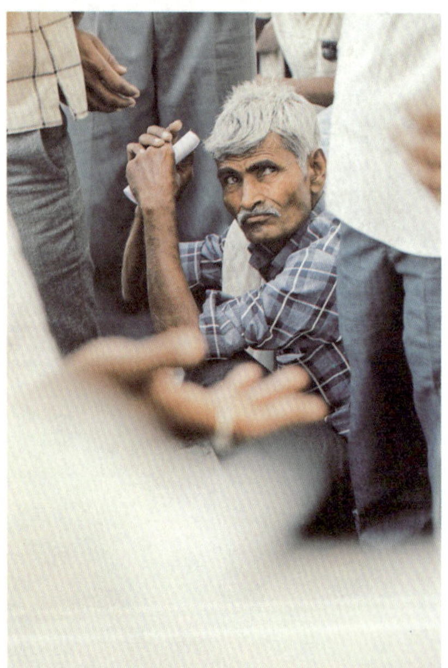

“爱”和“诗歌”

在去“儿童之家”的公交车上，坐对面的韩国美女一直冲我笑，我就知道从见面开始她就对我“有意思”。“有意思”就直说嘛，暗示什么的最浪费了，看来是想让我主动，但我贵为前世的“朕”，哪能随随便便屈尊？还笑？哼，我才没有那么容易上钩呢！不如我也笑一笑？好吧，就笑一下，给她点儿阳光，接下来能不能在后宫灿烂就看她的造化了！于是我把嘴一咧，没想到她还真灿烂了起来，开始冲我点头晃脑，真是越来越费劲，到底是个什么意思，这就开始索吻了？光天化日众目睽睽之下就敢调戏前世“天子”，成何体统，该当何罪？干脆如她愿得了？不行！我堂堂龙躯、九五至尊怎可随便就让个女人占了便宜？我去，她开始得寸进尺了，竟敢对我指手画脚，竖起个食指晃什么晃？不好！难道是想把我催眠然后“那个我”？真是贪得无厌，这世界还有真爱吗？再也不相信爱情了！因此我决定不再理会这个“花瓶”，目光骄傲地望向了自己的头顶，接着一个猛子“真龙”瞬间跃起，翻云覆雨中就变成了“蚯蚓”，赶紧在两旁“阴气十足”的氛围里向“全世界子民”下旨：“不好意思，不好意思！”头顶上血红的四个字，“女士专座”！

“这是不是个傻瓜？”我盯着对面那个绊了我脚的奇怪男人怒火中烧，长个人样儿可怎么笨得跟什么似的！我说来个头部按摩，非给我捏脚，我说来个足疗，非给我捶背，我要吃鸡翅，非给我整来一锅粥，我刚想打个喷嚏，就凑过来给我擦嘴，还挂了一张树皮般的笑脸，笑你个头笑，你咋不替我擦屁股呢！啥，擦？滚你的，那是你能擦的？你这么瓜，说不定还要拿厕纸给我来擦嘴呢！哦天呀！你别过来，别过来！求求你别过来……只见修女过来一把摁住他的头，使其仰面向上嘴巴大张，而那盘我喂了半个小时都没喂完的“稀饭”（喂进去的基本都被吐了出来），没几下就被修女送进了他的胃袋，这也是我头一次见到类似于小时候父亲说的“不吃饭就撬开你脑壳灌进去”的现实场景，然而这看似“粗鲁野蛮”的一幕，却是能让他活下去的“最佳方式”，不好接受，但必须消化。

他有七八岁大，和这里的大部分孩子一样患有小儿麻痹和脑瘫等多种综合疾病，而他除了眼睛能动外，其余肢体功能已经全部丧失，除了晚上睡觉时被送回到床上，他白天的大部分时间就是那么缩成一团扎在一个“懒人沙发”里，清冷冷地望着日月在窗外交替，孤零零地等待岁月在体内流逝，另外的小部分时间就都用来接受来自地球各处的志愿者摆弄他的身体了，然而即使“全世界”都来到他面前，也不会有一个能够真正懂他心思的人。

第一天到“儿童之家”的时候，我“愚蠢”地绊到了他的脚，而他只是抬眼看了看，目光里是永恒的平静和温柔，但如果他可以像常人一样说话的话，我并不希望从他口中说出的是那些写在墙上的由“我们”替“他们”抒发的“感谢”，那太温柔了，温柔得就像每个志愿者脸上的笑容，发自真心却更多地是由“无能为力”而转化出的无奈，越温柔就越显得失真。因此，在我绊到他的那一刻，如果能听到他愤怒地喊一句“滚开！”或许我也就不会在每次接过他的“沉默”时，为自己那“无用而笨拙的怜悯”感到悲伤和羞耻了。

“你给我滚！”老头儿仰头瞪着我，愤怒的眼神里只有这么一句标准“普通话”。但我已经习惯了，第一次见面的时候他就已经是一副那谁当年“非暴力不合作”的模样了。老头儿 60 多岁，浑身肌肉萎缩，脖子以下的身体如藤条般紧绷缠绕无法动弹，全身只剩一颗“矗立”在肩上的脑袋勉强还能自由活动，但这颗光秃秃的顽固“球体”除了发脾气外似乎就没别的作用了，而又由于基本丧失了语言能力，老头除了偶尔能蹦出一两个含糊不清的印地语词汇外，能让人外国人听明白的国际语言就只有“NO”一个单词了！于是，问他：“哪里不爽？”No！“上厕所？”No！“喝水？”No！“翻个身？”No！“按摩？”No！“Yes？”No！“我是不是很蠢？”No！No！No…… 到这儿老头自知被“调戏”了，于是愤怒的眼睛里又飞出来一句标准的“国骂”。

在“垂死之家”跟老头待了三个下午，要帮他干啥他都是“你怎么不去死”的怒相，而根据从他那圆咕噜噜瞪着的双眼里飞出的“火光”，我猜测在到这之前的某段岁月里他必定是身处泥沼却活得“体面”的，怎料现在却落得屎尿糊床任人摆布失去了坚守一生的尊严，因此，我想在他甩头把我送到嘴边的勺子撞飞时，他眼里的愤怒应该是一句铿锵有力的“老子，已生无可恋”！然而梦想哪是随随便便就可以实现的，每当我“威逼利诱”和“求告苍天”的努力都失效后，就看见修女“温柔”地向我们走来……

但不像在“儿童之家”时的状况，面对“头部”还可自理的老人家，修女总是把那一粒未动的饭盘端走，然后跟我丢下一句：“别理他，爱吃不吃！”先开始我无法理解这样的冷漠，但当第三天下午我看到老头儿见着“本地好人”送来的果奶和甜品眼里如瀑布般飞泄的“痴迷”时，才终于明白原来他的“宁死不屈”只是退化成了每个小孩儿都会得的毛病，“挑食”！因此，估计在拒吃晚饭的每个深夜，老头儿都是双眼噙着热泪吞下了修女送来的加了“小灶”的食物，或许他依旧“目光如炬”，但那时燃烧的更多是对“慈悲”的感激。

晚饭后，我把老头儿抱回床上，吃了甜品果然脾气也会变得好些，于是我用近来学会的印地语告诉他“我叫火”，老头儿竟破天荒地点了点头，然后我趁热打铁说：“明年再来看你！”结果老头儿就陷入了惯常的沉默，于是我再一次成功表现了自己的“天真”，将一句“蠢话”恨恨绊在了老头儿的心坎儿上，对于他来说“明年”和“明天”实质上已经没有区别，我来或者不来都不会改变他的处境，那往后数的每个分秒对于他来说都已经不能叫作“未来”，而是“结局”，于是，直到离开我都没再跟老头儿说话，多说一句都是虚伪。

都说在印度第二大城市加尔各答除了“脏乱差”和“两个人”外，就没什么别的可看了，可在我看来这样一座以“脏乱差”为地标的城市，能够拥有“泰戈尔”和“特蕾莎”两位伟人，就已经是超乎寻常的美丽了！另外，作为英国殖民印度时期的首都，加尔各答在城市规划上其实做得相当超前和完善，虽然年久失修和环境污染令整座城市看起来破败不堪，但就像流落民间的“王公”再不堪也有藏不住的贵气，因此，虽然行程紧张，我却在这个把“诗”和“爱”种进土壤的落寞都城一待就是七天。

先在被贫民窟包围的泰戈尔故居里漫游半天，然而除了把对这位伟人满怀的敬意转换成了空调低温导致的感冒外，我并没有获得可以把“泰姬陵”化作“眼泪”的灵感，毕竟“诗人”已经走远，而当下已经不是诗歌的黄金时代，因此崇敬依然是崇敬，却没有生出一丝亲切感，不过好在还有一位慈祥的老太太，虽然也已回到了她来自的地方，但她对“苦难中的灵魂”深切的爱却依旧在人间传递着温暖，而这恰是一首会永远传唱的诗歌，泰戈尔或许早已在这里复活。

因此，受着“爱”和“诗歌”的感召，我去老太太创办的“仁爱之家”做了义工，但由于“东北之行”时间吃紧，而在办了孟加拉国的签证后可以在印度逗留的时间又少了两天，因此为不影响大计划就只申请了三天的短期服务项目，而为了能在三天的短时间内对“仁爱之家”有更多的了解，我申请了上午去“儿童之家”照顾孩子，下午去“垂死之家”照顾老人。

然而三天的时间终究太短，我还没真正开始发挥作用就要离开，尽管这几天我挥汗如雨“进步”很快，但除了一些不算繁重的体力活儿外并没做什么特别“劳神费心”的工作，不过经验是宝贵的，就像旅行，一旦迈出了第一步，很可能就不会再停下来。而至于做“义工”的意义，只做了三天的人要是大谈特谈难免显得矫情，不过有个小感悟还是可以拿出来分享一下：不论是“儿童之家”的孩子，还是“垂死之家”的老人，他们都是我们的“未来”，谁都无法逃开，因此，是该去“爱”还是“不爱”，也就更加明白。

于是，在结束最后一天的工作回客栈的公交上，我明确地意识到应该向坐在对面的那个来自加拿大的美女志愿者展示下深切的“关爱”，于是我先是向她抛送了“秋波”，接着施展了火式“魅笑”，最后使用了催眠术，而她的态度也从一开始的拒绝转化成犹豫最后变成了接受，只见她顺着我的食指所向，仰头望见了在自己头上的“宣言”，“骄傲的皇后”瞬间跳起来变成了一个低声下气的“丫鬟”，赶紧在左右“阳气十足”的氛围里道起歉来，血红的“男士专座”！

好吧，就让结尾跟标题一样看起像是充满哲理：在加尔各答的公交上，竟然还存在着“男士专座”这种神秘的东西（我当然知道是为了区分男女乘客而避免出现性骚扰的情况，只是当你看到括号里的内容就失去了“神秘”）。看起来“脏乱差”没错，但这更像是“爱”和“诗歌”。

2016 年 3 月 22 日夜
于加尔各答

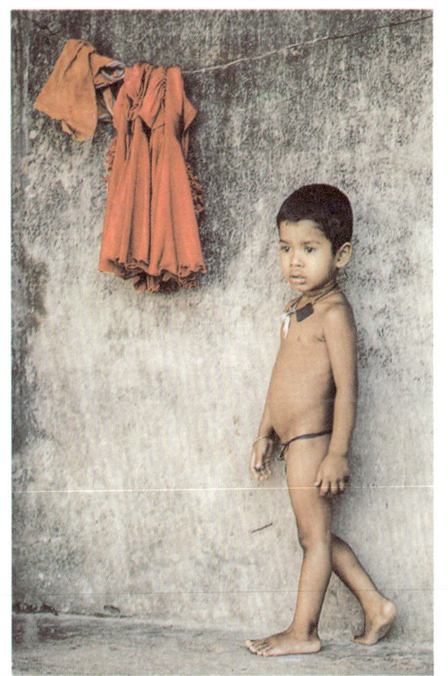

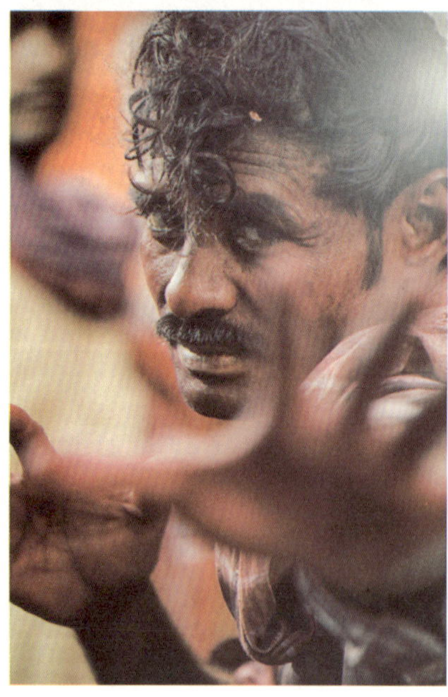

22

PERMANECE
OAV
YESHUA
IPC INDIAN 2015

徒步日记

Day1
冬眠

小时候家里穷买不起玩具，因此在到“大吉岭”的当天下午，我就订了“玩具火车”的票，打算在这列开进了《世界文化遗产名录》的迷你火车上，给自己光腚子的童年打块儿漂亮的补丁，然而由于远处山雾太厚并没能看到那在明信片背景里“熠熠生辉”的喜马拉雅山脉，倒是看到了各式商铺、各色民宅、各种汽车还有各样人脸跟列车“擦、肩、而、过”，因此，这个补丁打得十分凶险，在行驶中的大部分时间我都不敢把头伸出窗外拍照，生怕一不小心就被扣上个“血滴子”而身首异处。

回程时由于座椅太软、阳光太暖，独行突然缺爱，于是丘比特啪（pia）叽就从天上砸了下来，一个国籍不明的美女过来搭讪：“Hello，sir！”而我作为“男神”岂能被那个“小屁孩儿”的一箭迷惑，因此我假装没听见，结果不出“神”之所料，美女俯下身来贴在我耳边又来了一句“Hello，sir”！于是在无限温柔中我睁开了眼，列车长正杵在窗外冲我傻笑，那灿白的牙齿好像在说“老人家，您这是要继承‘遗产’”？列车已到终点五分钟，车厢里只剩下一只“汪”，于是汪在道歉后赶紧夺门逃窜，那时阳光恰是最舒适的温度，斜铺下来把这座七上八下、错落有致的彩色山城染了个热闹缤纷，只见一个孤苦伶仃的“老男人”脚下拖着一条细长的人影晃晃悠悠就消失在了人来人往的站台。

到大吉岭的重要目的之一，就是去 Singalila（新格里拉）国家公园徒步。不知道三年前跟我一起在尼泊尔安娜普尔纳山里共眠的老杨、薇薇、老廖、安娜等等现在过得怎样？是不是还在为升不了职而烦恼？是不是还在为勾心斗角赢不了同事而悲哀？是不是还在为加足了班睡不了觉却还因迟到扣薪水而泪流心酸？一想到这些我就手脚颤抖、汗毛耸立，激动地想立刻出发把沿途的壮美景致拍下来传给他们看，气死他们！而我仿佛已经看到了他们挥舞着键盘向我狂奔，怎料，山中无网又迷雾横行，感谢老天爷慈悲，暂时阻止了我的“自杀行为”。

在起点处办完手续后，办事员把一个面色黝黑的男人领过来说：“James，是你接下来五天的向导！”握手时我可以感觉到“邦德”47 岁的粗犷掌纹，但望着他那刚过我腰的身高（有些夸张）以及眼里飞奔流泻的呆萌，我气就不打一处来，我到底是雇了个“特工”还是收养了个“小孩”？然而，人不可貌相，从路上“邦德”矫健的身手和如飞的步伐来看，他既不是特工也不是小孩，而是“特工小孩”。

和三年前在尼泊尔安娜普尔纳徒步经历相同的是，第一天着实艰难，不同的是，这一次更加艰难。

三年前不仅有几位经得住损的“阿呆”左右相伴，而且头上总是天蓝如洗，道旁总是鲜花盛放，放眼望去总是延绵不断的雪山，因此，虽然身体被脚下跛扈的山路和肩上嚣张的负重折磨得疲惫不堪，但那时刻爆发着的视觉兴奋都在对体力进行着非凡卓越的补给，所以一天下来收支平衡心情愉快，而这一次，除了一个淳朴善良又含蓄内敛的“退休特工”相伴外，大雾从上路开始就吞噬了所有远山，更是把沿途景致的饱和度刷到了“负值”，因此，可以说每走一步都会荡起些许“无聊”的尘埃和“轻生”的念头，然而回头望时来路和“往事”都已不知去向，于是尘埃落地安心向前，毕竟风光是旅行的次要，关键是如何把肉体喂给灵魂吃。

既然风光已经退变成了一张 18% 灰的色卡，那除了洗“人体汗浴”和“冒充神仙”外还有什么乐趣？当然有，这条徒步路线的大部分竟然是尼泊尔和印度的边境线，上一步还在印度踢石头，下一步就在尼泊尔栽跟头了，因此大雾迷蒙中一路上在两国来回穿梭，我一直担心会不会有个狙击手正藏在某个看不见的角落，就等着心情不好的时候抠下扳机，不过直到第一天结束，我脖子上那从特蕾莎静修会获得的圣母玛利亚挂坠都没有起到挡子弹的作用，可见想要激怒孤独寂寞冷的兵哥哥不带个“美女”上路是行不通的？于是我回头看了看“邦德”稚嫩又雄性崛起的面孔，又望了望远处浓郁的山雾，兵哥哥啊，你还是向我开枪吧！

第一天上上下下 12 公里山路，虽然到达驻地时才下午三点，但山雾弥漫遮天蔽日，眼前光景如“老年人”的情感般惨淡。被安排住进客栈旁边一座独栋的房子里，拿老板“拉曼”的话说：“只有大人物来才会住这里！”于是“男神”心头一喜就躺进了那幢没有热水、没有暖气、没有厕纸、没有电，只有黑暗和寒冷的“鬼宅”，因此，看着窗外的大雾，我只希望半夜僵尸破窗而入时，下手能够利落点儿。

晚饭前，我想拍些山里雾景的照片，于是客栈老板拉曼陪我爬上了旁边的一座小山，然而一雾来袭快门就消失在了眼前，我索性跟拉曼聊起天来，我问拉曼这里冬天大雪封山的时候他们会不会很孤独？哪知拉曼并没有直接回答，而是先对中国人进行了讽刺，他说：“印度人不像中国人，我们喜欢跟家人呆在一起，即使孩子长大成家立业了，还是会选择和祖辈们一起生活。冬天，我们备足了生活物资，封山的时候就在客厅里生起火来，大家围坐在一起吃好东西、听老人家讲故事、教小孩子唱歌，快乐满满！”说到这里时拉曼的双眼就开始源源不断流出一种叫作“幸福”的东西来……

我不知道拉曼是从哪里听来的，但他说的似乎已经是事实，中国人的确是越来越来不在乎“冬眠”这件事情，我们忙着升职涨薪、我们忙着相夫教子、我们忙着实现梦想、追求理想中的幸福，然而却离“梦想”和“幸福”越来越远。

这时拉曼眼里的幸福不小心滴到了我身上，于是大雾消散突然觉得寒冷，站在小山头上拉曼的叔叔的墓碑前，望着下面的那几座紧凑的房子，我突然开始想家了，然而你知道美梦被前面列车长的谄笑砸个粉碎，家在哪儿啊？

2016 年 3 月 26 日
于徒木岭

Day2
捷径

“Fire！”正当我拄着拐杖“度步如年”的时候，突然听到“邦德”压低音量喊我，抬头见他满脸的惊悚我还以为是被狙击手瞄准了，然而当我顺着“邦德”的视线看出去不等目光聚焦，就有一颗“子弹”飞来从我的左心房扎进了右心房，一头母牛正站在五米开外烟雾缭绕的花丛中“分娩”！

当时小牛仔的蹄子已经伸了出来，偶尔还会微微抽动几下像是在说：“妈，有人在偷看！”于是我跟邦德在母牛回头前鬼鬼祟祟在旁边蹲下来悄咪咪地等待新生命的到来，母牛情绪一直很好，她咀嚼着嘴里的甘草时而会回头跟小牛说说话，偶尔还会无奈地侧脸看看两只躲在草丛泥巴里的“羊驼”……

“亲爱的，快看呀，牛生娃娃啦！”“啊，天呀，真的诶，牛生娃娃啦！”正当“羊驼”全神贯注得要进化成“马”时，一对欧美夫妇像是土地公公般突然就从身后冒了出来，直接把“羊驼”吓成了“羊驼翔”，与此同时受到惊吓的母牛也失去了“无私”奉献的耐心，她把头一甩毫不犹豫地走进了远处的一片小树林，同时还不停地发出“嘜儿”的叫声好像在说“牛生娃娃啦，牛生娃娃啦，你复读机呀！”

是啊，你复读机呀？我作为宇宙无敌“郎博万”的摄影师都忍住了没按快门，你倒是瞎“嚒儿嚒儿”叫个什么呀？之后，欧美夫妇望着我跟邦德已经从眼眶里掉出一半的怒目自知理亏便乖乖地钻回“土”里赶路去了，而庆幸的是母牛不会也不能半途而废，我们望见她在小树林里绷紧全身做着最后的努力，忽然一阵山雾飘过，散去时小牛已经站在了这块新鲜的土地上，母牛舔舐着小牛的额头温柔至极，同时还传授给了孩子来到这世上的第一个规矩：“好好做牛，别学羊驼，尤其是那个瘸腿的！”

被牛鄙视，真是“晚节不保”啊！第二天的山路共有 21 公里，而且上下起伏颇多，本来挺过了艰难的第一天身体应该是开始逐渐适应的，而且我还跟“邦德”吹下了“今天哥会健步如飞”的牛逼，但怎料一大早左膝旧伤不请自来，因此只走了半个上午左腿就失去了自理能力，因此“邦德”总算拿出了真功夫，废了九头牦牛和两只孟加拉虎的劲儿给我捡来了一根竹竿当助理，于是“年迈如我”终于在印度东北的山区里享受到了名副其实的“老年人福利”。

由于游客稀少又行走分散，在这个据说是徒步旺季的时间段，我竟有一种承包了整个 Singalila 国家公园的错觉，而“妖雾”时不时会从脚底板长出来，霎时就淹没了去路和眼前的“保安”，因此一路无关那云里雾里的喜马拉雅山，能保证不在下一步坠崖身亡上国际新闻给祖国丢脸就是大写的“幸运”了。

既然路途如此艰难，“外在”又除了一片“骨灰”没什么好看，那不如就往“内在”看看得了，只是不看不要紧，一看吓一跳，内在的那个自己怎么“辣”么年轻、“辣”么帅、“辣”么善良、“辣”么拽、“辣”么“有财”、“辣”么招女孩喜爱，于是看着看着左膝一酸就强吻了大地，当时大雾也非常识趣地悠悠散开，只见一坨牦牛粪便杵在脸旁“乐开了怀”，形状像极了那躲在云雾后面的喜马拉雅山。

“柳暗花明又一村”是山中徒步的常态，而每当你怀着对陆游的崇拜濒死般爬到那个与天为邻的转弯处时，一定会倾情地大声抒怀“羊驼，咋又一座高山！”所以“山外有山”才是“常态”的现实版，因此那一波大过一波的山雾，那一条陡过一条的山坡，都成了上天对我“吹牛皮”的最大馈赠，并毫不犹豫地收下了我的左膝盖，然而，我恰巧是那种被抽了右脸还非要把左脸凑过去的“无赖”，因此，每当我们站在一条从大道岔开陡然直上的捷径前“邦德”皱眉问我“干不干”时，我总是会咬紧牙关喊一嗓子“苍天呀，请再收下我的右膝盖！”随后便跟“邦德”一起冲上了山。

事实上，我们有的是时间慢慢来，但每当“邦德”双眼对我的坚持和忍耐放出敬仰的光芒时，我就觉得必须释放一下爱国情怀：“I’m Chinese, I can make it !”或许你会觉得“捷径”一词毫不光彩，但我在徒步中得到的经验是“每条真正的捷径，都是多出十倍的疼痛和努力”。

晚上落脚在海拔 3636 米的 SANDAKPHU（杉达朴）上，由于“邦德”长期合作的印度客栈 Sun Rise 已满，我们便住进了尼泊尔的 Sherpa Chalet Lodge，窗外一片漆黑像极了三年前“安娜普尔纳”上的 Poolhill（浦嘿），海拔相仿、夜冷如换，不知各位在那年星空下许的愿是否已经实现，若没有，那我们同病相怜还是好朋友，若有，那我只能自认倒霉，我是“你大爷”，但不论“你”是不是“大爷”的好朋友，今夜都请拔出你们头上的天线认真接收我的思念。

2016 年 3 月 27 日夜
于 Sandakphu

Day3
“正宗唐人”和“苏格拉底”

昨晚暴雨突至，电闪雷鸣一夜，狂风伴无眠是兴奋，照理说风雨过后见彩虹，当天光上来“干城章嘉峰”应该就在眼前了，然而清晨当我“爬”到客栈门口，只望见几条“僵尸”飘摇在如波似涌的大雾中，山理无常，风雨过后还是“骨灰”。

为了不和泥石流做朋友，我和“邦德”决定在 Sandakphu 停留一天，一来养伤，二来还存有天晴的侥幸，但时至正午，大雾如狗依然蹲在门口，气温骤降，客栈又无供暖设施，因此“全世界”都被困在客栈的大厅，只能靠使劲儿说话来保持体温，邦德端着一杯热咖啡哆嗦着过来问我“这次徒步看不到雪山会不会很遗憾”？而“遗憾”这个词总是流溢着一股哲学气息，因此“苏格拉底”说：“风光是旅行的次要，关键是如何在路上把肉体喂给灵魂吃！雪山，我在中国西藏和尼泊尔已经看得够够儿了，这次来就是为了奉献我的膝盖，而不良天气也是大自然的真容，正如人有‘喜怒哀乐’才是人，天有‘阴晴冷暖’才是天，如此说来，三年前在安娜普尔纳的‘晴朗之旅’倒也存在着巨大缺憾，因此，若这一次无缘天蓝、云白和山雪，反倒是一种对那年的弥补了，两次徒步加起来恰是一个完整的“大自然”，于是‘遗憾’也就变成了‘完美’！”

当我说完，只见邦德双唇微启，手里端着的咖啡已经不再冒热气，呆坐良久他才艰难地喷出一个单词：“Pardon？”（你再说什么？）好吧，“苏格拉底”跟“邦德”讲道理真是“秀才”遇到了“兵”，不过我半吊子的口语加上他半吊子的听力也算是一种“哲学”上的完美了吧，说不清也听不懂。

当我拖着左腿从卫生间挪回到大厅的时候被坐在一旁的 Shirisih（诗瑞诗）叫住：“我有治疗跌打的药？要用吗？”我在心中怒吼：“还废什么话，快拿出来！”而嘴上却挂着微笑彬彬有礼地说：“那怎么好意思呢？”接着 Shirish 二话没说就叫他儿子 JoJo（周周）回屋去把“药膏”拿来塞进了我怀里，于是膝伤未愈身先暖，又多了一个朋友。

Shirish 在我面前极力宣扬他故乡的美丽，说那里天蓝云肥、物丰人美、山高水阔、花繁林沃，叫我无论如何都得去看看。我完全可以理解一个人的爱国心情，而“美得如此像中国的地方”我当然要去看看！于是我问 Shirish 他的故乡是哪里？Shirish 说“锡金”！

好吧，在沉默半秒钟后我说：“外国人去锡金邦，必须申请特别许可证，”哪知 Shirish 也一脸惊疑：“你不是日本人？”而“国籍”这个概念也总是流溢着一股哲学气息，于是“苏格拉底”整理了下黑白相间的头发又用半吊子英语开始解释“为什么我总是被认作日本人？”因为我是“正宗的唐人”！

而强于在一边继续痴楞的“特工”，Shirish 毕竟 20 年前曾在香港工作，因此关于“唐人”和日本人的关系还是接受地比较清晰，而至于外国人进入锡金邦为何要有特别许可证这个“哲学命题”他比我更清楚，因此 Shirish 无奈地摇摇头，我以为话题就此结束了呢，不料 Shirish 边摇头边把手机递过来说：“留下你的号码，我来想想办法！”，于是我在心中怒吼着“太特么给力了！”，而嘴上却挂着微笑腼腆地说：“这怎么好意思呢？”

下午见大雾减轻，便随邦德去了两公里外尼泊尔境内的一处高地，山野上有闲逛吃草的羊、有睡觉打呼的牛、还有追着鸡崽到处跑的狗，于是“唐人”也凑着热闹爬上坡顶冒着被山风冷冻后回国下葬的风险拍了几张“雪山牌灰卡”，之后就挂着鼻涕滚进坡下的小木屋喝起了茶，屋内简陋却整洁有序，窗外有风呼啸而过，却毫不惊扰微微跳动的炉火，屋主是一对白发苍苍的夫妇，邦德说他们已经在这个山头生活了 20 年之久，于是，什么是爱情？“苏格拉底”说，寒夜相守，随风白头！

从高地摸回来刚在客栈坐下，就有一个英国中学生团队（身上有国旗）破门而入，下午四点，大雾早已锁住来路，恐怕这 20 多人包括老师在内一路摔了不少跟头，一个棕发的小姑娘进屋就蹲在大厅中央哭，想必是冻得够呛，只是没见一个人过去安慰，或许她就是那在每个学生团队中都会存在“委屈鬼”，但委屈鬼有两种，一种是“真讨厌”，一种是“太善良”，从全场的冷漠来看，小姑娘必定是后者，而后者总是会得到默默地关爱，于是我发现有一个男孩儿坐在角落围着的学生中不断地往这边看，目光里满是犹豫，但如我所愿，最终男孩儿起身走了过来抚着女孩儿的肩膀开始劝慰，屋内的嘈杂淹没了他温柔的声音，虽然没听清他到底说了什么，但从女孩儿抬头看他时流在眼泪中的信任和温暖，“苏格拉底”就知道，眼泪过后，青春会更加精彩。

那么，晚餐后我独自在房间码字儿，突然听到外面有人疯喊，接着“邦德”就冲了进来一脸兴奋地说：“火，下雪了！”然而“火和雪”并在一起能是好消息吗？于是我颠儿到客栈门口，看到“雪”可真是够“大”的，那分明是冰雹好吗？只不过颗粒小些、坠落时相互之间的密度松些，当然把这样的冰雹叫作雪倒也无妨，只见有人在堆雪娃，有人在打雪仗，还有那个下午被冻哭的女孩儿在咯咯笑，而男孩儿就站在她的旁边，因此，大雪纷飞却春意盎然，只是想到明天有 14 公里的下坡路将被冰雪覆盖，我就摸了把膝盖默默地回屋去继续了悲哀。

2016 年 3 月 28 日夜
于 Sandakphu

Day4
平安

经过寥寥几句对峙，我已明白对面这个白人小伙子不是地理水平低，而是心智有缺陷！千辛万苦跋山涉水至此，怎么就不能好好说话？虽然我认为“国界”是这个世界上最无耻的东西，并且希望有朝一日能够以“国际人”的身份来往无阻行走江湖，但既然我现在还拿着中华人民共和国的护照，而那块儿土地还妥妥儿的躺在中国的版图上，那面对这种情况我就必须得立即展示一下自己的爱国情操，蓝天下，雪山旁，在这本该谈情说爱的氛围里你偏要玩政治，那咱们就玩一玩嘛：

“我想再问一下，你从哪里来？”

“加拿大！”

“不，加拿大属于印第安人，所以再请问，你这个白人到底是从哪里来？！”

霎时小伙儿就憋红了脸、瞪直了眼、撅起了小嘴儿……，特么索吻呢？这里是印度，不是北京也不是渥太华，要“决斗”谁怕谁啊？然而，小伙儿瞪了我半天都没有反应，应该是在心里长出了“从哪里来”的答案，于是“绅士情怀”作祟片刻后他便“优雅转身”离开了观景平台，与此同时，我也松开了拳头，再一次失去了“上国际新闻被遣返回国省路费”的绝佳机会。

跟大自然玩儿啥都别玩“哲学”，大自然是哲学之父们都供奉的神，在哲学里所有折磨人类的问题，大自然都有答案。所以你看，昨天我费尽心机好不容易装成了“遗憾的苏格拉底”，结果今儿一早就来个大晴天，“干城章嘉峰”和他那些个在喜马拉雅山脉里的兄弟们一起带着“蓝天牌草帽”、穿着“黑土牌拖鞋”，就那么赤裸裸、干净净地站在原地给人们看，毫无羞耻感，倒是白云臊得不行时不时会跑去给哥几个遮遮挡挡，不过再一想“羞耻之心”属于含蓄的人类，大自然一向从容直白，所以估计那汹涌的云雾也是热爱“裸奔”的，它跑去给雪山遮羞是假，抢夺地盘才是真，于是一波接着一波聚了又散，刚柔并济看似和谐，其实是一场持续了亿万年的血战，而至今都未分出胜负，你以为今天雪山赢了，光灿灿地招摇，却忘了大雾蓬勃已经连阴了七天，你以为云雾大胜了，暗淡淡地显摆，但却忘记了有几个月雪山“终日无眠”，你以为……无限循环，在沉默的战场上，消失的只有人类。

膝伤依旧，不过一旦开始习惯，疼痛倒生出了一种成就感。今天计划中的路程是 22 公里，但道路走势相对平缓，而且一路喜马拉雅相伴，给足了“视觉补给”，因此，除了最后四公里陡然直上的捷径外，不算太艰难。

进山前忘记了发“朋友圈”和“微博”，因此，进山后这几天在路上还有一个重要任务就是举着手机找信号，这也让“007”十分为难丢尽了颜面，作为国际知名“特工”竟然连个手机信号都搞不定，可不是得无地自容么？但他年长于我，认怂怎会甘心？于是每当我掏出手机的时候，他总会抛出些长辈的大道理来为自己开脱，如“都进山徒步了就应该抛弃网络污染，享受大自然！”“通讯设备和网络已经让现代活得不像人了！”“火啊，撑着竹竿儿专心走路吧，不然直升机就该来接你了，会很丑的！”等等等等，要是第二天时那头分娩的母牛在场的话，肯定会使劲儿“嚒儿嚒儿”骂他：“你说唱呢咋滴？”不过我倒是无所谓，经验告诉我，拿印度口音的英语练听力效果很好，于是一路上也懒得反驳，每到一个坡顶或者山头我都会停下来举起“全球通”像是在祈祷。

终于在这天中午爬上一个山头的时候，我逮着了“尼泊尔 Ncell 的信号”，于是惊起一片尘土赶紧拨下号码：

“喂，哎呀，这几天到山里徒步没信号，可把我急坏了！”

“我也说嘛，怎么没了消息，你没事儿吧？”

“我没事儿，就是天气不太好，哦对，孩子怎么样了？”

“孩子很好，就是有些调皮！”

“调皮好啊，说明聪明！哈哈，好啦不多说了，报个平安，你别担心！”

“嗯，好，你自己注意安全，多吃些！”

“晓得啦，空了再说，拜拜！”

“拜拜！”

本想再拨一个号码结果刚挂电话信号就消失了，不过一个就已经解决了问题，而当我回头看邦德时只见他一脸“捉奸在床”的委屈：

“咋啦你？”

“你个骗子！你不是说没有女朋友么？”

原来我手机听筒音量太大被他听到了对话。

“哈哈，这是我妹妹，怀孕七个月了！”

于是“邦德”愁眉转喜，总算收起了连日的啰唆，他常年在山里走，自然明白出来旅行没有什么事情可以大过“向家人报平安”！

午后山雾开始生长，雪山逐渐消隐，路遇迷失的牦牛幼崽，当我把镜头对准它时，它停留了片刻最后丢下一句：“真他妈没人性！”就又跑开找妈去了，望着小牛在远处渐渐淡去，我相信即使前途有万般艰难，它也能够和母亲在迷雾深处团聚，因为我们都一样，或许会迷路，但天生都知道“母亲”在哪里，“母亲”是家，“母亲”是梦想，“母亲”是勇气。

入住海拔 3480 米的小木屋，简陋至极，但比起行军打仗的年代，有四壁挡风、有屋顶遮雨这里已算是豪华“别野”，夕阳红天，幽蓝乍现，喜马拉雅披银戴金站在远处云端，美好如此便知道每座破败的“鬼屋”原本都是漂亮的新宅，只要有人常在，即便岁月损蚀了容颜，内里也都是如火绽放的温暖，于是在厨房取暖时听客栈小哥跟邦德闲侃，虽然不懂尼泊尔语，但风过云开，星光进来，一定是在夸我帅！

2016 年 3 月 29 日夜

于 Phalut

Day5
国歌

清晨五点，一只公鸡蹿上窗台上开始唱国歌："哦，我亲爱的火宝贝，快起来啦，你不是要去看日出吗？再不起来就要夕阳红啦！哦，我亲爱的火宝'表'贝，你不'系'约了'小'山吗？再不起来美丽滴白'小'就要融化啦了（liao）！哦，我亲爱的火'宝贝'，快起来'Lia'，快快快起来'Lia'，再不起来太阳就要爆炸'Lia'，地球就要毁灭'Lia'，老子就要成烤鸡'Lia'！你特'咩'（mie）到底起不……你想干啥，你、想、干、啥？啊呀……"我站在门外冲那只傻叫了半天的鸡丢过去一颗儿石子儿："'鸡精'咋滴？"

由于山里气温变化无常，路上时而长衫裹体，时而汗流浃背，四天下来可能是受了些风寒，加之海拔较高，昨夜头疼难眠眼睁睁地看着天光爬上了窗，而想想今天还有24公里的山路要爬，就放弃了去这条路线上靠雪山最近的山头儿看日出的计划，不料一袋"太太乐"刚破晓就疯了似的不停打鸣儿，声调凄惨无比，要是再接着睡恐怕会梦魇至死，于是干脆爬了起来出去给这个"调味料"打了个差评。

"特工"还在睡，连日来他不仅要负责为"爬行"导航，还要兼顾给"伤员"端茶送水，着实辛苦，而考虑到观景山头儿离驻地不远，即使被野物吃了也不难找到尸体，因此出门前我并没有喊他起来。山路无人，晨雾浓密，到底会不会继续晴天，我心中没底，途径一处废墟，像是新近坍塌的民居，又像是古老住宅的遗迹，也可能是异度空间的入口，总之，人烟散尽，留一处关于时间的证据，看起来总是凄美。

靠在山顶的界碑上吃风吃个半饱也没见老天有掀开"窗帘"的打算，印度这边是没希望了，于是一步跨去尼泊尔看了看，结果那边正是"窗帘"的产地，因此索性"脚踏两船"一边一国，仰望着苍天就等地质运动来把这个"负心汉"撕裂，结果半天只等到一个从"寂静岭"侥幸逃脱的"007"，"邦德"气喘吁吁地爬上来问"负心汉"为啥不喊他起来，"负心汉"并没有收眼看他，而是继续望着苍茫的迷雾感叹道："看来'鸡精'还活着！"

“一千里”的雾刚略过山头，就又来了“一千吨”，老天偶尔也会掀开窗帘一角漏一丝“忧郁”出来，但转瞬即逝，蠢得叫人无奈，我靠在写满藏文咒语的石墙上，望着邦德在远处的雾里跟一头未成年牦牛相互撕扯，觉得他不去西班牙真是可惜，然而一雾拂过，散开时小牛还在却不见了特工的身影，难道……于是惊起四望只见“邦德”疯了似的从右边往我这里跑来，

“咋啦？”我问他。

“牛，牛……！”邦德从我身边气喘吁吁奔过，身后还跟着一串省略号，出于好奇，我又望向了邦德跑来的方向，泥马！“牛他爸！”正挥舞着寒光闪耀的尖角向我狂奔！

九死一生幸存后拍了几张“窗帘”的照片，时至早上八点，见已经“日出”无望，便跟“邦德”回了驻地收拾行装继续上路，离开前没有见到之前那只精力旺盛又热情好客的“鸡精”，我只希望它是追着姑娘在山里野，而不是在厨房的锅里。

在边境哨卡登记时遇到一支国际团队，成员包括加拿大夫妇飞利浦和凯瑞斯以及文森特、澳大利亚小伙儿卢克、德国姑娘露丝，还有印度姑娘舒玛，这是我这次进山以来头一次见到如此大规模的“国际混搭”，但凡“混搭”就必定是乐趣无穷的，而由于我们今天的目的地相同，于是团队里就又多了位“中国大叔”，毫不例外，我们在当天落脚的客栈坐下来没多久，大家就玩起了那款像《权利的游戏》一样经典的游戏 *Game of Fire's Age*（猜火火的年纪），于是“各国”争相报出了自己的“幸运数字”，加拿大“48”和“45”，澳大利亚“45”，德国“43”，印度“40”，于是我开始考虑是不是应该把“最善良”的印度姑娘舒玛娶回家，结果她下句就是“你应该跟我老公同岁”！

好吧，我国法律禁止“重婚”，而如常，当谜底揭晓时，全世界为之震惊，他们无法理解时间到底对一个年龄跟他们相仿的“孩子”做了些什么？问我，我也不知道其中的真正奥秘，于是只好把我这张脸提升到“玄学”的高度来讲：“世道太难，这样容易存活！”

落脚的村落建在山坳里，小河潺潺流过，山林郁郁葱葱，虫鸣和着雀歌，晚风颂走了白昼刷出一片星空，庭院里是想飞的篝火，全世界饥肠辘辘围着

等待晚餐上桌，怎料，我那呆萌“特工”爱国情操爆发竟开始高唱国歌，于是你罢我来一国接着一国，印度人的神明和恒河，德国人的法制和统一，澳大利亚人的自由和欢乐，加拿大人的枫叶和女王，到我时只剩了血肉长城和炮火，于是不禁沉默……

事实上大部分国歌（包括以上他国）都免不了跟战争有些关系，因为人类有着残酷历史行迹，然而，歌颂血肉和炮火的圣歌是不是真能让人类警醒并激发出和平心，实在难说，但从今夜每个人歌罢的无言来看，或许我们是时候把国歌的内容换成“爱”了。

2016 年 3 月 29 日夜

于 Gorkhey

Day6
青春的乳名

“嘘……”

见我在崎岖向上的林间小道蹲下身来，跟着的卢卡和露丝也停在了原地。

“怎么啦？”露丝面色紧张。

“有一只老虎在前面草丛里……”我压低音量。

“什么！”卢卡举起相机蹑手蹑脚凑了过来。

“卢卡，快滚回来，非常危险……”露丝钉在原地缩紧身体用悄悄话怒吼着，这时候三个加拿大人也跟了上来见我们仨作偷鸡摸狗状一头雾水。

“什么情况？”文森特扯着嗓门像是在呐喊。

“诅咒你，声音小点儿，有老虎！”卢卡回头瞪着文森特用扁导体挤出来点儿声音。

“我去……”，只见文森特开始左右环顾寻找防卫武器，最后只捡起了一根树枝。

“怎么办，怎么办？咱们快跑吧！”小媳妇儿凯瑞斯抓紧大丈夫飞利浦的手都快要哭出来了。

“……”而飞利浦只呆在原地像是巨石阵里的头像。

“在哪里？快指给我看看！”卢卡缩头缩脑地问。

“在那儿啊，看见没……”我扬了扬头示意给卢卡。

这时候走在最后的两个好基友（向导“邦德”和“阮祝”）也赶了上来在后面喊道：“你们干啥呢？”

“嘘……”万马齐鸣除了我所有人都冲着“基友”瞪眼。

“哦，没啥，腿疼歇会儿！”于是我站起身来继续向山道进发，只听后面传来一片竖中指的尖叫：

“Fuck you Fire……”

今天是在 Singalila 徒步的最后一天，行程总计 14 公里，道路状况良好，除一开始翻了两个小山头外，便是一路的缓坡且上行居多，因此，虽然我左膝伤势依旧，但机理上只要不是大角度下坡，就不会影响我那可以撬动地球的长腿所带来的优势，于是我一路走在前面，路过参天的云杉、经过齐腰的草芥、跨过潺潺的小溪、穿过如纱的薄雾，突然觉着无聊，就想不如测试下自己的演技，结果如上，希望明年小李子可以把金像奖颁发给我。

由于印度少妇舒玛要从驻地直接回加尔各答，因此大清早就跟我们告了别，临行前她每人给了一个拥抱，轮到我的时候还特别叮嘱“中国大叔”要照顾好其他“小孩儿”，面对“国字号”的嘱托我当然不能退缩，因此雄心壮志地答应舒玛：“放心吧，除了你，一个都不会少！”于是犀利如“斯”一语成“咖喱”飞进了舒玛的眼睛，接着热泪就飞飞扬洒进了吉普车离去时荡起的尘埃里。

旅行中结伴的人，总是能够轻易地建立一种“轻盈却深厚”的情感，人们从缥缈的无限里来，在路上交汇同行一段，之后又回到了无限的缥缈里去，聚散站两端，扯出来的是生活的平凡，或许从此再难相干，不过也正因“后会无期”，那一段同行的时光才变得弥足珍贵和异常精彩，虽然背对背越走越远，但却在端点之间拉出了一条长长的“牵绊”，因此看似依旧的生活却悄悄沉了起来。

尤其是在像“山里徒步”的艰难处境下（再如军旅生活），这种“情感”

更是生长得迅速，翻山越岭走一天也许就顶过了一年，挟风裹雨搀一把可能就是一生了，因此，虽然舒玛汹涌的热泪还不至于冲毁村里的民舍，但每一滴都实实在扎进了这一路同行之人的心上，若干年后定会开出一朵叫作“青春”的花来，灿烂地把一切过往绽放成温暖，那时候大家也会更加明白“青春”不过是“离别”的“乳名”，同行过就没有遗憾。

因此，借“青春之名”当然可以许诺“一个都不能少”，而到最后也确实是“一个都没少”。在徒步终点的小镇跟邦德告别，除了拥抱再无他言，阴沉的气氛恰到好处，相比女人漂亮的眼泪，男人之间的沉默似乎更美。我郑重其事地把那支“特工”舍命搞来的“权杖”双手奉还，毕竟他年长于我，将会比我更有能力指点江山。随后我便蹦上了回大吉岭的吉普，看着“007”的身影在后窗里渐行渐远越来越小，就像一场灾难电影的舒缓落幕。

由于同住大吉岭，因此我跟“国外人”一起堆在山地吉普车的后两排，全车三排 12 人没有一条安全带，第一排加司机同样堆着四人，只见司机侧着身子在曲折蜿蜒又忽高忽低的山路上挥舞方向盘，同时参合着不同语种的惊呼：“额滴神啊！”此番情景真该被列入“世界文化遗产”！

而后来天气转阴，很快狂风就喊来骤雨怒怼山川，见山川依旧岿然不动，冰雹跟大雪就加入了敌营助纣，恍惚间我就回到了四年前在西藏拍片时的一个夜晚，那时我们从山南地区收工往拉萨赶，九个人把当时的小面的塞得满满，而那山路更是艰险，上路时月朗星稀，怎知那是演出开场的主持串词，很快一幕山雾漫过，车子就直接冲上了狂风和闪电的舞台，好不容易活着从台上下来却赶上了暴雨粉丝的夹道欢迎，总算突破了粉丝的围堵奔上了回布达拉豪宅的正道，哪知道老天爷就送来了一筐冰雹牌荔枝以示慰问，噼噼啪啪吃得叫人牙酸，最后刚把箩筐丢掉怎料又接过一大盘“皑皑白雪”，那时感觉唯有“冷酸灵”牙膏才能拯救世界了，也没记起来申请“世界文化遗产”的事儿，只琢磨着接下去该如何分配自己的“遗产”，然而不等绝望一进“家门”便突然又是万里的晴空了，于是欢呼喝彩，是夜如斯，叫人怀念，你们还好吗？星辉下，大吉岭一片洁白……

晚上“全世界”窝在一个房间里聊过去说未来，见啤酒和烟里只有我一个人置身事外，于是卢卡就又凑过来打听我心思的下落，不料看到我电脑屏幕里正在筛选的照片他就呆在了原地，之后其他小孩儿好奇心泛滥也围了过来，于是问题接踵而来。

“没想到你拍的照片这么好看！”露丝眼里闪烁着崇拜的光芒。

而同为摄影师的卢卡只白了一眼露丝什么也没说。

“这是哪儿啊，我怎么没见过？”文森特一脸的疑惑。

“我们有个请求，不知道你会不会答应？”小媳妇儿凯瑞斯问的时候很是腼腆。

“我们想拷贝你些照片回去后挂在新房里，可以吗？”大丈夫飞利浦口气里都是虔诚，然而我说：

“不！”

于是全世界的“小孩们”一片哀怨，谁都搞不清我为什么会拒绝如此美好的心愿，而最终还是胆子最大的卢卡发了问。

“可是为什么‘不’呢？”

“腿疼，歇会儿！”于是全世界又一阵狂呼：

“……you Fire ……”

2016 年 3 月 30 日夜

于大吉岭

DHR

ISO 9001 NORTH EAST

SAY
NO
TO
PLASTIC

锡金邦历险记

“不许动，请出示你的许可证！”三个锡金邦边检特警端枪围着我。

我不知所措。

“愣着干啥，出示你的许可证啊……”特警甲开始嚷嚷。

“吭，大哥，你这是谋杀！”我清清嗓子。

“这跟谋杀有特么什么关系？”特警乙噘着嘴表情像极了韩剧里生气时的演员。

“你拿枪怼着我说‘不许动’，可又让我掏许可证，那许可证不就成‘准死证’了？你说这是不是谋杀？”我的火气也开始往上冒。

“哎呀呀，你是不是活腻歪了，快把许可证交出来！”特警丙把枪头左右一甩。

“就你这态度还想要许可证？老子行走江湖从来靠‘脸’，许可证？没有！”我一来气把手放下插进了口袋。

“脸你姥姥，兄弟们开枪……”

“住手！”就在三个特警的扳机就要扣到底的时候，一辆加长黑色悍马从远处漂移过来，Shirish 派来的两个保镖下车就给了特警三百个大嘴巴子，无数的“美国五角大楼”直接就从特警的眼睛里飞了出来，鼻血奔流如山洪暴发，然后保镖捏住特警甲的鼻尖说：

“全人类无上伟大的救世主火先生到我们这里来做客你们竟敢阻拦，难道你们想让人类灭亡吗？你们考虑过家里年迈的父母和可怜的老婆孩子吗？你们考虑过山里食不果腹生活困苦的动物吗？你们考虑过星星月亮和太阳吗？你们到底有没有良心懂不懂正义？还不赶紧退下！！！”说到这儿保镖们转头就迎了上来，“唉呦额滴神啊，火哥，您可算是来啦……”

“我去，这是谁呀都，开枪……”这时特警总算从“冬眠”中苏醒过来端起枪就甩出了一串子弹，“嘭嘭嘭……”

突然车子在山路上几个颠簸，于是我从后座醒来，跟上面梦里的情况一样，我到锡金邦来是没有许可证的（印度法律规定外国人进入锡金邦须办理许可证，当然有时候也只是个形式），但跟梦不同的是，在边检处并没有发生黑社会跟军队的火拼，而是按照 Shirish 的指示在通过哨卡时我假装在后座睡着了，Shirish 派来接我的两人跟边检人员都熟，因此大兵问都没问就放行了，可能是由于生平第一次“偷渡”过度紧张加之阳光温暖就真的在后座睡着了。

从 Singgalila 回大吉岭后的第二天，卢卡和露丝就赶往瓦拉纳西开始了他们的印北之旅，而文森特两周的短假结束当天也飞回了加拿大上班，因此，就只剩了飞利浦和凯瑞斯这对小夫妻在大吉岭时晴时阴的街巷里虐了三天“狗”，这本来已经够悲剧了，可雪上加霜的是，在这三天里小两口儿每天都要向我宣讲一遍他们接下来的锡金邦之行，而我的许可证一直没能申请成功，因此，在小两口兴奋得颤抖时，我在心里已经给他们泼上了汽油，只等天降一道闪电。

然而，旅行总是伴随着“惊喜”，你永远不会知道今天挖下的坑明天会绊倒谁，就像那个种苹果的人不知道后来会砸到“牛头”而改变世界一样，当我在山顶的木屋跟 Shirishi 互留号码时，也没有想到会改变加拿大小两口的命运，那晚早已放弃了锡金打算挺进“大东北”的我，跟小两口儿晚饭后出来散步开始“筹备”第二天的离别，但是夜空乌云密布有闪电在天边恍惚，可小两口儿幸福的笑脸上依然写着“锡金”两字，恰好路旁有人点起篝火，于是我想闪电太远，不如……我跟在小两口身后当走到火边时悄悄伸出了双手，可眼看我就要大功告成放鞭炮时，收到了 Shirish 发来的信息，说："如果你还想来锡金邦，我可以派两个人到边检接你，保证入境！"于是，爱情得以延续，仇恨得以消弭。

由于小两口儿要直接去锡金邦的首府"甘托克"，而我要先去"南奇"Shirish 的家里做客，因此我们就在快到边检处时拥抱告了别，临行前飞利浦说："我们会把你的照片挂满房间！"我说："这听起来十分危险！"凯瑞斯接着说："放心吧，你知道飞利浦是个消防员！""哈哈，好吧，我会早日去收验！""欢迎光临！"于是，约定在扬尘中渐远，只愿再见时照片没有泛黄，"狗"已脱单不再受虐。

Shirish 家的房子建在刚进南奇市的山坡上，坐南朝北位置绝佳，从窗户望出去是一个直冲大吉岭的 V 字形山谷，看着像是在昭示我"偷渡"成功的丰功伟绩，只可惜南奇连续阴天，因此这个 V 字更像是在揭示"偷渡"行为的不光彩，但这是旅行，如果旅行中都不做些"略冒险"的事，那不如就在自己家门口晒晒太阳得了，于是我成功地跑到远离家门的地方晒了晒"抑郁"。

Shirish 家共四层，一楼是"家政人员"的宿舍，二楼是健身房，里面有两张乒乓球桌，三楼是厨房、客厅和客房，四楼是卧室和孩子们的游戏间。一楼人家没给我看，二楼由于腿伤我只做了参观并没有施展"国术"为国争光，四楼出于礼节我只扫了一眼，因此，在 Shirish 家的三天里我主要是在三楼活动，幸运的是 Shirish 那个可爱到能让全球变暖的女孩儿 Dara 最喜欢在三楼"发疯"，而不幸的是 Dara 只有两岁多，可我却还没有个可以用来定亲的儿子。

由于没有许可证，为了不多生事端我便跟 Shirish 商量就在南奇待三天，别处就不去了，虽然他说可以派人一路帮我协调，但锡金邦就那么大，而那片乌云可能只是顺带盖住了这里，因此还是决定只在南奇转转，没事儿就在三楼大厅码字儿，而每天一大早 Dara 从楼上下来的第一件事儿就是冲过来扒在我边腿"@#￥%&*~"一通（她讲印地语），边说边自己咯咯笑个不停，而我虽然听不懂她说的话，但笑的意思我比谁都清楚，因此推断 Dara 肯定是在说："你坐这儿看起来真的好像一只狗啊！"真是聪明的孩子！而聪明的孩子总能得到更多的关照，于是一有机会我就在她身上浪费快门，而快门费得越多我就觉得"找对象"也越是迫切，都说姐弟恋控制在三岁以内是最好。

在印度东北地区的主要人种是黄种人，因此刚到时略不适应，想不通为什么跟中国人长得一样怎么就做不出一碗像样的面条呢？不过在 Shirish 的家总算满足了我"仨月不知面滋味"的遗憾，Shirish 的太太就是黄种人，面相很中国，每次见她我都有讲中文的冲动，而在第二天早晨她把一碗"面儿汤"放在我面前时，我确实是脱口而出了一句汉语"谢谢"！味道正宗得难以置信，于是一下两碗，而等我把头从面汤里抽出来就又看到 Dara 站面前咯咯地笑个不停，她说的是"狗变猪了"！这要不是未成年，我一定揍扁她！

Shirish 个人的晚餐时间很奇怪，都是在零点左右进行，而出于礼貌我也就随了他的节奏，三天里我白天要么出去闲转，要么就在家里码字儿，因此在晚餐时我们聊得最多，可谓是"通宵达旦"，而从这几天在他家的所见和我们聊天的话题来看，天下好男人都是以家为重心的，梦想、事业、财富等等统统往后排，所以 Shirish 把公司总部迁到了家对面，没事儿就跑回家里陪老婆和孩子，周末的时候会带着全家去郊游和野炊，而我相信当他看到家人咯咯微笑的时候，过去受的那些苦和做出的"牺牲"也就变得美好起来……深夜餐厅灯光暖暖，我正跟 Shirish 开玩笑说要不要先定个娃娃亲，哪知 Dara 就在楼上哭了起来，于是 Shirish 乐呵呵起了身说："看来她不同意，我这就去劝劝！"

俗话说"由俭入奢易，由奢入俭难"，由于 Shirish 的两个司机全部出差而他又有客人要接待，因此第四天上午我就只身踏上了前往边检的"死路"。恰好这天 Shirish 的儿子 JoJo 不用去上学，因此临别前跟他们全家拍了张合影，之后 Shirish 看着照片跟我说："这里就是你锡金的家，有空要常来！"我点头答应，只见 Dara 在 JoJo 怀里咯咯笑个不停，她是在说"别再带着'狗'来！"于是我又点点头也答应了她的要求。

接着，我就被在边检处的工作人员请进办公室，由于拿不出许可证，很快就来了一个特警，他把腰间的手枪摁了摁在对面坐下开始盘问（用英语）

“你是中国人？”特警拿着我的护照一脸的不可思议。

“是的……”我想在这种情况下“是的”两个字要比“正宗唐人”好使。

“你不知道没有许可证外国人是不可以来这里的吗？”特警语气开始变得严厉起来。

“知道……”我想还是老实回答的比较靠谱。

“那你是怎么进来的？是什么时候进来的？当时没有人查吗……”特警的语气从坚决开始变得犹豫，估计是想明白了既然我已经开始出境，那就说明在我入境时是他们的工作出疏漏了，而正当我以为“终于要上国际新闻在异国他乡吃免费牢饭了”的时候，又从门外进来个长官，他过来跟特警“@#￥%&*~”一通，之后特警就站起来冲我摆了摆手说：

“你走吧，以后再来一定要先办许可证！”他的语气也恢复了坚决。

“哦，那肯定，非常感谢！”于是我背上背包几步就跨出了锡金，心头发了一把冷汗，这次真的不是梦！

而在网上得知我“锡金历险”成功的消息后，很多旅友都来问我是如何操作的，虽然教大家怎么“违章”也是“违章”，但这个问题在“哲学”上还是值得讨论一下的，于是出于学术目的我公布的答案如下：

首先，你得对锡金邦感兴趣；其次，你得有在异国他乡“坐牢”的勇气；再次，你得有个70升的背包和一双运动鞋，最好还能有个可以接收印度信息的手机；最后，你得在艰难困苦跋山涉水的徒步旅程中交一个锡金邦的朋友，而最最重要的是，这个朋友得是锡金邦的议员，对，就是这样！我能顺利离境就是因为Shirish提前给边检处的人打了电话。

以上方法，仅作交流学习，模不模仿，自己决定。

2016年4月7日夜
于古瓦哈提

WRITER

远方是远方

抵达新杰尔拜古里火车站时已经入夜，站台上昏黄的灯光扑在来往旅客的脸上又弹落在地面，一片一片尽是匆忙。

由于火车晚点，我便买了个印度“烧饼”坐在墙根啃了起来，没几口就有一只虚荣心旺盛的流浪狗“挪”过来蹲在旁边吐着舌头卖起了萌，可每当我看它时，它都会把脸扭开，像是在寻觅约好私奔却没有出现的女友，但那斜飞出来的眼神出卖了它，想吃就说嘛，费这么大劲儿滑稽得叫人可怜，于是我把烧饼撕了一半丢给它，毕竟想要实现“演员梦”也得有个好身体做本钱嘛，善良如我，不知道什么时候会被授予“诺贝尔好人奖”，可是当我丢出的烧饼还在半空展示何为完美抛物线的时候，“演员”突然窜起来往人群里奔去，顺势望去只见一只清纯的“狗女郎”正在远处的人群里左顾右盼、神色慌张，“她”肯定是为了偷到被父母扣押的“户口本”而耽误了时间，不过终究是逃了出来，而当这对“苦命鸳鸯”用慢动作在站台紧紧“咬”在一起上演大团圆结局的时候，我那半拉烧饼也“啪（pia）叽”一声砸在了站台的水泥地上，于是全球第一个“诺贝尔傻帽奖”诞生，而一个在旁边看戏看了很久的“三哥”几乎都要笑到岔气儿了，见状我怒火攻心，直接把手里的另一半烧饼丢给了“观众”……

火车到“古瓦哈提”需要 10 个小时，原本想着在火车上过一夜，到地儿正好早上，真是美好的一天！但当我看到一列塞满了“人肉”的“香肠”缓缓进站时，“梦想”就上了吊，而我在站台从头到尾来回两趟都未找到票上写着的车厢号，恰好有列车员经过便上前打听，怎料人家端起我那好不容易买来的“二等舱”只瞅了一眼就说 :“随便上吧，这是站票！”于是天打五雷轰十万个为什么，在敞开着的列车门口站 10 个小时，说不定打一个盹儿就得到车轮底下向“史记”报到了，因此没有悔恨，我头也不回地离开了站台，只留“二等舱”在“如草如泥如马”的夜色里随风飘逝，如果能被另一只流浪狗捡到，就请带它去它想要去的远方……

随便找旅馆一住，第二天果断选择了州际长途大巴，下午 2 点发车，总行程 13 个小时，原本想着到达时正好日出，真是美好的一天！但当我攒着标有“sleeper”的客票爬进车厢时，“梦想的尸体”就直接火化了，“床呢 !?”只见清一色“半瘫痪”的沙发座无精打采地杵在地上，于是一万匹泥色宝马在心之草原上奔腾而过，但已别无选择，好在乘客寥寥，一人占俩座，也算是“完美”了售票代理办公室墙上挂着的精美图片，而去古瓦哈提的路并没有《孤独星球》(旅行手册)上说的那么不堪，我甚至感觉要比之前在其他邦走过的长途路况都要好很多，总之，一路上胃袋舒坦、心情平和，瞭着阳光从道旁的田野上渐渐黯淡，晚风拂面，头发飞扬，把寂寥刷得灰灰白白……

在古瓦哈提落脚的是一家地处小巷的老客栈，四周分外安静，客栈大厅里古董遍布、装饰考究，正符合我这个“老年人”的审美，而客房内宽敞明亮、温馨整洁，真是个度蜜月的良选……第二天一早就去看了伽摩佉耶寺之后顺道去了趟邦立博物馆，而两处参观的结果再次说明“人不可貌相”的另一种可能是“没你想象的好”，当然也可能是文化差异作祟，使我没能理解神庙和展品的特殊意义，但到目前为止，我也把在印度的世界文化遗产差不多看了个遍，单从“相貌”上来说古瓦哈提的名胜确实逊色很多，而想到印度法律“明文规定”我必须在 17 号之前进入孟加拉国，可在“东北地区”我还有三个地方要去，时间紧迫，因此当天下午我便告辞“蜜月屋”奔了“西隆”去……

路途蜿蜒平整，是个好的开头，但下午刚到西隆手机和充电宝就都失去了电力，因此也无法导航去预定的客栈，只好沿路打听，经过一个小卖店，见一黄种老人家正带着老花镜在里面看报，顿生亲切便进去询问，怎知我刚进门老人家抬头一看就飙出一句浓重的山东话来，“中国人？”“吓我一跳！”我脱口而出，之后自知失礼赶紧赔罪并夸赞老人家的眼力超好，并跟老人家讲述了这一路上被当作“日韩欧美人”唯独不是中国人的血泪史，听完老人家就哈哈笑了起来说：“没见过这么高的日本人和这么爷们儿的韩国人。”话里有讽刺但说得非常符合常理，于是听者虚荣心膨胀，感动得差点热泪夺眶……

老人家姓张，祖上是中国山东人，年幼时随家人到印度做买卖，生意红火，不料战争爆发，边境关闭，撤离时阴差阳错只有他一人被留在了这边，但幸运的是他安然度过了危机，后来又跟国内的所有亲人取得了联系，因此这些年只要有机会他都会回中国看看，问他为什么不迁回国去，张先生憨笑着说：“因为娶了个本地太太……”这也让我想起了刚到孟买时在客栈餐馆遇到的一位叫达曼的华裔老爷子，同样是祖上来此经商，发家后就加入了印度国籍，而那年他刚把一个美若天仙的印度姑娘“骗”到手并打算择时去提亲，怎料战争爆发，当地反华情势严重，于是全家紧急迁到了香港，达曼说他们走得太匆忙都没来得及去跟“仙女”告别，而当时通讯不比现在，直接就失去了联络，因此达曼日思夜想就盼着早点回到印度去置办嫁妆，然而当战争结束情势稳定他们再迁回来时，姑娘已嫁去了远方，远方啊远方，远方是远方，又是多少人的故乡……

在张师傅的指点下，我顺利找到客栈，由于赶路忘记了给老人家拍张照片，而当我次日再去拜访时店铺已挂上歇业的字牌，或许老人家又在去“远方”的路上了吧。

西隆是地处山区的梅加拉亚邦的首府，也是当年英国殖民时期“阿萨姆邦”的首府，因此文明程度相对较高且西方痕迹颇重，当地信仰以基督教为主，我在西隆只待了一天半时间，方圆也没走出多远，却大大小小见了有不下 20 座教堂，因此环境氛围跟以印度教为主的印度内地完全不同，道旁花草明艳，街巷安静整洁，居民热情友好，狗子成对成双，走在路上教堂的圣歌时不时就会飘来耳朵里，叫人不禁就放慢了行走的节奏甚至想要留下来，于是一个心血来潮我就决定来一次“凭直觉回客栈”的壮举，直觉告诉我向左或者向右，往上或者朝下，沿着蜿蜒的公路用了一个小时终于攀上了一座小山头，而当我望向对面的山头时，直觉告诉我“那儿他妈才是该去的地方……”

到西隆主要是中转，而南下的目的其实是要去在更南边的小镇乞拉朋奇眺望孟加拉平原，因此次日下午“直觉”便收拾行囊随我一起继续往南了。

齐拉朋其地处喜马拉雅山脉的边缘地带，因此，一路沿着大峡谷行驶，阳光明媚，大云缠绵，偶然还能看见有瀑布从峡谷对面的山壁上垂泻，真是美得收不住，但我并没有要求停下车子拍照，心想路上都这样儿了那景地还能差得了？结果，到驻地时已近傍晚，雾霭从峡谷里窜上来跟我悄悄说“先歇了吧，您嘞！”而落脚地是方圆几十里唯一的“度假村”，房价昂贵并且客房全满，于是我“幸运”地在世界上最潮湿地方之一的齐拉朋其被安排住进一间无人问津的半地下“宿舍”，房间里水气在四壁蔓延，像是有讲不完的冤情……

好不容易熬到了早上 5 点半，我迷迷糊糊爬起来开门一看，“去，怎么是一堵水泥墙？”顿生恐惧，定睛再看原来是雾，能见度不足 10 米，不过想着时间还早，说不定一会儿就会散开，于是背起相机一个人就在“寂静岭”般的小镇上开始漫游，而随着时间地推移路上开始隐现一些“异鬼”，远看叫人胆寒，但当我跟“异鬼”在雾里擦肩时“胆寒”的倒成了“异鬼”，想必是以为面前这个“长发男”是手握龙鳞的“乔恩 · 雪诺”呢（美剧《权力的游戏》中的角色），于是匆匆逃离……

在“寂静岭”拍了不少惨淡的雾景，到八点时我爬上了一座山头，向南望去，不禁感叹：“传说中壮美的孟加拉平原不过是一块儿巨大的水泥嘛！”而这次“直觉”没有再错，“那就是你要去的地方”！是的，再过几天我就要在水泥池子里遨游了，而看样子乞拉朋奇的天是半个月都不会晴了，可“睡海”又解决不了繁衍问题，因此索性趁着天光还在就奔上了回西隆的车，接着返回了古瓦哈提，打算从那里飞去这次印度之行的最后一站阿加尔塔拉，听说那里半城半乡氛围不错，而距印孟边境关口只有 3 公里，入境方便，因此，我想正好可以在阿加尔塔拉休养下子生息，顺便考虑考虑为什么这一路总是跟狗过不去……

2016 年 4 月 12 日夜

于古瓦哈提

好想家

刚洗完澡出来，正用吹风机爱抚我那灰白的秀发，突然镜子就摇晃起来，心想隔壁并没有情侣入住呀，而“姐”还没有“思得”，一切就又恢复了正常，所以那只是单身汪产生的幻觉，然而，几十秒后，整个房间开始晃动，才知道原来隔壁住的是，“地震”！于是“盗铃不及掩耳朵”，我夺门而出，当时秀发在空中飘逸，心中只有一个想法：“幸亏穿了裤衩！”

当印缅边境发生 7.5 级地震时，我就在和震中同一纬度几百公里以西的印孟边境上的小城阿加尔塔拉，当时震感强烈，因此第一段文字其实是戏剧化的描写，事实上第一次镜子晃动的时候，我已经像“地震仪”般准确地“预测”出了地震，并预感到很快会再来一次，于是我赶紧把装着已经写好但还未及发表的文章的笔记本电脑装进了书包，那时我是真的被自己这种只有“伟大作家”才会具有的“情操”深深感动了，与此同时我开始收拾散落在床的相机、镜头和记忆卡，可正当“伟大摄影师”向我走来，整栋楼房就开始剧烈晃动，于是“摸象不及盲人”我拔腿就冲出了门去，而至于那电脑里的稿子和相机里的照片，早已在脑袋里格式化了……

记得上一次亲历地震已经是20年前了，（在写下这句话的时候，突然悲伤不已，时间都去哪儿了？）那个暑假年幼的我和妹妹随母亲在山西太原做生意，晚上我跟妹妹为了“谁的声音更洪亮”而吵得不可开交，突然窗户玻璃开始“茨啦啦”作响，我们呆在原地，对视的目光里只有一个惊叹：“吵得太洪亮了！”而还没等我们从“少年痴呆症”中康复，母亲就从里屋冲出来一手一个娃子直接奔出了家门，那晚和风轻颂，夜色清朗，我们在附近的广场上和几千群众数了一夜星星，所以那个时候的地震对我来说是件挺浪漫的事儿，因为有家人在身旁，而这一次除了语言不通的客栈前台小哥外，就是凋零一地的野狗了，不禁心生荒凉……

现在回想起来依然心有余悸，那一刻除了奔腾的“慌张”，没见着几个平日里爱吹的“坚强”和“勇气”，在自然的神力之下人类只有自卑，不过在离开印度之前来一次“自卑”，也再次给我提了个醒，“存在太难，逝去太易”，因此“谁的声音更洪亮”？答案也变得更加清晰，好好去爱你该爱的人吧，用力去过你想要的生活吧，宁可堆一脸傻笑的皱纹，也不要再多一丝哀愁的白发……于是，我整理了下自己头上那灰白的“枯草”，在楼下的院子里给老妹打了个电话：“震后钱没了，要不要帮哥一把？”老妹说：“震后你还‘有’，要不要帮妹妹一把？”亲妹妹呀……

正如传说，阿加尔塔拉半乡半城的氛围十分讨巧，虽然市中心依然是印度特色，但好在中心不大，走开两条街整个就安静了下来，去王宫参观叫了人力三轮车，跑了几公里到地儿时车夫开价20卢比，“20卢比？”我重复了一遍，车夫一脸疑问心想“难不成还要砍价？”“砍个毛毛”，这是我在印度几个月里坐过的最便宜的人力车了，先前在别的地方每每开价好几百，距离还比这短，而后来又坐了几次“突突车”，要价也十分低廉，在城里跑不管去哪儿都没超过40卢比，这在先前大部分地方是不可想象的，足见此地人心之纯良，因此叫人颇为舒心，忍不住就想多给些小费。

本打算在此行印度的最后一站叫“摄影师”歇歇，怎知一个不惊不乍的小城却成了人像摄影的天堂。

作为摄影师必须得有在市井间隐身的技能，这并不是说你得时刻藏在石头后面，而是说你得学会展示你的笑容。当我披着“隐身衣”刚走进阿加尔塔拉的街道集市，一哥们儿就冲着镜头在脸旁竖起了两根手指，隐身“失败”，因此一发不可收，哥们儿呼朋唤友争相摆出 pose，而当我把照片展示给他们看时，一片惊呼便在四周引起了一阵骚动，只见街边店铺里出来一个胖哥儿，不太开心的样子，而群众像是见了跟他们有着血海深仇的地主般挥舞着手臂跟我嚷嚷：“拍他，拍他，拍死他……”真是盛情难却，“咔嚓咔嚓”，当我把照片展示给他看时，哥们儿就哈哈笑了起来，于是群众们掀起一阵像是“印度独立”般的欢呼。

当时气温颇高，“快门先生”汗如雨下，但由于人民群众热情更高，也就舍不得停下来，突然有人在背后拍我，回头见之前那个胖哥儿已经把一瓶水杵在了我面前，他乡遇知己啊，我正想去买呢，于是连声道谢并要掏钱给他，哪知胖哥一手摁住我的肩膀摇着头说：“谢谢你才对！”这是我在印度喝的第一瓶由“陌生人”赠送的饮品（在火车上可别喝），百感交集正打算落泪，结果又有人拍我，回头一看之前的“胜利哥”已经在我身后摆好了一把椅子……你说这儿是不是天堂？

第二天下午转去附近的“乌代布尔”。是的，印度有两个乌代布尔，一个在拉贾斯坦邦“举世闻名”，一个在特里普拉邦“本地知名”，兄弟俩都有一个湖中宫殿，可谓东西遥相呼应，英雄相惜，而巧的是我两年前第一次来印度旅行离境前的休整地，就是拉贾斯坦邦的乌代布尔。因此，这次再到“乌代布尔”一定是命里注定。

果然“小乌”和“大乌”一样清爽宜人，虽然“小乌”不像“大乌”那样山水共济，但与“大乌”相比，“小乌”更加整洁和清净（这似乎是印度东北地区的特点），而且人民也更加友好。因此，一大早我的“隐身衣”就再次失效，到街上相机一端就有人脸凑过来，真是省时又省力，正拍得大汗淋漓就有人在背后拍我，不会是又有人来送水了吧？回头一看，并没有水，只见一个黝黑的老哥冲我摆手叫我跟着他走（此哥不会讲英语），走就走，谁怕谁？七拐八拐突然眼前一片嘈杂，原来是我期盼已久的“鱼市”，高手在民间呀，竟知道摄影师喜欢鱼市！

在这次之前的行程中也有过鱼市，但都不允许拍照，可这里如在阿加尔塔拉街道集市一样，别说拍照了，感觉你现吃十条生鱼都没人拦你，一个个对着镜头喜气洋洋，恰如过年的气氛（当天是孟加拉国的新年，但在这里也会庆祝），而当我把相机喂饱自己却饥肠辘辘地准备离开时，有几个哥们冲上来拦住了我的去路，接着他们就对如何把我分配产生了争执，抢着要请我去他们家里吃午饭，盛情再次难却，但我最终还是回了客栈，谁家也没去，因为我怕去吃过午饭就会叫我娶他们的姐姐或者妹妹了，而“狗”却只有一条，吃不消啊，你说这不是天堂？

然而，天堂毕竟不属于“全人类”，再美也敌不过签证的时限，明天下午我就必须离境了，要问我为什么喜欢来印度？我想可以坦诚两点：第一，没钱，印度性价比最高（知道你不信，可你又不愿意试）第二，印度真的“特别”“美”！而总有人说美是因为“摄影”，我并不赞同，“摄影”只是结果，如果美不存在，那么“摄影”也只能存在于丑，我们很多人对“美”毫无兴趣，却对“丑”充满恐惧，因此“独眼”看世界，生活里就只剩下了“平庸”，所以“美丑”跟摄影无关，关键是怎么看和有没有用心看，而不是什么牌子的相机和镜头，不是什么档位的光孔和快门，也不是什么炫酷构图和角度，只要我们对周遭足够敏感就总能在石头里挑出金子来，于是“发家致富”从此过上了“幸福美好”的生活，所以当 7.5 级的地震突袭，我破门而出跑到楼梯口时，只见前台小哥正从下往楼上冲，而他一看到我就又掉头往楼下跑了，边跑边向我挥手叫跟上他的节奏，于是独行异国，荒凉是假，温暖是真，地动天摇时小哥儿竟然冲进了可能瞬间倒塌的楼房，打算救一个跟他毫无牵连的“中国美男”，呆得如此这般，怎叫人不流连忘返？

最后，对这次印度之行作个小小统计，1 个人来，读了 2 本书，头发长了 3 厘米，坐过 4 班飞机，体重降了 5 公斤，挤过 6 列火车，坐过 78910 趟大巴和三轮车，走了 23 座城市，住过 26 家旅馆，交了 34 个朋友，共待了 75 天，被超过 100 人要求合影，吃了 500 多顿饭，共行 5000 多公里路，按了 7000 多次快门，写了 50000 多文字，被骗了无数次也被帮助过无数次，而最后离开时，还是 1 个人……

因此，突然好想家呀，所以我决定去"'孟家'拉国"待 15 天，是不是很带劲，Give me five……没人理？那算了，晚安！

2016 年 4 月 14 日夜
于乌代布尔

POLO INC

PUSH

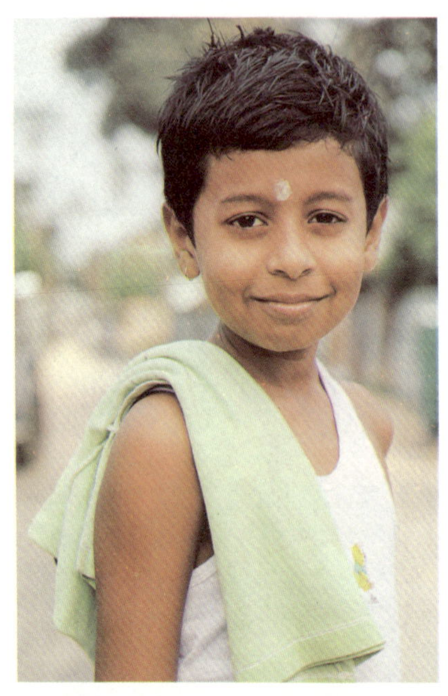

uni-trak
52

欢迎来到孟加拉！

入关过程很顺利，唯一的问题是我身上只剩下了美元，而“阿豪拉”孟印边境的移民局却只可以用印度卢比兑换 TK（孟加拉国货币单位），可去首都“达卡”的路程有 130 多公里，全部交通费用至少得 500TK，形势如此严峻，令我不得不展开我那如脸般的“脑皮层”开始想办法，办法一：步行去。行不通，脑袋里闪现着美国一档著名的恶心栏目《一千种死法》，而我们从小就被祖国教育要“生得伟大，死得光荣”！前者是没希望了，但后者还可以搏一搏，因此“饥暑交迫”，为了祖国，我不能受那个苦；方法二：返回印度境内的小城“阿加尔塔拉”。行不通，我的印签已经到期，并且是单次入境，硬闯恐怕会引发一场新的战争，想到先前说过的“张先生”和“达曼”的悲剧，为了爱情，我不能担这个罪；方法三：像小孩子一样躺在移民局办公室的地上打滚儿哭闹，叫他们给我想办法，靠谱……

然而，正当我起身要“返老还童”的时候，杜落（Dulal）走了进来，他见我嘴角诡异而移民官一脸愁容便打听发生了什么，于是移民官像是受了委屈回娘家的小媳妇一样跟杜落大吐苦水，说自己“英文太差”，还没到一级水平对不住国际友人，说移民局的办公室像是长在草丛里的遗迹叫人没有安全感，说室内灯光太过昏暗难以充分欣赏面前这个一脸脑皮层的“中国男神”说……还没等我在对他们“叽里咕噜”的孟加拉语意思的猜测中把自己封神，杜落就把手在移民官面前一抬，别哭了……

在前往阿豪拉市区的“突突车”上杜落郑重地用英语说：“孟加拉不像印度，很少有人讲英语，又比较落后，旅游业发展缓慢，因此尤其是在这种边陲小城，外国人更是‘稀有’，所以，我代表国家因没能给中国友人留下美好的第一印象而致歉……”口气文雅却巨大，吓得我赶紧礼尚往来：“‘脑皮层’给贵国添了麻烦，真是失礼，失礼……”

下午四点半，阳光角度正好，一路天蓝野绿、道平路广，叫人心情舒畅，因此，即便对话规格“分外”的高，我也没觉着有什么异常，直到在一家首饰店换到了 TK 出来，又跟着杜落赶到火车站时我才发现氛围不太对，只见是个人就会跟杜落打招呼，而杜落也都礼貌温和地回应，人们要么是过来握手，要么是站在远处把手按在胸口点点头，售票窗口长队如龙，可当人们见杜落过去就自觉把路让开，拿着杜落瞬间就给我买到的“紧缺坐票”刚到站台，一位白衣老爷子就迎上来跟杜落交谈，没说几句老爷子便领着我们打开了装有空调的贵宾候车室的门锁……真的，若不是先前遇见的面孔都秀着温和友善的笑容，我还以为前面走的是“杜月笙”呢！

票是晚上七点的，到点儿还有两个小时，因此，杜落叫我先在候车室歇着，说他家中有事要先回去处理，完了就过来看我。而因为预知“再见”也就没有郑重道谢只做了简单告别，之后我问白衣老爷子杜落到底是什么背景？老爷子在我面前竖起大拇指来，用非常有限的英语重复着两个单词“Good man，Good man…”

有些中暑，便晕乎乎在沙发上睡了过去，再醒来时夜色已至，候车室里没有开灯，黑漆漆只有我一个人，沙发软得像个怀抱，让人舍不得挪地儿，于是便望着窗口发起了呆，见行色各异的旅客在站台昏黄的光里左右穿梭，却没有一个人停下来看看我，于是忧伤在“贵宾犬”心里轻轻飘扬……

当然，我在黑暗中，谁要是能看得见我，那人要么是X战警，要么就是“见鬼”了，因此我一声犬吠“饿死‘鬼’啦”！便大包小包一拎起身出了门，可还不及我在滚滚的热浪里伸个懒腰，一个正值壮年的警察就迎了上来“@#￥%&*……”叽里咕噜一顿说，完全听不懂，但我却明白了他的意思，“不要怕，这是我的地盘……”

旅行的一个副产品就是，当你越走越远就越会发现“嘴”的作用越变越弱，很多时候一个眼神和手势就能说明问题，于是警察脑袋一撇要我跟他走，那把年迈的步枪在他背上起起伏伏，在穿过“见鬼”围观的群众在站台小卖店买了咖啡和面包之后，警察把我引进了他的办公室，接着他右臂一展，五指一按意思是“安心坐下吃……”然后左臂一抬冲着窗外的站台画了一条横线又折回来指了指我，意思是：“车来时我喊你……”于是“迷路儿童”按照“警察叔叔”的指示乖乖坐下吃起了“牢饭”，只见几个好奇的孩子躲在门口羞涩地笑着，意思是：“快看，这怂找不到北了……”

火车准点到达，“叔叔”把我送上了车，而后又沿着车窗一路指引我到自己的座位，当时他那沉默的情绪像是要送我去打仗，怕今生再难一见，而当我卸下背包再回过身时，“叔叔”已经消失在了眼下匆匆的脚步里，或许今生真的再无相见……

火车启动时，站台上送别的人群又一次把路让开，是杜落匆匆赶来，然而列车已经提速，窗口处我们刚刚握在一起的手就被迫分开，不及我说出那段早已准备好的“外交宣言”，离别就已在夜色里向着铁轨两端越拉越远，而直到最后我都没能知晓杜落到底是个什么来头，政府要员？黑帮老大？地方首富？国民偶像？武林侠客？天使？雷锋……除了知道他是个“好人”。

邻座是个有意参政的商人，名叫“舒曼”，能讲英语，于是一路上用手机给我展示了很多他参加议员选举时的照片，里面还有他跟孟加拉国总理的合影，他严肃且自信地说：“虽然今年败选了，但明年一定可以！”而当他翻到自己太太和孩子的照片时脸上的凝重就温柔了下来，然后话题就再没跟“教育小孩”脱开，虽然“贵宾犬”对“育婴”并没什么经验，但靠“脑皮层”

倚老卖老还是聊得很嗨，其间舒曼还给了“出走儿童”很多在孟加拉国旅行的建议，受益匪浅，看来一时半会儿不用急着回了……

深夜到站，舒曼亲自把我送上了去客栈的“突突车”，握手告别时他说的不是“再见”而是“欢迎来到孟加拉”！很多朋友都说孟加拉没什么好看，贫穷落后又酷热难耐，问我为什么一定要来？答案已经很明白：见人心就好，无关风光好坏。

所以，欢迎来到孟加拉，欢迎回“家”！

2016 年 4 月 16 日夜

于达卡

Govt.of the People's Republic of Bangladesh.
LAND CUSTOMS STATION
(CHECK POST)
AKHAURA. BRAHMANBARIA.
LAND CUSTOMS

GOVERNMENT OF THE PEOPLE'S REPUBLIC OF BANGLADESH.
OFFICE OF THE ASSISTANT COMMISSIONER.
CUSTOMS EXCISE AND VAT.
AKHAURA LAND CUSTOMS STATION.
BRAHMANBARIA.

达卡好诗

孟加拉国首都“达卡”的“交通酱浓稠度”已经全天候超越了北京的早晚高峰期！

当你一口气读完第一段不禁深呼吸的时候，你已经在铁皮盒子般的“突突车”里窝了一个小时，而到原本你到目的地的路程只有 8 公里，至此你应该已经从我的角色里抽出身去了吧？你肯定宁可在国内 26 度的春风里在柏油路上“如猪”般狂奔一个小时，也不愿在达卡 39 度的骄阳下坐在“烤箱里”当一只油乎乎的“乳猪”，光良唱得好啊“是我讲不听，谁劝都不理，不顾一起就是爱你……”既然都是“本家”了，那出于礼节我也得把“乳猪”啃完，好在卫生条件算是过关，比起印度的各大中小城市来讲，这里已经是非常干净了。

孟加拉国很保守，相对于活泼开放的印度来讲，这里确实更容易保洁一些，不过，虽然在路上少见如山的垃圾堆，也少见到处闲游的牛马猪狗，但那让耳膜破裂的鸣笛和各种特技般的超车，比起印度来绝对是有过之而无不及，加上这个季节的暴晒，如果当年我那个刚到印度瓦拉纳西两天就心生回国打算的朋友“洪”要是也来的话，他从一下飞机恐怕就得劫机掉头了。

上一篇文章刚说了“旅行越久语言就越次要”，现在就吃了个大嘴巴子，对于吃喝拉撒来说，但凡手脚健全能比画，当然就不会有问题，但若你想找到一家中国人开的客栈，那你最好还是能用三寸不烂之舌来把地址说清楚，而在一个不讲汉语且英语稀烂的国家即使派铁齿铜牙“张国立”来也没辙，只得靠运气了，而在艰难时恨不得自己是个孟加拉人，或者是只孟加拉老虎也行，要么一句话把事儿说个明白，大家都开心，要么一口把对面那副不知所云的可怜表情给吃了，让老虎开心，总之，不论是啥玩意儿都比“咏春推手”要有趣。（寻找“中国客栈”最终无果，只好就近选了一家客栈入住。）

我运气还不错，第一天刚从客栈出来就迎上来一个人力车夫，英语水平不算高，但只要不聊“史地政哲”交流还是很顺畅的，于是即使他 200TK 一小时的要价在当地行业标准上来讲不便宜，但考虑可以省去无数不必要的麻烦，如被人当作儿童拐卖，晒晕在街头被人摘了器官，找不到回客栈的路拿不到行礼误了一周后的航班等等，我觉得这已经很是超值了。因此，爽快答应，从下午两点开始在达卡漫游，常常 3 公里就要“慢游”半小时，然而即便缓慢，车夫依然是汗流浃背、口干舌燥，为了避免他暴毙街头丢我一人，我一路上是请吃请喝请在大树下乘凉，于是风光像是慢动作，一、格、一、格、地、走，只见 TK 在飞……

本打算去看看那位有三个老婆每天东躲西藏秘书帮着打哈哈的美国著名建筑大师路易斯康给孟加拉国设计的国会大厦（读起来是不是很复杂？）看看他到底是如何把“泛滥的爱”和“致命的仇恨”复杂而完美地结合在一起的，结果人家不让国外游客进，于是只能站在围栏外远观，而那三角形、矩形和扇形以及圆柱体的结合加上泥浆般的原色，简直就是一座战场上的军事堡垒，可见“康老爷”和孟加拉国的心情都挺复杂，反正从远处来看我没觉得有多美，更别提什么亲近感，后来听说这个设计本来就是给神看的，从上空俯瞰的话是个非凡的“六边形”，谷歌一下确实不假，但我只是觉得作为一国之国会不给人民看，给神看有什么用？况且，神又不是鸟，神在人群中。

终于在天黑之前“没”能赶到我的第二目的地达卡老城，想着那里街深巷高，而我又貌美如花，还是不去给当地治安添乱了，于是半路折回，路上请车夫一起下馆子吃了晚饭，餐间他说从来没见过我这么好的客户，又说先前别人都是给他一小时500TK的，于是我拍拍他结实的肩膀叫他“好好吃饭”，告诉他：“别人给你多少钱都不是从我腰包里掏，因此不用告诉我！”于是车夫自知把戏露馅儿只能憨憨地傻笑……而当我在客栈门口从三轮车上跳下来时，今日行程已经过去了 5 个小时，我掏出 1200TK 来给他，多 200TK 算是小费以表对他的心疼，哪知车夫乐呵呵地接过钱后说：“如果，能再多给两百，我会开心一辈子！”“你把钱退我两百，我也会开心一辈子！”说着我就开始从他手里往回抽钱，于是一溜烟儿车夫挎着三轮嚷嚷着：“安红我爱你！”就消失在了远处昏黄的夜色里，有时候人有点小贪小婪也是比较可爱，就像那值两百块的“一辈子快乐”，放嘴上是豪迈，放肚里就是心酸。

夜静如啥好呢，反正当罗塞尔从客栈的公共客厅门外进来时，我俩都是泪光闪闪的，可惜无关爱情，作为客栈里“唯一”的“一对”客人且都是“老外”，英语总算有了用武之地，而很显然来自伦敦的罗塞尔英语比我更胜一筹，不过不谈“史地政哲”，交流起来还是十分顺畅的。

罗塞尔，是的学医药学的，这次来孟加拉国是做交换生的，两周后回国就可以毕业了，于是我祝她好运并告诉了她一句中国古话“毕业就是失业！”结果罗塞尔哈哈大笑，没想到保守的英国人都能接住我这低级冷笑话的笑点，果然没事儿背背单词是对的。而轻松的气氛一旦建立，交流就会更有成效，因此得知罗塞尔竟然跟我刚到时要找的那家中国客栈有过联系（客栈由于搬迁地址和联系方式都换了），于是 QQ 邮箱就在罗塞尔的手机上闪闪发起光来，接着我就顺利联络上了客栈老板，当即就决定第二天搬过去！而罗塞尔第二天要到达卡北部的另一个学校待五天，说是之后也想在达卡转转，还问我时间可以的话是否可以组个队？呵呵，你一个文弱女子又不讲孟加拉语，当不了保镖也当不了翻译，带上岂不成累赘，于是我一口就答应了下来，啥都比不过“男女搭配，干活不累”的道理，但至于到底能不能成行，就看命了。

“咣当”一下，胡大哥就把一盘西红柿炒鸡蛋“拍”在了我面前，红瓤瓤里埋着大块儿大块儿像极了中国地图的鸡蛋瓣，口味跟北京慈云寺桥过去那家山西面馆做得毫无二致，筷子陈醋老抽还有陶瓷碗儿，每一样都是从国内移民过来的纯种血统，耳朵里纠缠的是两口子分别带着南北方口音唠家常的正宗国语，几下吃完一碗半面感觉达卡终于符合了“中国一线城市”的标准。

到达卡的第一天就打算到这家中国客栈住，而在别国都能被《孤独星球》（2012 孟加拉版）推荐的中国客栈，实属罕见，可见必定是十分优秀的，而且手册上说的“有中国饭菜供应”，于是吃了近仨月咖喱和鸡的饿汉怎能不被诱惑？另外又琢磨着如果能找到在当地生活了多年的华人，就能够得到更详细且可靠的旅行资料，能省去不少麻烦，只是客栈两年前换了地址，而手册又没有更新，致使头一天没能如愿，因此我要郑重向英国政府致谢，谢谢你们派罗塞尔来达卡学习，不然孟加拉国很可能在未来很长时间里都不会有“一线城市”。

胡大哥来自水土丰饶的小江南，精明能干，赚得一手好钱又烧着一手好菜，而太太梅姐来自幅员辽阔的大西北，脑洞大开，除了北大的文凭又在孟加拉国搞到了四个硕士学位，问胡大哥为啥爱烧菜，他说老婆爱吃，问梅姐为啥爱读书，她说老公太蠢，秀恩爱都用着“相对论”，你说单身狗还有什么资格“单身”，于是，两行清泪疑似银河落九天，番茄炒鸡蛋打狗一去不返，好诗好诗……

在“相对论之家”住了两天半，对孟加拉的国情确实有了更具体的了解，如因党派斗争而进行暗杀啊，为造声势而枪击外国游客啊，想出风头而往公交车里丢炸弹啊等等等等，听着真叫人胆寒，但就像那天我在达卡未来广场“包场”看《超蝙》时听到的一段有关谁“更能”的对话一样，很多事并不是因为安全才该去做的，蝙蝠侠问超人：“你凭什么逞能？”超人说：“老子是超人啊！”而后超人问蝙蝠侠：“你又凭什么逞能？”蝙蝠侠说：“老子是超级英雄啊！”这时候神奇女侠赶到瞪着“俩超”淡淡地说“不过两个傻逼男人，争什么争？”“超蝙”不服气异口同声问女侠：“你凭什么逞能？”神奇女侠没有回答而是在银幕里转头望着我好久好久……于是梦醒，我起身出了电影院就回“家”吃面去了。

在达卡的第三天，一早就奔去了“老达卡”，租小船在“布瑞刚噶”河上荡了一个多钟头，穿行于无数巨大且破旧的轮船和舰艇之间，叫人忧伤难抑，倒不是因为那斑驳的锈迹和破损的船体，而是因为时间把人世的幻想造得太美，美到绝情！正如我还在苍翠的年纪却已花白了的头发，“美”得不可思议，青春一定是被“狗”当面吃了。

上岸便是集市，花鸟鱼虫兽卖什么的都有，唯独没有卖“永恒”的，因此我顺利开了张，生意火爆，每拍完一张照片检查的时候都会被人群围观，散开时已经满满当当被挂了一身感激的笑容，真叫人惭愧，本来我是“占了便宜”，可他们却以为我是“帮了忙”，于是想，既然我能够混淆视听把“恩人”演得这么真，那我还是有资格给大家一些关于“表演”的提示的：如果你想在人群里得到更多的拍摄许可，那么记住，一定要把你拍的照片给被摄者看，同时请务必确保你给第一个人看的那张照片，是他见过的自己最好的个人照，如果你做不到以上，那么还有一个方法，那就是去买一百本孟火火的书吧，那样他就可以有钱去替你做到了。

不喜空调，所以让“直升机”在屋顶飞了整夜，由于晚上吃面没能把住，因此一直担心会不会有个长着西红柿鸡蛋脑袋的异形从肚子里蹦出来，迷迷糊糊悠哉悠哉，半醒半梦辗转反侧，看见了窈窕淑女，君子明显中暑了，好诗好诗……定了白天去昆拿的车票，希望运气够好能在那儿的桑达般国家森林里看见一半只孟加拉老虎，也希望老虎心情不错可以过来让我捏捏它的脸蛋。

2016 年 4 月 19 日夜
于达卡

ঢাকা-চাঁদপুর-নীলকমল-চরভৈরবী
এম.ভি. জামাল-১
M 663

M.V FARZANA
M-7695

6
4
2
3M
8
6
4
2
2M
8
6
4
2
1M

পারাবত
ঢাকা·বরিশ

CFT

TO-LET

大赛后记

题记：2015 年末，我为《孟火火的第一本书》举办了第一届“疯野”万元书评大赛，此文为大赛结束当天我为大赛的写的后记，当时我正在孟加拉国，而预知大赛详情，请查阅孟火火公众号“疯野”浏览相关文章，公号 ID：crazyfirefire 。

至此《孟火火的第一本书》万元书评大赛总算落下了帷幕，而作为本次大赛的“永生”主席我也松了一口气，再也不用操心没资格上街乞讨的问题了，今后大家要是在天桥见到一个毛发灰白、脸长如马又看起来有几百岁的“老狗”，请一定蹲下来摸摸他的头，并跟他说一声儿“爷，我错了！”，不然他一定追着咬死你！

说正经的，承蒙大家抬爱，孟火火才能把出书这事儿热热闹闹折腾到今天，虽然一路磕磕碰碰坎坷不断，但每当我将要跌倒之时，总会有贵人出手相助，才免了“吃屎”的厄运，才更有勇气继续前进，才有了这本书、这次大赛和“咬死”各位的机会……

因此，在这隆重的颁奖时刻，我想借着各位获奖作者的荣耀光芒来特别鸣谢几位在本书出版过程中让我免于“厄运”的朋友，分别是：孟慧女士、郅彪先生、孟杰先生、王墨先生、张万兴先生、周红斌女士、毛俊宁女士、刘雯女士、刘路政先生以及张家启先生，在此鞠躬拜谢，以示我孟火火是个有良心的正人君子，今后见面还请各位继续带我吃香喝辣、花天酒地、有福同享、有难你当……不当？那你最好来摸摸“老狗”的头！

当然，还要感谢十位评委在本次大中付出的艰苦劳动，而至于评委的名字大家肯定已经到了耳熟能详眼见就吐地步，因此为了人类的安危，我就不再单提评委的姓名了，但同样在此鞠躬拜谢，以示我孟火火是个根正苗红的小鲜肉，今后见面还请各位把自己手机里藏着的单身女性号码统统交出来……不交？那你最好别上天桥！

接着，要感谢参与本次大赛的三十四位作者和购买本书的读者朋友，没有你们，我出这本书似乎也没什么损失，但有了你们，我出这本书，就完全是个坑呀，养成了写作的强迫症，几天不写就觉得没脸做人，你们说现在第二本书已经写完了，第三本书写了一半，可第一本书还没卖完该怎么办？我听说“一本书只有读三遍才能算是读过”，我还听说“一本书只有买三遍才能算是真正买过”，所以……

呃，抱歉抱歉，现在是孟加拉时间凌晨四点，这夜一深呀，单身汪就难免胡思乱想正经不起来，所以还请大家多多包涵，而我真正想说的是：

真心感谢大家的抬爱和帮助，三生有幸才得此缘分，在下必会铭记一生，他日得风获雨，定以“山洪”相报！

最后，恭喜几位获奖作者，在你们还在国内做梦的时候，奖金已经被我悄悄地塞进了你们的微信钱包，希望你们多多犒劳自己，长途短途都来次旅行，交交朋友写写游记，但不要向孟火火学习把废话写个没完，那样对地球不好！

最后的最后我想说，我实在困得不行了，可是我一会儿就得坐船去森林里看老虎了，如果没有被吃掉，只希望当我回来的时候，我的书已经卖光……了……谢……谢参……与……晚晚……安……

2016 年 4 月 21 日凌晨
于孟加拉国 Mongla

和罗塞尔在一起的三天

一 国旗配色

罗塞尔叫我给她讲讲自己的小说，而为方便“表演”，在讲的时候我都用了第一人称。

第一个关于“谋杀”，讲完时罗塞尔捂住嘴巴望着我，好像我就是那个杀人凶手；第二个关于“爱情”，讲完时罗塞尔的泪水已经在眼眶里偷偷转悠，好像我就那个将要被“火化”的未婚夫；第三个关于“同性恋”，讲完时罗塞尔拍着餐桌笑个不停，我说：“你特么有没有良心，这是个悲剧好吗？”结果罗塞尔下巴一甩叫我回头看看，于是在酒吧里所有偷瞄我的目光瞬间收回，并把手在只有 24 度的空气里扇来扇去——真是热，我想很快我就可以在这个小城里出名了，因为在讲第三个故事的时候，我经常情绪饱满地重复一句话“I’m a gay！”

在“中国客栈”待了两天后，我抱着被孟加拉虎吃掉的“雄心”赶到了南方小城芒格拉（Mongla），抵达时已来不及租船去森林里送死，因此便在码头的一家客栈住下并整理了一夜《书评大赛》的结果，而当我把“血汗”塞进了各位获奖者的微信钱包时天光已经上来，于是“破门而出”蹿上了预约的小船，本打算在落入虎口之前再看看河上美丽的日出，然而波浪轻柔、船速缓慢，小船棚顶的那条沙发俨然是一座舒适的“狗窝”，醒来时“旭日”已经换了名字“暴烈如刀”，心想孟加拉虎嗅到了这“烧烤”的味道或许会给个面子出来舔舔呢，但除了森林里茂盛的孟加拉树叶外再没看到别的，可饮弹自尽又太过丑陋不符合我这“贵宾犬”的身份，于是在被烈日“熔解”之前我弃船蹿上了回达卡的大巴，决定暂时先苟延残喘着。

大巴下午三点从“昆拿”出发，而当我敲开在达卡的客栈门时，已经是次日凌晨两点，一段北京到天津的距离在这儿楞是跑出了10个小时，孟加拉啊孟加拉……

第二天见到了从达卡北部回来却犯了肠胃病的罗塞尔，我以为学医的都不会生病呢，于是为自己的“天真”我一个内疚就把自己带着的藿香正气水贡献了出来，怎知那么一小瓶药水“英国人”硬是喝了半小时，他们不是很爱喝咖啡的吗？真是奇怪……

按原先我们制定的计划，当天就要去孟加拉国的东北小城辛来特（Syhlet）的，但因“喝咖啡”耽误了太久只能往后延一天，恰好梅姐邀请我去参加美国使馆在一所国际学校举办的“慈善集市”，也算是弥补了损失。

集市上大部分是世界各国在孟加拉国工作的使馆人员，他们要么是做卖家要么是当买家，货品令郎满目，有绘画、时装、手工艺品、电子产品、各种美食，但综合起来现场最火爆的就是胡大哥的西红柿炒鸡蛋，“安理会”给出了一致好评。

二 中国吸血鬼

藿香正气水的效果一般，倒是吃了我打包回去的西红柿鸡蛋，罗塞尔就瞬间康复了，令人不禁感叹西红柿炒鸡蛋的威猛。于是号角响起，次日早上五点，我们就一起钻进了前往火车站的出租，司机凭着优良的英语水平一路吹牛皮，内容都是关于他是如何如何“情圣”的，还说他目前同时有四个女朋友，并且女朋友们彼此并不知情，所以他为自己的“反侦察能力”骄傲不已，罗塞尔在旁边听得乐不可支，我就知道这货太过天真容易上当，于是我赶紧跟司机说我在中国也有朋友非常招女孩儿待见，几乎全中国女人都喜欢他，名字叫“魏胜静”，司机问他是做什么工作的，我说“吸血鬼”，可司机死活都不信……

孟加拉国跟印度的火车用的都是英国标准，但比起印度来孟加拉国火车更宽敞和有秩序，因此虽然同样是“北京到天津跑七了个小时”，但我长腿有地儿安放也就没觉得委屈，同时又有个“女医生”做伴，即使没有空调也不用太担心，至少必要时会有“人工呼吸”。

小阴天，乌云稀疏，火车“飞驰”在孟加拉平原的狂野之上，可以清楚地望见远处有孤零零的农舍在盼着预报上说的雨来，无聊时还会从头顶上拨一片瓦摔到地面听响解乏，这景致像极了英国铁路沿途的风光，昏沉而宁静，罗塞尔靠在窗口任风拨乱她的金发，眼里是她小时候生活过的农场，还有那个没事儿就带着她骑马的救火员叔叔。

在孟加拉国的重要产茶基地辛来特的小镇西里芒歌（Srimongal）出站的时候，先前预约的客栈老板已经等候多时，他不仅英语相当流利，而且明显只对女孩儿感兴趣，一路上问东问西都是“英国那些事儿”，并极力炫耀他们国家是拥有怎样壮观美丽的茶园，我想这就是为什么他们同样产茶，但质量和价格总是上不去的原因吧。中国人天生带着茶性，你不抓紧跟我好好请教下如何使用摄影技术来给产品换个好看的包装骗骗游客，聊女人能有啥前途？于是我也赶紧“聊骚”起了罗塞尔，我告诉她在中国一盘烧饼那么大的高级老茶的售价会在 1000000TK（差不多十万人民币），听完我讲，罗塞尔金发狂舞，而客栈老板蹲在地上一顿乱摸，想必是在找下巴。

计划第二天“自驾”转茶园，于是在客栈午饭后便跟罗塞尔一起出了门，打算步行到镇上看看有没有更漂亮且便宜的自行车可以租。

午后四点，气温 28 度，有微风轻抚，算是凉爽，一路话题轻松，都是关于旅行中的故事，有欢喜也有忧伤，路过几株美人树，花开正茂，“粉扑扑”

醉人心魄，一阵风来，心思随花瓣徐徐飘零……罗塞尔驻足望出了神，或许是想起了两年前离开的那个“朋友”，我见她目光迷离挺享受，便也学着她的样子抬头望，差点被太阳刺瞎，这时罗塞尔打了个喷嚏……

由于前一阵发生了枪杀国外游客的恶性恐怖事件，当地政府镇规定不得私自租车给外国人，怪不得客栈的要价都能在中国黑市买一台了，别无选择只能被宰，而一气之下骑车到《孤独星球》上推荐的 Top 餐馆吃晚餐，见菜单上有一栏赫然写着的“Chinese”，于是赶紧叫了一份炒面来平息我内心的怒火，谁知十分钟后端上来一盘“炒方便面”，于是我怒火中烧、原地“自燃”，他们必定是跟中国有着莫名的“深仇大恨”，才会用这种“东西”来欺骗欧美游客，想以此来抬高自己国家食物的美味程度，而这么一想我的怒火倒是平息了，觉得可怜……

三 浪漫星海

回客栈时已近黄昏，铺展在道路两侧的茶园渐渐浸染月色，一路朦胧，有萤火虫飞舞，闪闪烁烁像是星空在人间漂浮，数不清的浪漫，罗塞尔伸出手去想要捧住一只在她面前悬停的小虫，但就在她即将成功之时，“星光”忽然掉头远去融进了茫茫星海，再无消息，“它们”一向如此，因为知道给不了永恒的光，便在天亮前孤自熄灭，只留一夜灿烂在记忆中慢慢发酵，爱得决绝。

同住树林里的一间竹屋，为在雨季不“沉船”，竹屋建在离地一米高的平台上，而从屋内木质地板间的空隙能看到下面茂盛的杂草，估计晚上来窜门的“客人”会有不少。

夜里风劲，树动沙沙，却也愈显安宁，四壁各有壁虎一只，从地板下面来“做客”的蚊子够它们吃一夜了，因此也就放下了半夜鬼来敲门的邪心。虽然罗塞尔只比我短了十厘米，但她还是慷慨地把大床让给了我，刚要向她表示感激却发现蚊帐破个大洞，于是我向“四壁”各鞠一躬，虎爷保佑……

茶树从外观上讲并不好看，但正如茶水本属苦性，却人人都喝出了香来，因此，看茶园看的也并不是风景，而是看绿色的心情，心甜则处处甘泉。

一大早就跟罗塞尔蹬着 80 元（人民币）一天的单车出了客栈，大云赖在天上，旭日初升躲躲藏藏，于是追着地上的云影在茶园穿行，飞过吊桥、淌过小溪，沾了一身灰尘和泥巴，一前一后飘逸了灰白和金色的头发，到一处山丘，弃车爬上去，捡棵大树在下面一坐，便是一个钟头，其间无话，各自望风在林间追逐，最后卷着蝉鸣一波波飘远了去……

中午时赶到当地的森林公园，由于太热便在大门处的凉亭休息，跟里面由于淡季没生意做闲着的向导聊天，其中一个会说英语的向导给我们讲了一个笑话：“问：为什么在孟加拉国做什么事都是女士优先？因为很多年前有对情侣决定一起自杀殉情，结果男方先抹了脖子，但女方并没有跟随，所以从那之后就干什么都女士优先了……”说完在座向导哈哈大笑，而我跟罗塞尔坐在旁边则有些尴尬，同时在心里计算着在该国做一个“绅士”的心里阴影面积。

次日一早，我们便坐大巴赶到辛来特，先前认为作为一省首府，怎么也该有些看头吧，结果我们只在当地那座“著名又宏伟”的英国殖民时期留下的钢铁结构大桥下的茶摊儿上睡了一觉，当气温下降，我们才起身过桥进了那座“著名又宏伟”的清真寺参观。

由于我穿着“二股筋”太暴露不准进入，就让罗塞尔一个人进去了，本以为她会在里面“嗨”个半小时，哪知我转身还没走出去三分钟，罗塞尔就在背后拍了我的肩膀，说是已经转遍，真是迷你的“宏伟”。好在最后去了当地那位“著名又伟大”的诗人的纪念馆，虽然那两个朴素房间的总面积不足 40 平方米，但有关诗歌嘛，我们也就变得宽容了许多，诗是宇宙，再小也足够大。

四 神秘俱乐部

《孤独星球》上有推荐一个地方叫作“Station Club”，说在那儿能喝啤酒，而对于英国人来说，这个世界就是由足球和啤酒组成的，在这儿没得球踢怎么也得喝两口吧，于是晚饭后便被罗塞尔拉去“探险”，是的，探险，半天才问到一个漂亮的小红门，进去一看像是豪华酒店的前台，说明来意后被要求要先出示护照做登记，随后又交了 200TK 手续费，这时才有个服务生过来把我们迎进电梯送到了三楼，电梯门开便是 Club 的真身了，不禁感叹“柳暗花明又一村”，妈呀，里面用的都是节能灯，光线凄惨无比，陈设简陋，用的都是最普通的餐桌，没有音乐也没有喧哗，因此，与其说这里是酒吧，不如说是一间经营不善的医院，在一片蓝绿色的氛围里仅有两桌“病人”……

当你跟着一个“医生”走进这里，怎能不被“病人”注意，因此我们刚坐下，一个精瘦的小老头儿就从身后那桌起身走了过来，看起来神志清醒应该是没喝多少，他坐在罗塞尔旁边的高脚凳上叫了杯威士忌便开始和我们攀谈，但显然他只对罗塞尔和英国更感兴趣，因此聊了半天都是英国那些事儿，关于中国他或许只知道那是我的国籍。

老头说在他伦敦工作了 20 年，在那边有房有产，老婆孩子现在都生活在那里，他每三个月都会回孟加拉国来会会朋友喝喝酒，最后还留了一张在英国的名片，但明显罗塞尔对老头的家乡和老乡没有什么兴趣，于是赔着笑好不容易把老头打发走，哪知又来一个！

体型相对第一个来说稍胖，微醺，也是对中国毫无兴趣并在伦敦有生有意，还给我们看了他大女儿在伦敦开广告公司的照片，话题倒是比第一个有趣些，但大多都是关于他跟老婆闹离婚的糟心事儿，罗塞尔恋爱都没谈成过，你说离婚有啥个意思，于是赔笑收了其在英国的名片费半天劲才打发走，哈，又来一个！

大肚腩，已经在醉酒状态了，同样忽略中国，含含糊糊一会儿英语一会儿孟加拉语，虽然听得不够明白，但可以确定一件事儿，那就是这家伙同样在英国做生意，而且在英国还有情妇，赔笑半天总算是被他的朋友扯了回去，临走还非要留一张英国的名片，妈呀，原来我们是闯进了当地的一个富豪俱乐部！

向吧台那个长得跟“教父马龙白兰度”一个模样的酒保打听，他只低垂着眼帘说：“来这个俱乐部的都是当地有地位有身份的人，我们能进来是因为我们是外国游客……”这肯定是教父那句经典台词“我要给你一个 offer，你都无法拒绝……”的醉酒版，好吧，如果说在这个世界上除了诗以外应该还有一样东西可以是宇宙，那便是酒了……

在“医院”破酒戒还是头一遭，两杯啤酒下去后，罗塞尔叫我给她讲讲我自己的小说，不知道在孟加拉国有没有“酒后吐真言”的古训，总之，“I’m a gay”这件事儿很快就要在小镇上传开了，但过了这晚我们也就要返回达卡了，“是非功过”就留给后人评说吧。

那晚电闪雷鸣，下了整夜的雨，房间的窗帘一直开着，半夜醒来时，我看到罗塞尔蜷在窗台上呆呆望着窗下泥泞的城市，雨滴在她面前的玻璃上汇成了无数小河，在雷鸣的间隙可以听到罗塞尔轻微的啜泣，于是我悄悄转过身没有惊扰她，即使她很快就可以当医生了，但面对“心病”也是无能为力的吧？

上次在离开“富豪俱乐部”之前，罗塞尔再次提起了那个两年前离开她的“朋友”，说那个“朋友”过几天就要结婚了，接着罗塞尔仰头一口饮尽剩下的酒，只留一杯无限的沉默……

在达卡嘈杂的街边拥抱道别，罗塞尔说在孟加拉国待的六周里这三天最开心，而我只待了两周恐怕没有这么深刻的体验，但当晚上我从书店出来看到拿了我预付的 1000TK 并承若要等我的出租车已经逃之夭夭之后，我还是给罗塞尔发去了信息：“你绝对是我在这个国家见到的唯一美好事情，只可惜你已离去了，那么这里就再没有什么关于美的东西可言！”刚发完我就觉得这气话说得太过暧昧和不负责任，于是我又补发了一条过去“你说我嘴这么甜，怎么会是单身狗？”很快就收到了罗塞尔的回复，她说：“女的不行，就是试试男的嘛，反正你是‘Gay’呀，哈哈哈……”

哈哈哈，说得对，但坏消息是我就要离开孟加拉了，好消息是一会儿飞缅甸，而在缅甸“和尚”比较多。

2016 年 4 月 27 日夜
于达卡国际机场

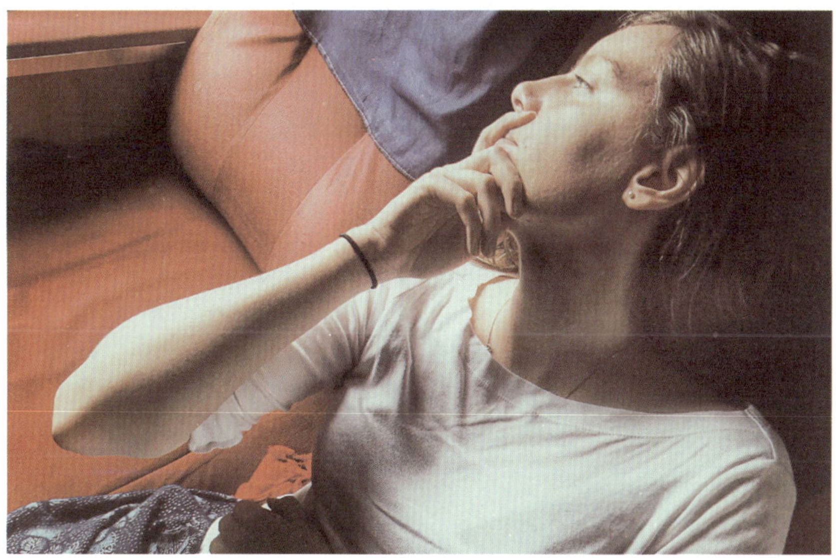

Goodbye darling

总有某个时刻
我们冷不防想起些朋友
即使未见多年
亦如眼前

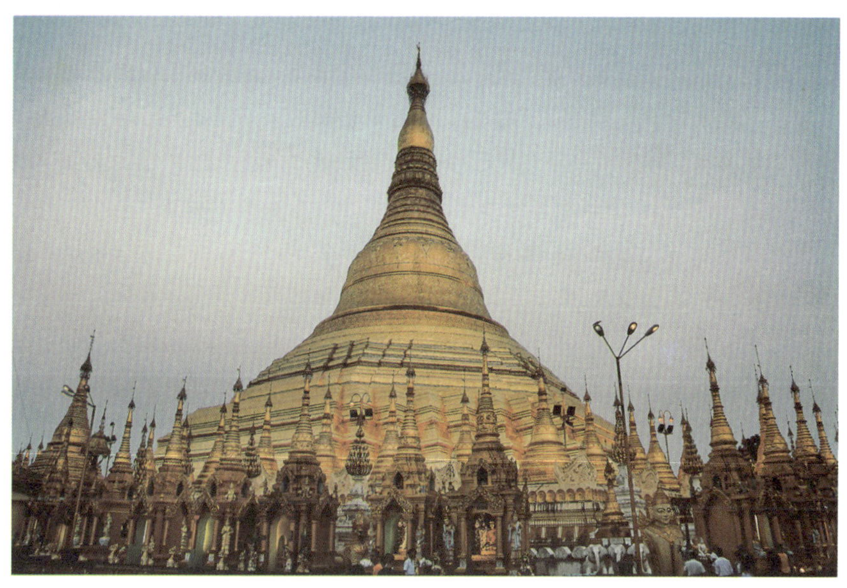

离开的极难和极易

一 初到仰光

从仰光国际机场到预定的客栈共 17 公里，而在 30 分钟的行程中，我没有听到一声汽车鸣笛，也可能是“久旱逢甘露”产生了幻觉吧，总之，如果说先前在印度和孟加拉国的三个多月是浸泡在交通酱里分分秒都在尖叫的噩梦，那么当下的缅甸毫无疑问是“噩梦”的升级版，安静得像是恐怖片里突然出现的平静，总有种不祥的预感。

果然，客栈前台小伙儿的英语流利到像是“大不列颠”是他开垦出来的菜地，而还没等我确定在他那张黄种人皮下面，是不是藏着一副从英文版《聊斋志异》里偷来的骨头，他就刷开了六人间宿舍的房门，只见一俄罗斯大爷正在本属于我的铺位上梳理胸毛，于是“伙计”当机立断把我送进了情侣专用的“大床房”，所以说一分钱一分货，你付着床位的价就必须得忍受这双人床的寂寞……

房间整洁得像是设计师刚刚完成的图纸，空调没有噪音，浴室也没有不明飞行物，虽然客栈地处市中心，但恰巧开在深巷，从外到里格外清静，真是一派“西游降魔”里黑店的氛围，而这一切都叫人不禁担心一觉醒来腰间别着的那两部“苹果”会不会就已经被“武警二院”摘了去。

从客栈到仰光几处著名景点的距离都在三公里之内，理论上说都是步行的合适范围，下午三点半，理论上说也是摄影好时光的开始，孟火火还没结过婚可看起来却已经像是离婚了 100 次，理论上说也正应该是在艺术上有巨大作为的“遗容”，可当他扛着相机怀着拯救人类的伟大志愿跨出门昂首挺胸迈向传说中美到核爆炸的光瑞大佛塔时，没到一公里就已经浑身湿透变成了一条从洪水里被解放军救起的流浪狗，感激的汗水不住地从“狗眼”里冒出来，赶紧查下气温，41 度！如果当时肚子饿的话，胳膊就可以直接卸下来吃了！

苟延残喘一路，每举一次相机就能把一个“洪金宝”变成一个“梁朝伟”，不过亲爱的，如果你在瑞光大佛塔门外看到一只举着大号矿泉水狂饮的从埃及金字塔里逃出来并脱了线的木乃伊，可千万别报警，要知道那可是一具为了艺术而勇于“祭日”的赤诚灵魂啊，所以，要么吻他（女的），要么把钱包给他（男的）！

终于在阴凉处挨到了日落，木乃伊重新长出了血肉，然而那经过暴晒的大理石地板，依旧认为人类是刚从水里捞起来的鱿鱼，可即便如此，来自世界各国的“鱿鱼”们还是绕着佛塔蹦蹦跳跳一圈又一圈，参拜或拍照开心地仰着脸就等着厨师往他们头上撒盐了，然而“木乃伊”却默默地站在一边情绪低落，或许是因为刚刚死而复生，还不能适应“中暑”这个只有情侣得了才会有意义的疑难杂症吧，头晕目眩的他开始想念墓室里的荫凉，在那里虽然依旧不会有人为它端茶送水，但至少有几具尸体可以在他呕吐的时候保持沉默假装没有嘲笑。

虽然神志有些不清了，但木乃伊生前还是受过些教育的，因此它很明白对神明胡思乱想实在是太不讲究了，可它还是没能忍住幻想，只见“天狗”突然飞了下来，把那座顶部细极而向下骤然变胖的金灿灿的佛塔一口吃了个精光，请原谅它对建筑和佛教知之甚少又病入膏肓，因此除了大和黄之外没能更深刻地发现这个可以通天的建筑之美好，而对于这一天拍的照片它也只能说真得尽力了，快门“绮丽咔嚓”死了不少，但回看时却发现能够震撼世界拯救人类的那些全部在记忆卡里自燃掉了，“天才”夭折，无缘人世，命苦不能怨政府，这是上天的旨意……

一觉醒来，四肢健在，做人真好！到客栈大厅见一中国哥们儿正在搅拌咖啡，于是上前聊骚，可还没等我开口哥们就来了一句：“熬蛤油搞砸姨妈死！”辛亏我没有姨妈不然一巴掌就打死了他，于是我赶紧问：“你不是中国人？”哪知他像 AI 智能机器人一样学着我的表情和语气反问道：“你不是日本人？”好吧，连日本人都把我认错，以后谁都别跟我争“大众脸”的称号。

他叫“戴斯”，是一名来自日本的自由职业者，而在我们初识的半个小时里，他给我吐尽了这一路上是如何总被认作是中国人的“苦水”，于是作为回报，我把“地沟油”也给他泼了一遍，真是不打不成交，一看同病相怜便决定一起探索仰光。

二 谈旅行和英语学习

早上九点，我们决定先到不远处的“茵雅湖”去徒步一圈，然而很快仰光警方就在 40 度的湖边发现了两具被烧得面目全非的尸体，而这新闻当即就传到了还在邻国孟加拉国的罗塞尔耳朵里，于是她悔恨不已内疚终生，直到 100 年后她要离开这个世界时都没能原谅自己，她后悔当初不该暗示那个可怜的男人去做个 Gay……而幻想到这里，我觉得这样欺负一个失恋的女人太不人道，于是在茵雅湖两人还没“携手”走出去四分之一就钻进了一家披萨店喝起了冰水。

戴斯的英语很好，没有日本人惯常的浓重口音，而聊到旅行和英语学习（特指口语），又基于“日本也有着类似于中国‘旧西方’英语学校”的基本现实，我们展开了广泛和深刻讨论，最终达成了“几万亿”的共识：在“旧西方”的学费一年大概是三四万人民币（信息来自于百度），我们取最大值四万，而教学过程无外乎在限时课堂上或者课堂外跟外教或者同学一起背背单词或者聊聊伦敦的天气，下课后就各自匆匆忙忙赶了回单位上班或者冲进了厨房做饭，因此除了能记得“指纹打卡”和“油盐酱醋放哪儿”外，英语是个啥早就忘在了“旧”社会，即使那有限的外教能够一天陪你“25”个小时，可你始终是处在中国人和汉语的情景以及氛围之下，恐怕外教的汉语会进步得更加神速。

那么，举例一个事实并算一笔账，如果不考虑签证限制（通常对中国人有效期是三个月），20000 块可以分别在印度和尼泊尔旅行一年（勤俭节约），或者其他某个东南亚国家待 10 年，而这些国家又都是欧美旅行者的热点（同时也是全世界旅行者的热点），所以问，要学英语为什么不把那百度上标着的 40000 块学费用来旅行呢？

只要你开朗些天天都有外教，而且不止聊天气，还可以聊聊脚气，同时你接触到的是世界各国不同口感、质感以及手感的英语，从听到说直接跟地球接轨，多接地气！再勤奋点每天背 20 个单词，那么一年就是 7300 个单词（参考“遗忘率”一年至少能真正记住一半，而这只是待在家里死记硬背的效果），半年就是 3650 个单词，而你要相信一个能正常生存的美国文盲的单词量也不过 3000 左右），另外，如果你不像我这个患有叫作“写作和摄影”神经病的病人总是浪费学习语言时间的话，我和日本人都相信旅行半年就足足顶过了在“旧社会”里待十年，那么你可以算下旅行一个月能顶多少年？

但最最关键的是你是在旅行啊，天！看着“彩色”的风景，呼吸“北京和石家庄”之外的空气，每天用健康的体魄和愉快的心情思考人生，之后带着提升了的眼界和胸怀以及语言能力再回去工作的时候，是不是就更有力气、更有勇气和更有底气了呢？虽然，难点是得先再找到工作……

三 只为分个段

还是在这儿分个段吧，我都快写岔气了！那么接上，但这个年头大伙儿跳槽跳得那么勤快，再找份儿工作真的有那么难吗？所以问这钱花得值不值？别说你工作了这么多年都没攒下 5000 快，是的，在中国工作这么多年没能攒下 20000 是十分可能的，但“这么多年”攒 5000 是绝对可以的，这些年少抽包烟少喝瓶酒少买包那个 5000 就有了（说到这里一条不抽烟不喝酒的单身狗默默地湿润了双眼），而只要计划好出行时间和方式，5000 块足够在

“外教”堆里扎三个月（很可能你还会成为“外教”）。

也别说你没时间，这些年少抽包烟少喝瓶酒少买包安全措施时间就有了（说到这里单身狗泪如雨注），而一旦你把这钱和时间用对了地方、“能说会道”了，其他的慢慢就会迎刃而解。

我见过太多用了大把的心血和本应该用来“谈恋爱”的时间加入了“旧西方”，最后退出江湖却“流落街头”连城管都懒得理的可怜人，特别惨不忍睹，可世道都变成这样了，为啥咱的想法就不能变一变？而这是个严肃的问题，我跟戴斯又讨论了很久，关于懒惰和怯懦，关于自信和决心，关于对未知的恐惧，关于如何再找到工作，关于在别人眼里的那个“别人”是如何霸占了自己，关于梦想，关于事业，关于中日两国的文化差异，关于政治和经济，关于过去和未来，关于我们见过的不同风景，关于爱情，关于女性心理，关于为什么我们那么懂女人的心理却依然没有女人搭理，关于“自作孽不可活”，关于是什么时候转移了话题再没跟学英语有丝毫关系，关于等等等等，一直讨论到我们在仰光一个巨大的人造洞穴里（一座巨大的类似于冥想中心的佛堂）双双躺在地上昏睡了过去，醒来时已近傍晚，于是两人抹把口水重新踏上了上帝的鱿鱼烤板，当然以上那些个关于“关于”的问题，我们最终也得到了一致的答案：

太他妈热了！

要不再分个段？那么，在黄昏的热浪里，我还有一个疑问，我知道离开很难，比如说，离开家、离开爱你和你爱的人、离开熟悉的环境、离开安全感、离开工作（而事实上一切不快乐的工作都不是工作）、离开储蓄卡和离开那个“别人”，离开等等，可是考虑到人类存在的两个基本属性“生”和“死”，这些个“离开”真的比离开“死亡”还要困难吗？如果死亡才是人生之极难，我们又都知道“物极必反”，所以“死亡”也就是人生之极易，不是吗？那么回过头来，那些个“离开”还是“很难”吗？

而当第三天我跟戴斯在仰光的街边告别时，我把以上“很难”的这个借学英语而发挥出来的人生问题抛给了他，结果他看着我好久才说：“你看你，头发都快掉光了……”语气温柔至极，当时有晚风拂过，一个女孩儿在旁边昏黄的路灯下转过头来望着我们……

戴斯，你不要跟我握手，我不是 Gay，我真的不是 Gay！

于是，戴斯收回手去牵起了旁边那个特地从日本赶来要和他一起去蒲甘度假的姑娘的手，接着就钻进了去机场的的士，而在狂舞的热浪中胃里极度空虚的我，只想给你一点关于这个时节到缅甸旅行的建议：

还是回去吧……

2016 年 5 月 2 日夜

于茵莱湖畔

茵莱湖中暑后

有些中暑，但还是带着“她”赶到了茵莱湖畔的红山看日落，而正当我被晒得昏昏欲睡时收到了一条来自陌生朋友的微博私信“在一起两年，结果他只丢下一句‘没感觉了’就头也不回地走了，这算什么？‘感觉’真的那么重要吗？”

关于这种事，我不知道为什么来问一只“单身狗”，但我知道这位朋友肯定是希望从我这儿得到一个能够缓解心痛的答案，于是我态度十分慎重，先是把这个问题丢给了正坐在对面的她，当时夕阳在她身上画了一圈浅浅金边，看起来智慧极了。

“你知道人们为什么爱看日落吗？”她看过信息思考片刻后问。

“日落时大气中尘埃密度较大，光线相当柔和，可以拍出很细腻的照片！”

她白了我一眼接着说：

“因为日落使人们感到孤独！”

“你的意思是说人们喜欢孤独？”

她没有直接回答，而是又问道：

“你知道人们为什么还爱看日出吗？”

“日出时大气中尘埃密度较低，光线相当通透，可以拍出很立体……”

这时她“吧唧（biaji）”了一下嘴叫我正经点儿，

“好吧，难道是因为人们又害怕孤独？”

“嗯，你总是这么聪明……”

“嘿嘿，我聪明得狠呢！”我内心膨胀喜上眉梢接着说，“那你倒是说说为什么‘日落日出’会给人带来孤独感？”

她端起面前的啤酒抿了一口接着说：

“你知道人们为什么要恋爱吗？”

“因为人们害怕孤独！”

“不，相反，恰恰是人们喜欢孤独！”

“你是不是喝多了？”

“我三箱的量好吗……”

“看，天上有只‘属相’在飞……”

“吧唧……”

“好，我正经点，可是，如果恋爱会导致孤独，那和一个人过有什么区别？”

“因为，恋爱可以增强孤独的感觉，两个人相爱越深，就越会发现彼此之间有一种永远无法排解的‘孤独’，而这种‘孤独’会叫人兴奋，于是就会上瘾般越爱越深。”

“那这种无法排解的‘孤独’又是什么？”

“是无法满足的‘占有欲’。”

“哦，我懂了，因为喜欢孤独，所以越来越孤独……”我开始有点崇拜她了，“可这是不是有些矛盾？‘孤独’难道是一种令人愉快的情绪？”

“‘男人’和‘女人’天生就是一对矛盾体，不是吗？而爱情建立在矛盾之上，自然得到矛盾的结果。只有‘孤独’的时候一个人才真的是‘一个人’，不是吗？而当‘一个人’一个人的时候，就会想爱，爱是愉快的，因此‘孤独’就成了‘愉快’的基础，所以‘孤独’当然是一种令人愉快的情绪。”

“你在说啥啊？”我心想，但我这么聪明的人怎么能表现出听不懂对方在说什么，于是我接着问：“好，那你说说人们又为什么爱看‘日落日出’和害怕‘孤独’？还有，这‘日落日出’到底跟‘孤独’有什么关系？”

“你知道为什么人们相爱了却还要‘分手’吗？”

“你咋这么多为什么？”

“吧唧……”

“好吧，我不知道，你就直说吧，为什么人们害怕‘孤独’却要分手？”我觉得自己还是不要不懂装懂的好。

“不是害怕，而是因为孤独是会‘麻木’的，当一个人或者两个人孤独久了，‘麻木’就会产生，因此，越爱越深就越孤独，也就越容易麻木，‘麻木’又是一种消极情绪，而在感情里最不需要的就是‘麻木’这东西了，不是吗？”

“好像是，所以人们分手不是因为不爱了，反而是因为爱太深了？这讲不通吧？”

“当然讲得通，如果两人不曾经历相爱的极致孤独，就不会有麻木的产生，也就不会有分手啦！”

“好吧，有些道理，可是，如果真是这样的话，岂不是说明这个世界上就没有‘永恒的爱情’？爱情最终都是以‘分手’告终？这太绝对了吧？”

“这不是绝不绝对，而是必然，人类的寿命不过百年左右，终有一天到头，而一旦生命之火熄灭，哪儿还有什么爱情可言，分不分手，不是由人的主观能动性决定的，而是由人的生理决定。”

“你还真是能说，可是，既然喜欢孤独又害怕孤独，既然爱了又要分手，那为什么还要爱呢？”

“这个就跟孤独不孤独、爱和不爱无关了，这是‘人性’！”

“难道‘孤独’和‘爱’不是人性吗？”

“‘孤独’和‘爱’是行为，受人性支配！”

“那‘人性’又是什么？”

“就是那条你给我看的信息。”

“什么意思？”

“在一起两年，结果只丢一句‘没感觉了！’就头也不回地走了，‘感觉’真的那么重要吗？”她重复了一遍那条私信的内容，然后接着说：“什么特么感觉不感觉，那根本不是重点，‘两年或者一万年’不管相处了多久的时间，那人‘头也不回’地就走了，这算什么？我要见着他绝对一脚踹死丫的，你玩够了就玩够了呗，就不能温柔地拥抱一下说句‘保重’？头也不回，留特么一个肮脏的后脑勺等着拍砖呢咋滴，还是不是人类……”

“唉呦呦，咋就突然这么激动了呢，赶紧消消气，消消气啊……”我见她脸都跟天边日落后的晚霞一样红了赶紧上前安抚。

“你说，那还是人么？”

“是畜生，是畜生！”但我一想又觉得有问题“可是，你不是说这就是人性吗？说是畜生，这样好吗？”

“你，你咋不去死？”她激动得掉起了眼泪。

“不哭不哭，他去死，他去死！”我赶紧递了张纸巾过去。

“你说，这日落怎么这么凄美……”她擦了把眼泪望向了天边的红霞。

“是啊，好凄美，真他妈凄美……”这时我突然又想起个问题来：“诶，你还没有说明白‘孤独不孤独’跟‘日落日出’到底有什么关系呢？”

“你有时候真的很蠢！”她回过头来眼泪已经在日落后继续的高温里晒干了。

“怎么讲？”

“当然是没关系的呀！”她狡猾地笑起来。

“你是酒精中毒了还是想死？没关系，你瞎扯个什么蛋？”我很是来气。

“你不觉得那样开始对话听起来很浪漫吗？”

“这，可真是浪漫呵……”我一脸的尴尬。

“我想问你一个问题……”她眼睛滴溜溜转，看起来很是可爱。

“你说！”

“你一个人这么久，孤独吗？”

“当然啊！”

“你喜欢孤独吗？”

“喜欢！”其实我并没有认真思考过这个问题，只是高温下，我看着水灵灵的她，有些饥渴难耐了。

“那在你变得麻木之前，我们可以更进一步吗？”这时她闭上了眼开始往我脸上凑。

“必须呀！”于是，我一把拎起“她”来拧开盖子把里面的最后一滴水灌下了喉咙，回头甩手就把“她”丢进了垃圾桶，心想：“真是他妈一瓶有想法的矿泉水！”然后起身跨上单车趁着最后一缕天光往客栈奔去，真的，连头都没有回一下，而在半路我停了下来回复了那条私信：“你必须得有‘想象力’才能不在爱的海洋里沉沦，就好比今天你只是弄丢了一条具有人性而‘贪得无厌’的狗……”而当我点击发送后才感觉有什么不对，于是脸上发烫，一路晚风狂吹，却依然汗流浃背，中暑的“单身狗”又开始想念那瓶矿泉水，说不定这就是人性？

2016 年 5 月 4 日夜
于茵莱湖中暑后

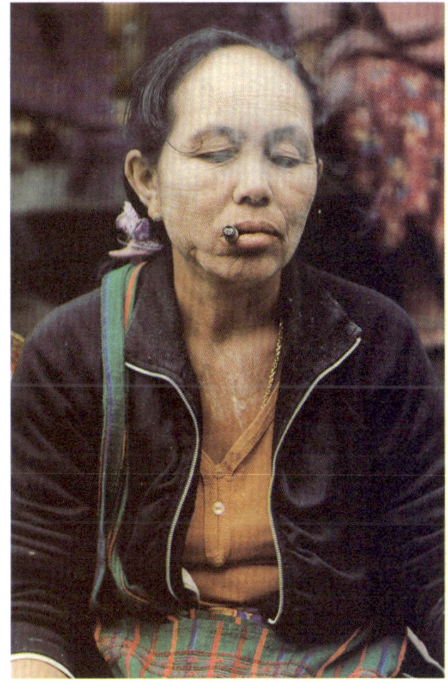

牛屎帅哥

我坐在蒲甘落脚客栈的大厅里整理照片，抬头时见一个金发姑娘正从门外进来，心想她不会是来找我的吧？一定不是，千万别，我很忙……

“你好，请问你是‘火’吗？”姑娘已经站在了我面前。

“是啊，别告诉我你是‘水’？”由于桃花开得太突然我只能抛出一句老梗。

“哈哈咯哈哈，不，我是安德瑞拉。”姑娘笑得“怪”爽朗，姜果然还是老的辣。

“你好，安德瑞拉，有什么要帮忙吗？”我故作沉稳。

“哦，听说你是一名职业摄影师，想看看你的作品，不知道方不方便加你facebook？”安德瑞拉彬彬有礼地问。

这已经是我到蒲甘的三天里第四个要看我照片的陌生人了，我知道肯定是“乔恩”和“曼纽”那两个家伙又在外面跟人家吹了牛逼，哥儿俩是我在从茵莱湖到蒲甘的夜间大巴上认识的，当时我正对着自己在“朋友圈”里发布的照片偷偷阅赞、暗自窃喜，而这一幕被坐在旁边的乔恩逮个正着，于是他“啊哦”一声惊呼，顺利把我的注意力转移到了对德国英语的听力训练上。

“这是你拍的照片？”乔恩重重地问。

“是的。”我也沉沉地回答。

“你是摄影师吗？”他又问。

“不，我不是摄影师，我只个是帅哥！”

“Bullshit！（牛屎）”乔恩一脸的惊讶。

“啥！”我侧眼看向乔恩。

“哦，骚瑞，哈哈哈……”严肃的德国人总算理解了我的笑话赶紧为“牛屎”道歉。

之后，我对乔恩详解了如何使用中国“微信”浏览图片，而通过他以及随后加入的曼纽的大力“声张”，在到达蒲甘的时候，几乎全车人都知道中国有一个“牛屎帅哥”了，而这也直接导致了在蒲甘接下来的几天里，总会有莫名其妙的姑娘冲我莫名其妙地笑，要不是因为我在情场“久经历练”、定力强壮还能拎得清自己的斤两，或许我早就在蒲甘夜以继日的高温里倒卖异域妇女了，那既然现在“牛帅”这一不光彩的“身份”再次败露，我也就只能勇敢面对了。

“不，我不是职业的（professional）……”

“哦？可外面有两个人说……”安德瑞拉皱起了眉头。

“我知道，乔恩和曼纽，但我真不是职业的……”我停顿了一下把脖子一扬加重语气“我是完美的（perfect）！”

“哈哈咯哈哈！”空气凝滞两秒后安德瑞拉总算接住了我笑话的炸点，而在我迟暮的脸上泛起的尴尬红晕也随之散去。

“哈，只是个玩笑，别当真……”

“我当真，哈哈咯哈哈……啊哦……”安德瑞拉边笑边看向我的电脑屏幕，突然她一声惊呼正像先前乔恩在大巴上那样，而这也导致了散落在客栈大厅里的目光都集中了过来，当时电脑屏幕上是一张我当天凌晨去看流星雨时拍的照片……

清晨四点夜色如初，星斗漫天璀璨如钻，同行 20 余人或躺或坐仰望着天，流星乍现，有人错过有人看见，遗憾并着惊喜化作虫鸣坠入四野，乔恩和曼纽两兄弟仰躺在我左边的草地上东拉西扯，而来自加拿大的“丹尼尔”坐在我右边却一直沉默不言，一点儿都不像初次见面时的他。

那天凌晨两点，我跟乔恩和曼纽刚跨进蒲甘落脚的客栈大厅，丹尼尔就从楼梯上迎了下来，自我介绍后，他欢天喜地、热情洋溢、英语无比流利地给我们讲解了客栈的情况和各种规矩，接着还深度剖析了他亲自用双腿制定出来的蒲甘攻略，可把我们三个“菜鸟”给感动得服服帖帖，而正当我们要对“客栈老板”的热情接待表示真挚感谢时，一哥们儿从旁边的卫生间推门而出见我们就赶紧过来招呼：“不好意思，刚去方便了，请问各位有预定吗？还有，丹尼尔，你起这么早做什么？”“我去！”我们这才知道皮肤黝黑的丹尼尔也是住这儿的背包客，差点就他妈把房费付给丫了……

不过，这真是一次愉快的“调戏”，那时的丹尼尔已经在蒲甘待了六天，勤奋的他早就摸熟了那里的一切，因此在接下来的几天里丹尼尔成了我们的免费向导，服务好到总想要给他小费，而当天由于客栈的注册时间是下午两点，一时半会儿也睡不了觉，于是我们便在丹尼尔的带领下摸黑租车去看了日出。

那也是我在蒲甘看的第一个日出，站在“瑞山陀塔”（蒲甘著名佛塔）的顶层，无数佛塔在眼下随着夜色的消隐逐渐现身，千年辉煌化作朝雾无边蔓延，人们从四面八方来，共览天红一片，之后又向四面八方去，朗朗晨光里从此不会再有关联，于是在旭日高悬时，惆怅也随风遍野，我们曾在佛塔上一起迎昼送夜，虽未同床，但以时光为枕也算是曾经同眠，可转身已是陌路，即使天地撮合他日再见，除了几分面熟的疑惑，心里是否会泛起那一朝为伴的温暖？经纬如网，每一格都是玄妙谜面，没有答案……

流星雨后，丹尼尔就要回加拿大了，而在从客栈出来前，他告诉了我这次来蒲甘的目的是，等他的“爱人”。

他们原本约好了今年一起到这里看佛塔的，但半年前她突然选择放手，没有缘由。可丹尼尔还是一个人来了，临行前给她发了信息说会在这里等她，然而就在我们到达的那个早上，丹尼尔接到了她的电话，说她不会来了……丹尼尔给我看了他准备求婚用的钻戒，当时大厅里的白炽灯洒下一片黄光，氛围温暖，可那颗钻石却冷得毫无光彩，也就在那一刻，我突然明白了在见到丹尼尔的那个凌晨，他为什么那么早起来离开宿舍躲在楼梯上一见到我们就把眼睛给笑红了，这也让我想起了三年前一个在街边睡了整夜的傻瓜，为等一个人来，最后却一个人离开……

好一阵没有流星了，为了避免丹尼尔在星空下睡着我打破了沉默："嘿，丹尼尔，你们在一起了几年？"

"什么？"丹尼尔从星空收回目光。

"我说，你和你女朋友，哦不对，你前女友……"我还是无法准确地分清这两个词语的区别。

"九年……"丹尼尔淡淡地说。

"九年？"我分外惊讶，"你今年几岁？加拿大儿童谈恋爱不犯法吗？"

"什么跟什么，我今天 31 岁了！"

"我去，咱俩同岁！可你看起来不过 20 岁好吗！"

"你说啥，咱俩同岁？"

"是啊！"

"你怎么不去死！我不信，你看起来有 50 岁了好吗！"

"哇哦……"有人一声惊叹。

正当我要拿相机砸死丹尼尔的时候，一颗流星划过，四周又是一阵"虫鸣"。只见丹尼尔在胸口合十双手虔诚许愿，而那也是我当天看到的第三颗流星了，虽然少得珍贵，但我没有许一个愿。曾经年少无知，见流星总会默默闭上双眼，可到现在都没有一个实现，尤其是"长生不老"这一个，只怪自己愚笨，用了这么多年才搞明白，愿望大多关乎永恒，而流星转瞬即逝，本就不可信赖，但我想丹尼尔的愿望或许可以成真，毕竟他骗过了时间，骗骗自己又有何难？

"哇哦……"又一颗流星划过，看来"雨"真的要来了，我侧头见一个女孩儿独自坐在远处草地上，于是稍作设置按下了相机快门，三十秒后，星光灿烂，女孩被远处佛塔的光源叠成了一张孤独的剪影……

安德瑞拉坐在我旁边对着屏幕一张一张地看，把我这次出来到目前为止拍的照片翻了个遍，而几乎每翻一张她就要"喔"一声，而当她"喔"到最后一张时，我们身后已经围成了七八个人的"合唱团"，其中有个叫克里斯蒂安的哥们儿说："你的照片真是太恶美淫了（amazing）！"而作为旅行中的中国人怎能在为国争光的同时不再体现一下"谦虚"的传统美德呢，于是我赶紧谦虚道："不不，不是恶美淫，而是苏坡（super）恶美淫（amazing），好吗？"而这一次全世界瞬间就接住了"牛屎帅哥"的笑点。

2016 年 5 月 7 日夜

于蒲甘

9F-3676

诗

你站在我心上发光
手里捧着我们的爱
炽烈温度在风中温柔
温柔成一道屏障
我只能停在荒凉中
从远处望
望见故乡

从烈日下赤色的曼德勒皇宫出来，已经烧焦的我跟克里斯蒂安和安德瑞拉躲进了附近的咖啡馆补血，而为了认清这两个将与她共处一室的男人的真面目，安德瑞拉给我们作了两个心理测试。

测试一：

有片草莓田，草莓田有一圈栅栏，你认为那栅栏是什么样子的？栅栏是否有门？门是否开着？如果你可以偷吃田里的草莓，你想吃多少？如果正在吃草莓的你被田主逮个正着，请问你会如何反应？

克里斯蒂安的答案：栅栏有两米多高，有门，但门是开着的，如果可以吃到里面的草莓，那就吃饱为止，如果被田主发现，我会跟他道歉，并付钱给他。

我的答案：由于草莓太美，总是有人偷吃，所以栅栏早就被人破坏了，因此无墙也无门，如果可以吃到里面的草莓，我就吃一颗，吃那颗最大最美的，现在的草莓里都有激素，所以吃多了会死，而如果被田主发现了，我会叫他证明这是他的田，因为没有栅栏，谁都可以是田主。

听完我们的答案，安德瑞拉先是白了一眼克里斯蒂安，然后就转眼对我皱起了眉头，"'栅栏'代表受测者的自我保护强度，'门'代表受测者是否愿意和外界交流接触，'吃草莓的数量'代表着受测者想要拥有女人的数量，而'对待草莓田主的反应'则代表着受测者处理问题的方式。"

安德瑞拉刚说完，克里斯蒂安就坐不住了，"不不，我不是那样的人，我绝对不是那样的人……"见克里斯蒂安一脸绯红，安德瑞拉就趁热打铁道："你必须得很努力才能买得起那么多姑娘！""不……"克里斯蒂安一脸悔恨，之后安德瑞拉开始分析我。

"关于你我有点糊涂……"

"怎么讲？"我问。

"你的栅栏被破坏了，可因此你和世界之间没有了障碍，你只想要一个女人，而且只要最好的，不过这却是因为你对女人充满了恐惧，而当你面临难题时，你没有逃避也没有给出解决方法，而是让问题自己成为问题，让问题自己解决问题，你应该是个奇怪的人……"

"哈哈哈，无赖而已……"还没等克里斯蒂安张着的嘴发出声音我就说出了他想要表达的观点，于是他使劲儿地点头。

“不，我觉得很酷！”安德瑞拉立刻表达了不同意见，而此时的克里斯蒂安仍在使劲儿点头。

测试二：

沙漠里有一个正方体，你认为它有多大？是用什么材料做的？还有一匹马，你认为马是什么样子，又在哪里？另外还有一朵花，请问那朵花会在哪里？最后，如果你也在沙漠里，你会在哪里？

克里斯蒂安的答案：那立方体有两立方米，是用水晶做的，花种在地里，而我骑在马上绕着立方体跑来跑去。

我的答案：那是一个巨大而又闪闪发光的黑色立方体，是由来自外太空的不知名物质形成的，体积可大可小，马一定是一匹漂亮的白马，它就站立方体顶上，而花是一朵玫瑰色的大红花，被戴在白马的头上，而我站在立方体对面远处的一座沙丘上，静静望着这一切。

我刚说完安德瑞拉就抽了张餐巾纸揉成团砸在了克里斯蒂安的胸口，“你是跟二这数字有仇咋滴？”“我就知道做这个测试没有好下场！”克里斯蒂安嘴里喷出了绿色的悔恨，安德瑞拉叹了一口气接着说道：“立方体代表受测者自己，体积代表受测者的自信程度，立方体的材质则代表受测者的意志强度，马代表受测者的爱人，花代表受测者的孩子，而受测者在什么位置代表了他跟这一切的关系？”

而当安德瑞拉要接着往下说的时候，我抢过了她的话头：“稍等，让我来让我来！”安德瑞拉见我一脸诡异便点了点头，“哦不……”还没等克里斯蒂安发音完全一把唾沫星子就被我喷在了他脸上。

“你一个堂堂德国战车却长颗一碰就碎的玻璃心，没啥本事就知道每天骑在老婆头上耀武扬威，把孩子丢在野地里让其自生自灭，还水晶呢，石英吧？”

克里斯蒂安在旁边直拍桌子，“不，不，这一定不是真的……”眼看克里斯蒂安要哭，安德瑞拉赶紧开始安抚说：“这只是个测试，当然不是真的，不是真的，不是真的好吧，但今晚请你滚出我们的房间，哈哈哈！”克里斯蒂安咬着满脸的不服看着我，“来来来，说说你自己！”

“浪漫而悲伤……”

“什么意思？你骂了我一顿，却给自己写起了诗？”听完我爽快而简洁的苏格拉底式的自我剖析，克里斯蒂安长出了一脸“愤怒”。

“这是诗吗？这叫概括！”我厉声呵斥道，“再说你个未成年人懂什么是‘诗’吗？”

“我 19 了好吗，当然懂什么是诗了！”

突然我跟克里斯蒂安都意识到自己可能已经犯了一个错误，并同时望向了安德瑞拉，果然她已经陷入沉默像是在回忆什么……

在蒲甘爬了三天佛塔后，我跟乔恩和曼纽告了别，他们打算南下去缅甸西南，而我打算北上去曼德勒，临别前，乔恩给我看了他母亲发来的信息，说她非常喜欢我在脸书上发布的照片，并希望乔恩可以带几张回去洗出来挂在墙上，我想世上应该没有什么比得到“同辈”的认可更令人有成就感了吧，于是我给了乔恩一份截止当时在缅甸照片的完整拷贝，而这也是我继加拿大卢卡夫妇和印度电影工作者儒衫鞑以及锡金 Shirish 一家之后放出的第四份照片拷贝了，说不定在他们的亲戚朋友里有哪个单身姑娘看了照片会爱上我？想到这里我就变得好紧张，照片那么多，到时候怕是应付不来呀……

由于行程一致，我便跟刚认识的瑞士姑娘安德瑞拉和德国小伙儿克里斯蒂安一起前往了曼德勒，果然是缅甸的首都，比仰光和蒲甘还要热，那天到地儿时已经是下午四点，可气温还是 40 度，出不了门索性就在房间里各自养起伤来，我见气氛有些沉闷，便接通了安德瑞拉带来的两年前买的蓝牙音箱开始放歌，而为了表明活跃气氛是我的功劳，第一首就放了 *I see fire*，可没想到前奏一起就传来了不和谐的声音。

“火，可以换一首歌吗？”正在收拾东西安德瑞拉轻声说。

“Why……”克里斯蒂安表示反对。

“我男朋友生前最爱这一首……”安德瑞拉淡淡地说，目光仍旧聚焦在手里的工作。

“Sorry……”克里斯蒂安道着歉转眼看向我。

于是我滑动了手机屏幕，可是，虽然之后的歌曲旋律依然轻快动听，但沉默中的我们三个，都被困在了那首歌里。

在随后的三天里，我们一起爬了曼德勒山，去了乌本桥，转了皇宫，天气一热干什么都使不上劲儿，因此坐下来闲聊的机会就多了起来，那天一早，我们就租车赶到了乌本桥看日出，当时朝阳还在地平线处的云层背后，我们坐在岸边的石头上望着几只小船在水上晃荡，还有对岸两头正在谈恋爱的水牛，天光渐亮，有风从河上来，安德瑞拉望着天边淡淡地说：“如果他在话的肯定又要写诗了……”

于是太阳升起时，我知道了安德瑞拉的男朋友是个热爱电影和音乐的诗人，而诗人两年前去了别的世界，安德瑞拉说他们过去常常一起旅行，而在路上她最喜欢的“风景”就是他端着小本子坐在地上写诗，而那些她当时看起来缥缈又晦涩难懂的诗句，现在都已经变得十分确切和清晰了，就像他曾经说过的一句话：“有些美好，得离开很远很远才能看得到。”只是没想到这个“很远”会是生和死的距离……

在咖啡馆，我跟克里斯蒂安各自吮着吸管、捧着早已空了的杯子假装看窗外，好半天安德瑞拉才缓过神来，然后她突然说我的性格跟他男朋友挺像，要是放在过去我绝对不会同意这样的说法，然而能有如此深情的女朋友，想必他会是一个很棒的男人，因此像就像吧，不吃亏，我只希望在那能看清美好的距离之外，安德瑞拉可以有更美好的未来。

在曼德勒“脱水”三天后，克里斯蒂安拖着自己的“尸体”先行去了泰国，而安德瑞拉晚一天也将要步克里斯蒂安的后尘，那晚安德瑞拉说：“‘流氓’一走总算可以安心睡觉了！”孤男寡女她却没把我当成“正常人类”也真是叫人汗颜，由于我中暑吃药睡得太沉，再醒来时安德瑞拉已经在天上了，晃晃悠悠到桌边发现了安德瑞拉的蓝牙音箱和一张便条“太沉了，你留着吧，这下你可以使劲儿‘自恋’了（意指我叫火又喜欢 *I see fire* 那首歌），保重！”落款是个笑脸，笑得像是一首诗。

2016 年 5 月 11 日夜

于曼德

谜

正午阳光如针，一根根扎进大地，曾经有风，但这会儿都被钉死了在那两座几近干涸的莲花池里，我站在吴哥主塔顶层望向北边的巴戎寺，那些个依我模样凿出来的巨大笑脸在卸了妆后滑稽又荒凉，而眼下却是一片繁荣，繁荣得有些过分，甚至可以闻到人们的心里阴谋在滋生，她就坐在我身后不远处的石凳上，乌黑长发轻轻遮着面颊，手里摆弄着她最爱的玩物，一个掌心大小的八卦，一半是火一半是水，她把八卦翻来覆去默不作声，安静得像是佛像上飘落的灰尘，女人都是这样的吧，对现实了如指掌却依旧是个迷。

“咱们走吧！”我走到她跟前。

“去哪儿？”她没有抬头而是把八卦翻了个面，而两面并没有不同。

“去遥远的南方！”我望向南边石窗外蓝色的天。

“遥远？不回来了？”她把八卦翻了回来，依然没有抬头。

“不了！”天蓝得有些发白。

“你走了，下面那些人怎么办？”她低着头把八卦又翻了回去。

“瞧你说的，难道我走你不跟吗？”我收回了目光。

她没有说话，而是又把八卦翻了回来。

“好吧，我带他们一起走。”我知道她比我更在乎下面那些可有可无的人。

她沉默着把八卦又翻了过去才说：“你是国王，你走我肯定跟，可你知道为什么我喜欢这个八卦吗？”说完她又把八卦翻了回来。

“不知道，你能不能别翻那个八卦了！”我开始有点不耐烦。

但她似乎没有听到我的请求，而是再一次把八卦翻了过去，依然低着头：“因为……”

“我说你能不能别再翻那个该死的八卦了！”我忍无可忍地打断了她。

“为什么非要走？”她仍旧很平静仍旧低着头仍旧又把八卦翻了回来。

“他妈的，因为这儿太他妈的热了啊……”

我怒吼着抄起她手里的八卦顺势就甩出了石窗，远远地坠入了莲花池底，突然，天旋地转像是要融化，而这时她终于抬起了头并起身把脸凑到我面前，竟是，一张八卦……

“噗通”一声，梦醒，我从离地一米高的吊床上翻了下来，摔出一身冷汗，抬头时只见甘思顿（Gaston）手里捧着他的“数独手册”正坐在远处的树荫下望着我傻笑，真是给祖国丢尽了脸。

由于从缅甸不能陆路进老挝，又没有直飞的航班，必须到曼谷转机，因此我临时改了行程，打算在泰国待两天，然后就近陆路先去柬埔寨。

在曼谷和克里斯蒂安又碰了头，由于俩人儿都是第二次到曼谷，又都是中转且都是单身汉，所以决定一起去逛商场看美女……哦不……是看电影。剧情是关于一个被狼养大的熊孩子，不愿做回人类而最后自我实现的故事。散场后我们去了附近的大学食堂吃饭，刚从窗口端了两碗面坐下克里斯蒂安就说：“我觉得自己挺像电影里那个孩子的，身为神却总想成为人类……”“噗……”还没等他说完我就呛了口面汤，刚塞进嘴里的面条又落回了碗里，我赶紧抹了把嘴怒斥道：“比我还能吹！你咋不说猪也想变成人呢！”而见克里斯蒂安要辩解我就把脸一扬，“哇，你身后那个姑娘超级漂亮！”于是在克里斯蒂安回头寻觅的瞬间，我跟他换了碗……

“一般般吧。”克里斯蒂安看了 30 秒后回过头来略有失望地拿起了筷子。

而见他吃进一口面条后我才讲：

“听说猪吃了神的口水就可以变成人了，果然是真的！”

“什么意思？”克里斯蒂安边问边咀嚼着。

我贱笑着盯着他的碗。

克里斯蒂安盯着我的碗两秒钟后说：

“滚开 FIRE！”全是大写的。

回程路过著名的“四面佛”，我俩就站在桥上望了望，谁都没有下去许愿，克里斯蒂安说他三年前跟家人来时许的愿已经无法实现，那个他暗恋了三年比他大五岁的姑娘，去年嫁给了别人。当时惆怅在空气中弥漫，夕阳光下一片锈色，我总算明白了克里斯蒂安为什么不喜欢别人说他年纪小（今年 19 岁），而那正是我求之不得的，原来是，因为爱情，所以不愿年轻，然而即使时间飞逝，看看我的脸就会知道，其实苍老也没有任何优势，正如一个“老人”两年前在此许下的宏愿，该离开的注定要离开，而这也是时间唯一能够证明的。

晚上坐在考山路的地摊上吃芒果糯米饭，克里斯蒂安望着满街青春靓丽的姑娘深沉地说：“或许是时候重新开始了！”我顺着他目光看过去，满眼的“laddyboy”，没想到他伤得这么深，都不想做“人”了。之后克里斯蒂安问我：“有女朋友是什么感觉？”我凝神认真想了下说：“不记得了！”听得克里斯蒂安一脸的遗憾。

“应该是很美的吧？”

“应该是的……”我转眼望向了那满街青春靓丽的姑娘。

睡前，下铺的克里斯蒂安扒在我床边叫我以后到德国一定要找他，我点了点头，然后跟他说以后到北京一落地就要给我打电话，我会帮他订当天返回的机票，除非是两个人来，当然也可以带上别人的孩子……克里斯蒂安笑了笑钻进了被窝。

第二天一早我就跳上了前往泰柬边境的大巴，邻座是来自荷兰的甘思顿，他性格温和做事慢条斯理，像是一个长了络腮胡的女人。一路上除了偶尔聊几句，甘思顿的注意力就都落在了手里的“数独”游戏上，问他为什么钟爱这个游戏，他说需要时刻保持头脑清醒。

先前甘思顿说在网上看到一家客栈很不错，我问那里安不安静，他说“俺不思路特利”（absolutely），于是我知道了他为什么需要时刻保持大脑清醒，当我们走进那家叫作“Funky Flashpacker”的客栈的大门时，就傻了！客栈院子中间是一个游泳池，水里和岸上男男女女“光闪闪”一片，旁边吧台里播放的音乐震耳发聩……这哪里是网上说的拥有一个小酒吧的客栈，简直是一个酒吧附带了一个小客栈嘛，然而“思路特利”已经把钱付了，只好住下来。

虽然是淡季，但客栈依然满员，当夜全世界都在喝酒狂欢，只有我跟甘思顿躺在空荡荡的八人宿舍里，一个数独，一个码文，大家都说“单身狗”可怜，这真怪不得别人。

雨季初期，每天有大半时间都是阴阴沉沉，到吴哥寺看了两次日出，每次都是朝阳刚跳出来就顺势“日落”了，不过光线幽暗倒使这个千年古城愈加神秘，就像那些个巨大佛像脸上的笑容，一笑千年，悄悄话里都是青铜色的秘密，有关那个古老王国的一切，都被埋在了参天大树的根脉里，随年轮一圈圈攀升，直至发芽生叶，在朝露里闪闪发光，而后又坠入吴哥寺前左右分立的两座莲花池里，成为时光的倒影，看得见轮廓，却无迹可寻，一时雨落斑斓，又是几个世纪……

我们在暹粒（xianli）待了四天，包突突车“大圈小圈”差不多转了个遍，爬了吴哥寺的佛塔、摸了巴戎寺的佛脸、骑了塔布隆寺的树根、看了巴肯寺黑压压的“日落”等等，每天都要中一次暑。最后一天走到女王宫时正是午后最热的时段，宫殿是用红色砂岩建成的，作为“吴哥艺术之钻”，果然“耀眼”到手脚发烫。我俩进去转了还没半圈就冲出来找地儿乘起了凉，见旁边两棵树之间挂着一副无人看管的吊床，我便捷足先登睡起了大觉，而甘思顿只好找了片树荫掏出笔来继续清醒大脑，望见他那专注的神情，我就又想起了前一天在“比粒寺”塔檐下避雨时的情景，那时黑云压天、暴雨犀利，闪电领着滚滚闷雷四处开花，而古塔在风雨中岿然而立，已经千年，美得致命，幸亏我相机手机都没了电，才躲过了遭劈的厄运，而甘思顿则咬着笔头困在了一个数格里，见他一筹莫展我便说：

“你之前肯定是做过什么糊涂事，现在才需要时刻保持头脑清醒。”

“没有啊。”甘思顿盯着那个数格皱着眉头。

“那你女朋友为什么离开你？”说完我开始研究那个数格周围的数字。

“我不知道……”甘思顿轻描淡写道。

“我知道了……”

“啊？知道什么？”甘思顿抬起头来一脸惊恐，生怕我发现了他所有的秘密。

“我知道该填哪个数字了！”我伸手跟甘思顿要过他的“数独手册”。

“你行吗，这可是难度最高的……”甘思顿的惊恐进一步升级，但还没等他说完，我就在那页所有剩余的空格里工工整整填上了“X”。

于是一声激雷，甘思顿差点用笔把我扎死。

然而，“X”确实是最正确的答案，在回客栈的路上甘思顿看着被我“X”过的那页突然笑了出来，说他过去就是太执着于“唯一”，可“唯一”本身也是最大的变数……那一路雨细如丝，甘思顿没有再玩那个孤独的游戏。

关于“吴哥空城”之谜，史学家们一直争论不休，当年吴哥王朝高度繁荣，可人们为什么突然弃城而去？有说是因为国力衰退无法抵御邻国侵扰，有说是因为生态破坏严重被迫迁移，也有说是遭遇陨石天灾人类灭绝等等，每一个答案都有可能，但都太僵硬而缺乏浪漫，于是我在树叶间摇曳的阳光里进入了梦乡，并在从吊床坠落扎进地面时得到了自己湿淋淋的答案：就是因为“太热了”！

当年酷暑，国王热得几乎要自燃，一怒之下决定弃城而去，然而有些老百姓不肯离开，于是国王就准备把所有反对的人都杀了。国王身边有一个喜欢摆弄八卦的女人，他们在青春最好的时光相遇，可在她眼里如今的国王已经不是当初那个温柔慈悲的人了，她问国王“知不知道她为什么喜欢那个八卦”？怎知国王却不耐烦地一把将八卦丢出了窗去，这说明国王已经不再需要她，女人最终选择留下，因此那些不愿意离开的人们成为了女人的侍从才得以保存性命，然而确实太热了，那些个不愿离开的人们后来又反悔偷偷溜了，只留她一人孤自伴着吴哥城渐渐衰败，最后消失得无踪无影。

而事实上，她并不在乎过那些个忘恩负义离她而去的人，她承受这一切只是为了守护那颗沉入莲花池底的八卦，水火交融而不熄不灭，那是世间存在过最好的爱情，而这爱情终于随她成了一个谜……

2016 年 5 月 18 日夜
于马德望

无话可说

到“暹粒”的头晚，我跟甘思顿去当地夜市吃饭，口渴，于是在路边店铺要了两瓶“小水”，真的是小，比国内的小瓶“农夫山”还小一轮儿，我掏出钱包来问老板多少钱，“一刀！”没想到甘思顿做事慢条斯理，开瓶盖倒是很利索，老板那“一刀”刮得他喉咙都疼，“这……这也太贵了吧？”老板只轻描淡写来了一句：“那你别喝啊！”我看了看甘思顿，他嘴角挂着呛出来的水像是被点了穴，而我为了保住中国人的“面子”，最后还是陪买了一瓶，饭毕回客栈的路上在别的小店一问，0.25 美分！初来乍到，多多“关照”，无话可说。

包了个“突突车”游吴哥，景区饭店要价都高得离谱，司机说带我们去他朋友的店吃“可以打折”，于是我跟甘思顿兴高采烈地翻开了“朋友”的菜单，而菜单上是个吃的就是 5 美元起，一碗面条汤是 6 美元，最后“朋友价”每项可以少给 1 美元，我们问“本地人是不是会便宜”？老板说没“有那个区别”！于是我跟甘思顿使劲儿挥舞着筷子，一股能从“汤水”里捞出龙来的架势，同时眼巴巴看着旁桌的当地人把 6 个不同的“花样”吃了精光，心想：“柬埔寨人民真是富裕呀！”到付钱时我跟甘思顿一共付了 10 美元，也清清楚楚看到旁边那桌也一共付了 10 美元，为“朋友”两肋插刀，无话可说。

这一天除了天气和午饭“太热”外，其他都算是愉快，而司机相当热情跟了我们一天，印象不错，晚上行程结束，我们把钱递给司机，几秒种后司机把一张 1 美元塞了回来，我心想：“难道这是要打折？”结果人家意思是“给换换”！原因是那张美元右上角是掉落后又被透明胶粘回去的，可那毫不影响流通，我告诉司机那一美元是中午他“朋友”找给我们的，司机说：“那不是我朋友！”我只好把那张本打算作为“小费”给他的美元换给了他，不是朋友就是冤家，“冤家路窄”，无话可说。

转场到金边，落脚客栈的前台可以帮游客办理越南的签证，要价 45 美元，甘思顿是荷兰人，由于荷柬两国有协议，他可以免签入境 15 天，而我决定过几天从西哈努克海边回来后再办。

次日天气晴朗，去了杀人场万人坑，去了监狱博物馆，去了大皇宫，最后去了国家博物馆，所到景点的氛围一路由沉重变轻松，可天气却一路转阴，有不详的预感。从国家博物馆出来时下着瓢泼大雨，在门口等了半个钟头都没见雨有停的打算，只好叫“突突车”回客栈。

国家博物馆距客栈 600 米，要价 2 美元！到地儿甘思顿急着上厕所先跳下了车冲进了客栈，我一个人在车上付钱，刚把钱递到司机手里，司机就发动车子把我拉到了马路对面，大雨磅礴，路中间的积水深度都可以淹死“小恶魔”（美剧角色），司机说：“要么下车，要么调头回去再给 1 美元！”我不同意，于是司机发动车子把我拉出去一条街，说：“要么走回去，要么 10 美元！”我彬彬有礼地说：“请你把我送回去！”司机不说话，我义正词严地说：“你这是抢劫！”司机不理我，我强忍着怒火说：“要不要报警？”司机点了一支烟，于是我愤怒地巨声说：“请！你！把！我！送！回！去！”估计司机的耳膜痛苦不堪，他直接从驾驶座跳进水里挥舞着手中的黑色雨伞想要打我，而我举起手里相机，一想分了 24 期付款“太亏”，“强龙不压地头蛇”，无话可说。

晚上，临铺两个从新西兰来的“大脸”哥们儿说，之前一晚去酒吧嗨，结果一哥们手机被偷，“疯 6”，幸运的是他们发现“凶手”就坐在他们旁边，于是找来酒吧保安理论，搞得面红耳赤，最终还是无果，耗不起只能沮丧地离开，而当他们走到离酒吧不到 100 米处的小巷时被六当地个人拦住，于是一人吃了 6 个大嘴巴子，下手真的很“凶”。

听完这个“杯具”，下铺沉默了整晚的从巴基斯坦来的哥们儿打开了话匣，说他正在网上订回国的机票，因为他昨天刚到就丢了 2000 块，美金！报警警察不管，而那是他这次行程的总预算，他还说他父母在家已经给他准备好了“棺材”！听完这个“餐具”，我们也讲了这几天的遭遇，之后整个宿舍变成了一片坟地，死一般寂静，同病相怜，无话可说。

到西哈努克住在一家叫“威尼斯之心”的客栈，老板是一对 50 多岁的意大利夫妇，善良热情，两天里十分愉快，但由于天天下雨，潜水的计划搁浅，甘思顿想去海岛再待两天，而我打算回金边办签证去越南。

最后一晚，老板夫妇开车带我俩去市中心吃“中国火锅”，半路老板娘带我到“订票服务站”订了次日回金边了票，当时我没带钱包，身上零钱又不够，最后就只现付了 5 美元定金，欠 3 美元，服务站经理说第二天早上 9 点会亲自到客栈去“pick up”（接送服务），可第二天我盯着大门外来回瞎溜达的狗等到 10 点都没有人来，只好扛着背包步行去了“服务站”，老板娘送我，到地儿经理说接送车坏在了路上，而老板娘在跟服务站经理讲理时，不小心在把手在经理面前指了一下，经理就怒了，说我们对他不尊重，老板娘赔礼道歉说不是有意的，可经理还是还是不依不饶，我说：“抛开有意无意不管，尊重是建立在你工作质量上的，你食言在先，车坏了那么久都没有任何通知，所以……”“啪！”还没等我说完经理就一拍桌子蹿了起来，喊着说：“你到底走不走？”吓得老人家一把拽住了我的胳膊，而再看经理给我另行安排的“接送车”更是霸气，“一辆小摩托”，单把我的背包放上去就已经是严重超载了，极度危险，老板娘叫经理换车，他说：“没得换，五分钟内不走，就步行去巴士站吧！”巴士站在 10 公里外，只怪“黑手党”在当地还没有形成气候，跟老板娘拥抱告别，老板娘叫我别难过，说：“这就是柬埔寨！”我点点头，然后走到经理面前把他已经忘记了的昨晚订票时我欠下的 3 美元塞进了他的手里，“咱中国人讲信用”，无话可说。

回金边后，去之前住过得客栈办签证，前台告诉我说收费 50 美元，我说“两天前还是 45 美元”，前台把我递过去的护照又推了回来说：“那你最好回两天前去办！”，生而为人，无话……

我受够了！

“老子是蓝皮肤么？老子头上没耳朵么？老子肚脐眼儿上缝口袋了么？如果老子能时光穿梭，直接带颗原子弹回两千年去，还‘柬埔寨’呢，‘贱扑街（gai）’吧你！”在金边的最后一晚，我怀里揣着已经贴上了越南签证的护照，从客栈出来独自走在大街上，心里反复念叨着一天前在客栈前台没有喷出口的脏话，晚上十点，细雨蒙蒙，每一滴都在地面砸出一片失望，我手里攥着因欠费而导航失灵的手机，恨不得下一步就能踏进越南。

“嘿！”身后突然传来一声怒吼，吓得我脖子一缩差点变成机器猫，回头只见一“短小精悍”的本地哥们儿，正站在离我不到一米的地方跟路边一骑摩托车肥嘟嘟的大哥相互怒视，“临走了还遇上‘帮派’火拼，要不要这么倒霉？”，但还没等我拔开腿，“短小精悍”就在这场“视力大战”中败下阵来，灰溜溜跟我擦肩而过走向前去，之后“大哥”把摩托开过来停到我跟前用不怎么流利地英语说：“太晚了，在路上别把手机拿出来！”这才知道如果不是那声“嘿”，我的一颗“肾”恐怕已经进入当地黑市了，“大哥”又问我住哪儿，我告诉他地址，接着“大哥”一拍后座示意我上车，心想：“平日里对这些摩的司机态度都不怎么好，今晚必须得照顾一下！”于是一路风雨无阻，到地儿跳下车我边掏钱包边谢，可抬头时“大哥”已随坐骑远去，只留一片霓虹在湿漉漉的地面上，闪闪烁烁……

一善杀万恶，因此，这里依旧是美好的，无话可说！

2016 年 5 月 25 日夜
于金边

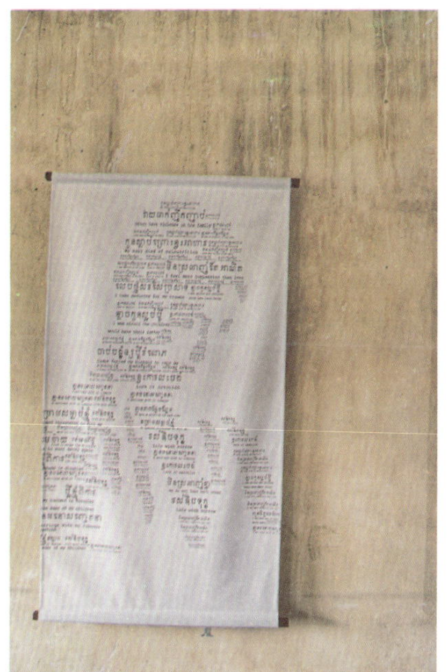

"... Angkar forced me
to have a child but
did not provide for
the baby or me
I was forced to work
in the rubber
plantation until the
day of my delivery ..."

...We did not love each other, but when
Angkar asked me to marry, I pretended
to follow the order so I could survive
until the next moment...

从西贡开始

一 诺贝尔奖

“噢，神啊，火……”

深夜，西贡河静静流淌，霓虹跟月光勾肩搭背藏在水波，闪闪烁烁把城市上空的云染得红红黄黄，港口灯火通明，吊臂左来右往匆忙如常，偶有车鸣从远处传上来，听出一片空旷，热浪滚滚风来帘动，闻到哪个街边小店还未打烊，以窗作框，望出去这夜色撩人，美得恰好，而看回来，应该是一个孤自凝望的，肖像一张……

这是到越南的第一个夜晚，我在客栈的宿舍里胡思乱想，或许是由于这里跟中国意识形态近似，总觉得亲切，可夜毕竟是夜，是惆怅的故乡，因此，我决定在伤感开始之前乖乖躺下，一梦到天亮，应该就全是好时光了……然而入梦之路刚到半途，恍惚中见一个女孩儿拎着背包被前台小妹儿领进了屋，我睡意浑浊只听到她被安排在我的上铺，而疲惫也在她说“谢谢”时的伦敦腔里无处可藏。

一夜相安无事，梦在醒的时候已经忘得一干二净，不过好时光已经从窗外扑进屋中，我起身打算去窗边拍几张照片，怎料上铺姑娘正要下来撞个正着，于是我赶忙道歉：

“噢，见鬼，罗塞尔……”

看到罗塞尔，我差点一巴掌打在她脸上，以测试这到底是不是个梦。在我离开孟加拉国的两周后，罗塞尔在孟加拉国的交换实习生涯也圆满结束，而之前罗塞尔告诉我她要去菲律宾走走，就是在那里的海滩她认识了她说的那个“朋友”，当时我问她回去是为了“回忆”还是“忘记”，她说都不是，我说那就是为了重新开始，罗塞尔嘴角一挑笑着点头，然而从来没人能够触景不生情，想重新开始就得先跨过“回忆和忘记”的槛儿，而这槛儿有些人是总也跨不过去……

我知道罗塞尔在菲律宾之后会来越南，也曾想过或许会跟她在半路上重逢，但真没想过她会自己送上门来。在北京的朋友数起来挺多，但平日里若非专门邀约，估计大多一年半载都见不上面，而一个中国人和英国人在遥远的印度邻国孟加拉国相遇又分道扬镳后，竟然还能在遥远越南共处一室并睡了上下铺却彼此不知且双双依然都是单身……我觉得瑞典真应该给我颁一个诺贝尔“白瞎了奖”！而之后得知，这已是罗塞尔越南之行的结尾，她到西贡来只是过渡一晚，次日晚上就要飞回伦敦了，所谓有缘千里来“睡你”也就不过如此了吧。

我问罗塞尔在菲律宾“重新开始了没”？她说：“全都是回忆！”这如我所料，我又问她：“想我了吗？”她说：“太想了！”但她说时语气轻佻并且没有涕泪横飞，这真是出我所料……

二 可乐够甜

到胡志明的头晚在客栈 Skygon 认识了来自荷兰的哥们儿“乔治”，他也有骑行（摩托）纵穿越南的计划，于是我们愉快地决定次日先参加个一日游的团，考察考察各自人品，毕竟要一起行动近一个月，若气味不相投，那可是要在路上吐死了。

一日游的行程覆盖了胡志明市（西贡的现称）的主要景点，由于报团的游客分散在不同的住处，我们一大早随团车“捡”了一路的人，等人员集齐，车上就是“联合国”了，而团配的向导是一个美籍越裔的男人，极有“个性”，见面的自我介绍如下：

我，从小在美国长大，但我不喜欢那个国家，所以我回来了，做了一名导游，一做就是30年，我妈妈是菲律宾人，这也是我为什么这么丑的原因，我讨厌菲律宾，我喜欢欧美女孩儿，可我不想跟她们结婚，因为他们都不会做饭，所以我老婆是也是菲律宾人……

向导慷慨激昂，真是说得令人折服，而在前往景点的路上，向导又讲了美越战争的残酷故事，但最后的结果都是美军被越军打得屁滚尿流，向导自己添油加醋煽风点火，可见平日里应该厨艺不错，人在他国避谈政治是常识，而我们这位内心矛盾人格略显分裂的向导同志，则完全没有在意车上联合国群众中呆坐着四个美国人的实况，可见他喜欢欧美女孩儿不假，但不想跟她们结婚的真相怕是没人喜欢他吧，这个从全车游客的表情上得到了准确清晰的证明。

关于那场战争，我们没有亲历，也就无法给出客观的评论，但从“越自卑、越张狂”的心理病症分析来看，我们的向导，疯得不轻。

很巧，我们的第一站就是战争博物馆，里面有海量的美越战争时期的照片，每一张都触目惊心，让人不忍驻足久观却又动不了步子，除照片外，还有各类战时的武器装备展示，其中包括大量从美军处缴获的装备，而每遇美军装备展示的橱窗，在旁边都会有英文讲解的标牌“越军是如何将美军打得落荒而逃”的，用词之轻蔑比比皆是，就我个人而言，关于战争的展示有照片和实物作证就够了，此时沉默最显沉重和力量，一旦配有“旁白”尤其是带有偏见的旁白，反而倒使严肃的历史显得轻佻和不庄重了。

由于思考太多，在战争博物馆待了太久，超过了向导规定的离开时间几分钟，而当我跟乔治出来时发现团车已经离开，这真是不可思议，且不说有失待客礼仪，单说战争博物馆并不大，如果赶时间直接派个人进去扫一眼就能看见我们……如此粗鲁，可作为其心口不一的铁证。

除了无奈地笑，在异国他乡，愤怒毫无意义，因此我跟乔治只好按照计划路线自主行进，心想总有一刻会跟大部队汇合的，如料，下午我们从统一宫出来恰好撞上刚刚赶来的大部队，于是我们再次见到了向导同志，而在他的战略安排里明显没有料到会跟我们重逢，因此面色尴尬难看，过来把所有责任都推在了别的游客身上，说什么大家着急要走等等，而我们在他之前已经从早晨同车的西班牙哥们口中得知了“大家要求他去找我们，他却一口拒绝并命令开车”的现场还原，如此光明磊落地撒谎，可见他先前的口述历史放了多少不必要的作料，我跟乔治都身高心阔，自然不会被此雕虫小技激怒，而且又已是一日游的尾声，便一笑带过了之。

先前约好了在统一宫外见面的罗塞尔此时也赶了过来，因此我们仨跟向导一起坐在宫外的阴凉处等待“大部队”，虽然已是傍晚，但炎热不减，我起身去旁边小店买了四瓶可乐，回来四人分发，而向导的战略再次失算，显然没有料到我会对他有此照顾，凝神片刻他才接过手去，接着拧开瓶盖咕咕喝了几大口，看来他确实吹牛太多口干舌燥了，不一会儿向导突然侧过身来对我跟乔治说“今天没有等你们，十分抱歉”！这倒令人有些意外，不过也再次印证了“忘干戈于宏大，施关怀以微处”交往之道的有效，于是我说：“看来可乐够甜……”接着大家都会心一笑，一笑泯恩仇，人生苦短，行乐不易，何必被过去束缚了手脚，我相信向导同志以后吹牛时也会甜不少。

由于罗塞尔的航班在凌晨，所以她提前换到了机场附近的住处，跟大部队在统一宫散伙儿后，我跟罗塞尔也告了别，她叫我去参加她将来的婚礼，我说希望那个将来不会太远，她说远不远不要紧，她也可以先来参加我的婚礼，我不禁失笑，说我可没有邀请她来，罗塞尔一拳砸了我个踉跄，之后挥手上了的士在我视线里渐行渐远……

三 误会

这一定是个误会。

首先，中国太大了，面积世界第三，人口数量世界第一，南北方人身高不同，北方人略高，南方人略矮；

其次，东南沿海开放较早，经济发展水平较高，因此南方人相对于北方人来说，出国旅行的行为也更早发生，所以在他国见到的大多中国人第一印象较矮，实属正常；

再次，随着东南沿海的经济发展，外国人往来频次激增，但平日里工作繁忙甚少到内地游览，因此，印象里中国人相对显得矮些也是正常；

最后，日本人矮是事实，但日本是发达国家，国民富裕，很早就开始在国际上旅行，当他国人说他们身高不行时，出于历史原因或自卑心理，他们会说中国人比他们还要矮，或者直接谎称自己是中国人了，制造了一种流言……当然，这最后一点完全是我的个人揣测，但也并不是完全没有可能。

到西贡的第三个晚上，跟在客栈认识的几个新朋友一起到酒吧街看球赛，闲聊间来自英美德荷印的各国朋友把话题引到了我的身高上，他们都表示除了姚明，我是在现实生活中他们见过最高的中国人了……我才 190 就把“联合国”的眼界给刷新了，也真是增加了不少虚荣心，而上面有那几点我对中国人口分布及身高不同的分析，是因为他们基本都反映说日本人才会有我这么高，尤其是来自德国的姑娘“朱莉”听完我的分析后，仍旧表示怀疑，而就此话题我先前已经跟荷兰哥们儿乔治达成了共识，于是我回头把正在身后吧池里撩妹的乔治喊了过来，待我把情况说明，乔治一拍大腿说：“我可以给 Fire 作证！”他声情并茂地向大家讲述了自己的悲惨经历，他说：“我在中国上海待过半年，在日本待过一年，见到的大部分中国人是比欧洲人矮些，但是你知道吗？我在日本的一年里，所有的鞋子都是从欧洲寄过去的，在日本根本就没有我的鞋码，而在上海时买鞋，全没有问题！”

好吧，听了跟我身高一样的乔治的讲述，“联合国”就都信了我信口胡诌的分析，看来也不是完全不科学嘛。

西贡的天气算是晴朗，夜空上浮着几片巨大的被城市光染了色的云，酒吧街人满为患，街上行人可谓摩肩接踵，各式音乐声音嘈杂，五颜六色来自地球各处的人塞满了每个酒吧，叮叮咣咣偶尔会听到酒瓶碎的动静，我不是足球迷，因此忘记了球赛具体是哪两个国家，好像是德国和哪国来着，只记得朱莉不停呐喊，激动时会猛地站起身来挥舞手臂，什么“法克、谁特、‘顶累个老某’……”什么玩意儿都从嘴里往出蹦，这和她金发碧眼的淑女形象完全不符，叫在场各位都大跌眼镜，而当球赛结束大伙儿才发现来自美国的西纳失踪了，一路找回客栈，见客栈楼下有一哥们儿正蹲在草丛里傻笑，明显是“叶子”飞过了……

好在有惊无险，这时大伙儿说不如一起去吃点夜宵，于是在附近地摊围坐，点了些汤汤水水，虽然已是凌晨两点，但西贡的热浪并未消褪，似乎也闷着什么了不得的心事，突然西纳就哭了起来，追问下才知道，他在美国的女朋友几个小时前劈腿跟他分了手，还给他拍了现任的照片看……不过既然能哭，看来叶子的致幻效果是过去了，于是忧伤开始在餐桌蔓延，来自英国的格雷格也开始回忆伤心往事，说那年她女朋友得抑郁症自杀身亡，她纵身从楼顶一跃，看起来像是一片羽毛，却重重地砸穿了他的心脏……而来自印度的哥们儿说前妻因他工作太忙却挣钱太少而跟他离婚（印度女人主动离婚比较罕见），说时摇头晃脑一脸咖喱风味的无奈，但不知为何朱莉听完几位的故事显得异常平静，最终无言只是拍拍西纳的背说“my condolences”，这句话的中文意思是“节哀顺变……”看来朱莉正在前往“红尘看破”的路上，我相对几位来说英语太差，索性埋头苦吃了几碗所谓的面，至于乔治，他先前在酒吧接了个电话就提早回客栈去了，所以也就不知道他是不是也有什么伤疤可以揭开来让大家哀悼了。

四 启程

一夜浅睡，由于跟乔治约好了这天去城里买用以纵穿越南的摩托车，便早早起来去找乔治，为免打扰跟他同宿舍的其他房客，我没有敲门便径直推门进了去，怎料昨晚跟他一起跳舞的那个女孩儿正搂着乔治的脖子在床上酣睡，果然红头发（乔治的发色）就是生猛啊……关门离开，独自到大厅早餐。

经过一天折腾，总算从一个在越南“入赘”的英国人那里买了两台日本正版“宏达”，造型不酷，但结实耐用，1000 美元买了，骑到河内后可以以800 美元的价格卖回给同一家公司，其实也就是相当于用 200 美元租了，中间车子有任何损毁保险公司都会理赔，所以除了人身安全，摩托车的状况是不必太多担忧了。

朱莉被我跟乔治鼓动，决定参加我们的“骑士”之旅，便自己去找那英国人买了一台相同款式的摩托，但骑回来没过两小时，她叫我带着她回去把车退了，女孩儿心思真是难以琢磨，在没有酒精作用的情况下，她那挥拳呐喊的疯狂劲儿荡然无存，不过她跟我们的旅行路线基本一致，除了骑行过程，其他时间都可结伴，保不准儿时不时还会蹭我们的摩托，也算是另一种骑行了。

好了，在西贡悠闲几日，接下来就要开始真正的探险了，听说一路艰辛却也美妙无比，真是令人兴奋，希望“摩驴”乖巧不闹脾气，希望一路平安又顺利！

2016 年 5 月 29 日夜
于西贡客栈

CHỐNG - CHÍNH XÁC
AN TOÀN - TIỆN LỢI - VĂN

纵穿越南，摩托日记

Day1
Yes

跟宿舍的人拥抱告别，最高兴的该是英国厨师格雷格了，没有了我这个190瓦的大灯泡，他就可以尽情地“暗恋”朱莉了，从视觉反馈来讲，这位英国小伙子似乎一直把我当作他跟朱莉通往爱情之路上的假想敌。说来奇怪，一路结队多次，队伍里也时常有女性，但这次的朱莉似乎格外受欢迎，而我作为摄影师自然被金色长发吸引，更何况初次见面时朱莉给了我一块儿奶糖，不巧的是那时格雷格刚好背包从门外进来，或许“单方面暗战”就是从那个时候开始的吧，不过令格雷格悲哀的是，两天后他就要乖乖回伦敦做饭去了。

美国伙计“西纳”，虽然脸上挂着如初见时的笑容，但目光依然出自他那被女友抛弃的悲剧深渊，眼里似乎随时会涌出泪来，不像对床印度哥们儿天生乐观的派头，他拍拍西纳的肩膀说：“很快就会过去了！”朱莉在一旁补充道：

“是的，快得你都来不及反应！”“是的，来不及你就老了……”我话音未落，全宿舍的人就侧目瞪我，于是赶紧扬手告别，祝各位安好，有缘再见。

西贡人口 1200 万，可谓拥挤，交通状况的疯狂程度简直可以跟印度的孟买媲美，大家一窝蜂行动，根本看不出有什么交通规则，可在道路交汇处，总能错出几许空间让彼此稳妥通行，真是一种奇妙的天然默契，但这里的疯狂跟孟买也有不同，在西贡即使人流车流以及各种流纵横交错却极少有人按喇叭，而在孟买，倘若有一秒钟你没有听到轰鸣的喇叭声，你会怀疑自己是不是聋了，由于这个不同，骑摩托行驶在西贡的路上，虽然精神也会紧张，但并不慌张。

这是“纵穿越南计划”的第一天，虽然天气炎热但照样“不熟”，因此走了不少弯路，折折叠叠老半天才出了市区，之后车流变得稀疏，道路条件良好，宽敞平整，极少颠簸，真是不错的骑行预热。

坐“摆渡”过河时下起毛毛细雨，天上大云遮天，在尽头处连到地面，湄公河上雾气朦胧，甲板上的人们神色茫茫，我跟乔治披上各自雨衣，给行囊套上雨罩，雨罩一红一黄足够显眼，而接下去的一路奔袭，这红黄两色也就是我俩的“身份证明”了。

午后冲出雨区，太阳出来，瞬间我俩就又成了大地铁板上的烤肉，不过骑行速度生风，故不觉滚烫，直到停车才见只穿了短袖 T 恤的乔治两只胳膊都已晒得发红，而聪明如我却也只穿了长袖衬衫却没带手套，肉眼可见手背正冒出股股细油……

路边小店午餐，店里环境跟老板娘的容貌一样淳朴，在她把我们点的粉条汤送上桌时，顺带把自己七岁的儿子也喊了过来，说是要他跟我们练习口语，于是我教了他儿子好多中文，老板娘见我如此爱国也就顺势夸了起来，说学中文将来更有用处，因此，我赞美她是一位有远见的母亲，老板娘笑得开怀，而在我们结账时她还非要给我们打折，说算是她儿子口语课的学费，有如此意识，她儿子的未来必定光彩夺目！

下午路程顺利，不过作为整个行程的开始路段，道边风光实属一般，因此，路上的所有心思都放在了驾驶以及屁股的疼痛上。三点多到达首日目的地“乌堂”，落脚 Gescko（盖斯叩）客栈，乔治晒伤严重，后颈和胳膊通红，这让我想起了在印度时与我同行一段的肖恩，我原本打算维持几个月的防晒护理用品，在亨比那短短几天里就被他消灭个干净，不然的话或许就是乔治的福祉了，于是我把这个“好消息”告诉了乔治，乔治直骂英国人不厚道，说肖恩有辱绅士之邦的名号……

晚饭后我们在院中纳凉，乔治毫无征兆地就聊起了他和前女朋友在一起的两年，虽然日子过得平淡却也算快乐，只是突然一天，前女朋友跟乔治说她对前任还有感觉，因此，她打算去见面谈谈重新做个选择，乔治心想“什么玩意儿”，他说之前就知道前女友会和前任偶尔联系相互问候，但他认为那些都无所谓，是个人类都会念念旧情，做不了情人做朋友也是好的，他自己也那么干……但这次他觉得女友实在是太过分了，已经没有再宽容的余地，于是他提出了分手，前女友痛哭一夜，次日一早便打扮得漂漂亮亮去会“前男友”了！

后来乔治才知道，他“前女友”老早之前就和她的“前男友”见过面，当然是背着他啦，他觉得这场恋爱就像是一场蓄谋已久的心灵谋杀，让他彻底对爱情绝了望，乔治说完仰头喝啤酒，而面对如此狗血剧情，我实在无话可说，但乔治非要我谈谈自己看法，问我他是不是太傻？我沉思片刻说：“Yes！”

接着乔治不依不饶非要我也讲自己的故事，于是我再次陷入沉思，良久我抬起头言简意赅地只说了一句：“Yes！”

睡前收到“临阵逃脱”的朱莉的信息，说她明天将坐大巴前往“美奈”，这和我们下一站目的地一致，因此明晚就又可以见面了，我把这个消息告诉了乔治，乔治两眼放光，傻得可爱 。

2016 年 6 月 30 日

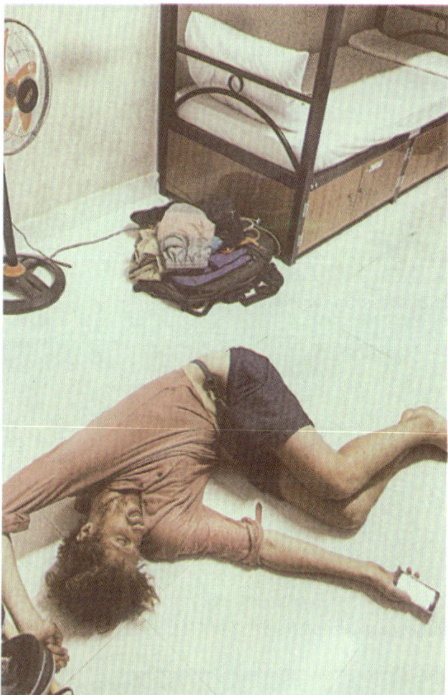

Day2
太勇敢了

由于昨天太阳给乔治做的“马萨吉”（massag）强度太高，导致乔治轻微中暑，我本建议歇一天再走，哪知荷兰伙计大手一摆喊道：“出发！”还叽里咕噜说一堆，翻译过来大概就是：“男子汉大丈夫这点小病歇啥歇……”于是，一路上走走停停，得空乔治就会钻进道边野地拉一通……

骑行第二日，沿途风光开始变得美好，可作对联一副，上联：天蓝云白绿野狂；下联：水清山秀风儿香；横批：真特么热！于是我沉醉在这快要蒸熟的美景中在一弯道处连车带人翻进了草丛，当时心中的念头是：“幸亏乔治还没来得及在那里施肥！”万幸的是当时车速不快，弯道旁边也无危险障碍，而在虚荣心的驱使之下，我迅速爬起来用双手给自己做了个 X 光片，结果只是受伤破了点皮，别无大碍，不过机车的左后视镜位置变形，掰半天难以恢复，恐怕它在以后路上都只能注视我英俊的面庞了，当然，也算是对我自己不要太帅的良好提醒。

午后抵达美奈，到客栈住进了早一步到达的朱莉订好的房间，乔治暑情加重还未来得及用目光给朱莉送花就直接趴了，朱莉问我乔治发生了什么，我说：“太勇敢了！”

房间是双人大床房，不过空间够大，朱莉便提议再添一张床垫，三人共处一室可以节约旅费，当然是朱莉睡“地板”了，除此之外的其他排列组合似乎都不太合适，因此，只好委屈我跟乔治同床共枕，并承担起枕边人身体突然“变凉”的风险，为此，我把身上仅剩的两瓶中国神药“藿香正气水”送给了乔治，第一口就把他苦得一脸求死不得的狰狞，但比“香水”更苦的是，乔治躺在床上眼睁睁望着我跟朱莉跨出们去“二人世界”了。

美奈是美奈半岛上的渔村，虽然叫“村儿”，但却有着近 55 公里长的优质海滩，因此终年游客不绝，什么颜色的人都有，可谓“地球村儿”了。从客栈出来时已入夜，因此无甚海景可观，便挑了处大排档坐下要些海鲜聊起天来。

我们聊了很多，旅行、工作、梦想，而良宵美景孤男寡女说聊聊爱情吧，结果轰隆一声，一对骑摩托车的欧洲情侣就翻在了我们桌边，帮忙扶起，见女孩儿只是小腿破了点皮并无大碍，但男方蹲在女孩儿旁边看着她的伤口又仰头看看女孩儿的脸，满目悔恨，女孩儿也没有生气，只是轻轻抚摸男孩儿棕色的头发，此情此景真是叫人心生涟漪，而当我跟朱莉正要被着突现的浪漫醉倒，只见女孩儿对男孩儿说“以后少喝点酒……”当时海风轻拂，朱莉眼中只剩下了两个字：“活该”。

目送情侣走远，复位后朱莉手机收到一封邮件，说她获得了公司发给她的辞职薪水补偿，金额足够她再旅行一年的，真是“空手套白狼”啊，德国公司就是讲义气，而朱莉一开心就给加了菜还要做东买单，作为男子汉怎么能随便占女孩子的便宜呢，于是我犹犹豫豫毫不随便地接受了朱莉的热情款待……吃得正嗨时我们突然想起了还在宿舍里饥肠辘辘的乔治，于是我跟朱莉在一桌“盛宴”前拍了张合影给发给了乔治，以鼓励他努力活下去，真是太残忍了……

2016 年 5 月 31 日

Day3
那么近又那么遥远

乔治同志的状况虽有好转，但团游“白沙滩”这事儿对病号来说还是难度太大了，因此乔治只能在黑暗中望着我跟朱莉再次出了门，真是满目贼亮的悔恨啊……

清晨四点，天边微微泛红，太阳正在云后做出门前的准备，敞篷吉普沿着海岸公路狂奔，幽暗的晨光里“全世界”的头发迎风乱舞，舞姿恰似心中的兴奋。到达白沙滩时，太阳才开始系鞋带，但云已红了满天，再没见过出个门还能如此气派的了。

“白沙滩”的底色并不白，沙丘也不算高大，只因属沿海沙漠地貌而闻名于世。我跟朱莉登上沙丘后片刻，太阳就正式出门上班了，万丈光芒从连绵的云层顶部放射出来，把眼前到脑后的整个天空染成金色，见有如此撼世容颜，也就理解了太阳为何总要用半天来化妆了。随着太阳升高，沙丘颜色也由灰入黄，进而泛起灿灿金光，我侧头时，一袭蓝裙的朱莉正漫步沙上徐徐向我而来，金色长发在侧脸随风轻舞，宁静而神秘，于是我以“迅雷不及盗铃”之势举起相机按下快门，然而，就在快门响的那个瞬间，朱莉一个踉跄跌出了我的取景框……

朱莉说她特别紧张，对自己身材没有信心。我说不要紧，只要对摄影师的身材有信心就够了！朱莉点头，表示很有道理，于是，在我一阵美（gan）妙（ga）的摄影神功之后，天真的朱莉盯着我相机里的那位“女神”每个毛孔都在怀疑。她问，照片里是她吗？我说，不，那是一位天使！朱莉抬头白我一眼就走开了，几步后她又回过身把腰一扶说，接着来！

一张照片里，朱莉在沙脊上从远处走来，背景是幽蓝的天，阳光从侧面扑满她整个身体，随微风拂起的金色长发有些许伏在了她脸颊，目光迷离若有所思，有理不清又混沌的过去，也有猜不透又飘忽的未来，而现在一切处在光明中，却又那么孤独，那么忧郁，那么近又那么遥远，为何？为何我盯着这张照片，久久回不过神来？

离开白沙滩时，太阳已经上顶，光线又强又硬，因此之后的“红沙滩”和“鱼市”在视觉上都减分很多，最后在“仙女溪”漫步，水中有各种石头膈应，算是做了个不错的“大自然足浴”吧，此时见温度开始不讲道理，便痛痛快快打道回府了。

回程时，我提醒朱莉今天是国际儿童节，于是朱莉跑去小卖店捧了两支冰激凌回来，就这样，两个 30 岁的巨型儿童，在午后燥热的风中撒了一路天真的奶油。

2016 年 6 月 1 日

Day4
为什么我们没有了汽油

昨晚乔治竟然神奇地康复了，看来“单身狗”已经无法再忍受我跟朱莉的“无情”挑逗和刺激了，晚餐时他大开话匣，可算是把几日来闷在心中的骚气抒发了个痛快，既然已是一身轻松，那今天就继续上路，目的地是海拔1500米的山间小镇“大叻”，我跟乔治骑摩托，朱莉坐大巴。

三天下来，渐渐开始适应骑行的节奏，而骑行这事儿着实给我的日常写作增加了难度，虽然一路风光诱人，但为保证不让“骑行路”变成“黄泉路”，我真是难以分出太多精力来细细体会那沿途山川湖海给出的“启示”，即便注意力高度集中，今天我还是摔了两次，幸好依旧是破点小皮的结局，车子也是结实如初照骑不误，不过，由于导航失灵走错路耽误了不少时间，我跟乔治的情绪都有些焦躁，讨论路线时几乎产生争执，而为避免气氛继续恶化，后面一路，我俩几乎谁都没有理谁。

如料，入夜后还在路上，而且在山里，爬上溜下没路灯，天公作美又下起小雨，我跟乔治车速都放很慢，然而看各自油表似乎都开不到目的地了，幸运的是，在路过一个村落时发现了一家小型加油站，但不幸的是，油站已经打烊……

我们把车停在加油站的路边，任凭细雨敲打着头盔，片刻后，我把目光从对面山中的黑暗收回问乔治："你知道为什么我们会被困在这里吗？"乔治眉头一皱说："应该不是因为我们太聪明吧？"我说："应该不是。"之后便没有再说什么，隔了好一会儿，乔治才忍不住再问："那你倒是说说是为什么呀？"我摸了摸机车表盘说："因为我们没汽油了啊！"乔治双手摊开终于忍不住笑了："滚开！"这时身后突然传出开门声，回头看有个小姑娘出来用肢体比画着，很容就知道是在问我们"是不是要加油"？这真是天使降临啊，看来像我俩这么"聪明"的骑客在这条路上已经不稀罕了。

对"天使"千恩万谢后继续上路，不久雨便停了，气温颇为凉爽，而这一场好雨也彻底浇灭了我们白天的焦躁，天空放晴，山中夜色纯静，微微虫鸣在林间起伏，一切都很美好，只是路面湿滑不便急行，于是我们干脆走走停停欣赏起大自然来，一路尾灯头灯相互照耀，也算是一种兄弟情深了。

路上给朱莉发过信息，到达时见朱莉已在客栈门口等待，想必已经为我俩操碎了心，于是一见面也不管我们湿漉漉的雨衣，上来就是一人一个拥抱，而我在温暖之余，竟然产生了一种"母爱"的错觉，于是我又问乔治："现在知道为什么我们会被困在山中了吗？"乔治说："应该不会是因为没油了吧？"我对他一使眼色望着朱莉说："因为，我们需要这个拥抱！"乔治恍然大悟开始嚷嚷："yes，yes..."接着就要上去再抱朱莉，结果被我一个暗掌打开了去，夜色朦胧，细雨中，三人乐开了怀……

2016 年 6 月 2 日

HONDA

HONDA

Day5
何必多问走散的原因

昨晚在客栈收拾妥当后，随着新认识的几位新朋友到附近酒吧小坐，其中有个智利姑娘得知我跟乔治正在骑行纵穿越南，便聊起他跟前男友的故事：

男孩儿是澳大利亚人，去智利旅行，而到圣地亚哥的第一天就遇到了女孩儿，男孩儿跟女孩儿问去客栈的路，而那时候的女孩儿除了西班牙语只懂最简单的几句英语，如“yes”“no”和“I love you”什么的，但女孩儿明白男孩儿的意思，又见嘴巴已经解决不了问题，于是她把手一挥示意男孩儿跟她走，到达时男孩儿才发现女孩儿竟然把他带到了她家门口，这时女孩儿才用手机里的谷歌翻译对男孩儿说：

当我见到你的第一眼就爱上了你，所以冒昧把你带到了这里，现在你有两个选择，留下做我男朋友，或者我带你去客栈！

虽然女孩儿紧张到微微颤抖，但语气却是斩钉截铁，她仰头盯着男孩儿的眼睛等待爱情之神的裁决，男孩儿呢先是一阵意外，接着就大笑起来，他说“当然是留下！”并反问女孩儿：“不然，你觉得我为什么跟你问路？”原来，当男孩儿在从的士上下来看到坐在一旁花坛上读书的女孩儿时，就已被深深迷住了……

这应该就是真正的一见钟情了吧，即使两人语言不通，但仍旧在相遇的刹那坠入了爱河，最开始两人就靠谷歌翻译来交流，虽然费了点劲儿，但加之手舞足蹈带出的热情，二位相处融洽，如胶似漆，后来女孩儿专门报了英语学习班，男孩儿相反报班学西班牙语，两人进步飞快，交流也越来越通畅顺利，然而相处两年后他们分了手，男孩儿回了澳洲，女孩儿则开始了独自旅行，而这个时候他们之间已经完全没有语言障碍了……可见谈恋爱这件事情，很多时候还是不要太明白的好，女孩儿说过去他们经常一起骑摩托在智利旅行，而到越南来骑行也一直是他们共同的梦想，只是没想到如今那个梦只能由她一个人来实现了……

智力姑娘讲得动情，几次泪水差点儿涌出眼眶，而在座各位也无不听得惋惜，但没有人问他们为何会分手，想必在座也都是过来人了，哪有那么多“为什么”，我们有谁不曾毫无缘由地失去对方，而爱情跟旅行一样，告别是注定的，相遇才是奇迹，因此爱情啊，爱过就好，何必多问走散的原因。

深夜，三三两两同行回客栈，而我独行最后，望着眼前这一行不同人种，感觉浪漫又温暖，世界这么大，我们不远万里从四方赶来，同行一段路互诉衷肠，天亮后又拥抱告别，再往四方去，像是赴了一场前世未了的约会，好了却各自心愿让缘分完满，往后便可以各自安心地闯荡了，真的，夜色里那些微微动动的背影，很是好看……

由于大病好不容易初愈的乔治昨晚走夜路又着了凉，今天再度卧床不起，于是在送走昨晚结识的新朋友后，我跟朱莉去参加了当地的“水游团”，只留乔治一人在客栈“苟延残喘”，我们答应给乔治会拍很多炫酷的照片，用以刺激，这样他的病才能好快些。

生平第一次“划绳”，内容从一处峭壁上牵着绳索三跳两跳落入水中，先我下水的团友说我腿太长，从下面看起来像一只拴在绳子上的大青蛙，可见我当时的狼狈状态，而能在旅行中学习新的技能，总是件令人兴奋又愉快的事。

接着我们被向导带至河边，有一块巨石斜着插进水中，形成了一座迷你瀑布，内容是“倒着身子，头朝下从岩石上滑入水中……”向导的宣讲还没结束，就引起了一阵集体尖叫，虽然有人畏畏缩缩，但最终无一“幸免”。

之后团队来到另一处峭壁，最高处达九米，下有一汪水潭，向导说谁第一个来，旅行吗就是要做些突破自己常态的事儿，于是恐高的我一步向前毛遂自荐，想都没想就按向导讲过的步骤飞了出去，真的不能多想，一想必定会怂，而我在空中身体垂直向下，明显感到双腿不由自主地剧烈颤抖，像是要抵抗地球引力往上面飞，结果抗争失败，一个猛子就扎进了水中，眼前一黑，两秒后浮出水面，我还活着，说明老天爷今天给撑门面了，因此之后一路我就“第一”了下去。

今天所有项目对朱莉来说也都是第一次，她从最初的处处谨慎畏缩，到最后也跟我一样都豁了出去，有啥上啥可谓痛快了一把，团游结束时，小雨逐渐变大，在回集合点的丛林小路，大伙相互搀扶有说有笑，朱莉跟我走在队尾，她感慨说：“这次越南之旅是越来越好玩儿了！”我说：“那肯定是有一个火一样的人在团队里的缘故！”朱莉如往常听我吹牛时那样侧目微笑，“今天你表现得十分勇敢嘛，难道不是为了在我面前逞能？”见她一脸得意，我也只好把心中的困惑表达了出来：“今天干什么你都紧随我后，难道不是铁了心要追我？”哈哈哈，两人都用大笑来解决了对方的困惑，两个水瓶座对话，能有什么正经？

2016 年 6 月 3 日

Day 6
站在暖色的光中

昨晚乔治看了我跟朱莉的团游照片，果然病情大大好转，不过白天时他自己去看了医生，被明确告知近期要少在太阳底下活动，但乔治非说只要穿了长袖就无大碍，看来他是在做“屋里憋死鬼”和“石榴裙下鬼”之间选择了后者，也真是够拼的了，于是我们仨跟客栈新到的几位约了一起骑摩托去山里的“大象瀑布”玩耍。

一行七人，两两一组，朱莉本来是想给“病号”减负的，但由于我自知自己骑行技术太差，便主动安排了朱莉去坐乔治的车子，真是正中其下怀，于是我一路吊在队尾，望着乔治载着朱莉悠然的滑过每道山弯，“得意”从他那偶尔闪现的脸颊侧漏横飞，像极了一只向食物狂奔的小狗，口水迎风洒了一路……

不过，很快我就结束了“吊车尾”的命运，行至半路德国情侣的车胎爆了，而且双胎都爆了，只好停车维修找地儿吃饭，因此抵达目的地时已是下午三点，正是热的时候，德国情侣为了表达“拖后腿”的歉意，给大伙儿都买了冰激凌，而乔治一个不小心就把刚送到嘴边的冰激凌扎在了地上，朱莉正好闹肚子便把自己的冰激凌让给了乔治，乔治那个开心啊，就像是临终冲了喜，没事儿就冲我晃悠几下他手里捧着的“宝贝”，然而不幸的是在过一座湿滑小桥时乔治一个踉跄，他那“定情信物”就又一次飞了出去，而我怎能放过此等报仇机会，于是我走过去拍着乔治沮丧的肩膀说：“Shame on you！”（为你感到耻辱），而此举引来团队效仿，于是大伙儿排着队一人“shame”了乔治一次。

大象瀑布很壮观，虽然不是丰水期，但水势依然很大，大伙儿相互搀扶到瀑布底下使劲儿来了一场天然淋浴，我由于带了相机只好保持一定距离远观，顺带给大伙拍了些照片，而乔治怎么会错过此等跟朱莉“独处”的机会，那个欢腾啊泼水啊憨笑啊，偶尔还跟会我吐吐舌头……

出山后，大活儿按计划赶到大叻火车站，怎料近两日的观光火车票都已卖完，只好改去喝咖啡，而当我们在咖啡馆坐定时，乔治已基本“萎缩”沉默不语了，看来是长袖穿得还不够长呀。

咖啡馆坐落在春香湖旁，湖上有轻舟几许随风荡漾，当时大家的聊天内容我已无甚印象，但朱莉望着湖面出神的样子却格外清晰，鬓发在她耳畔微微飘动，傍晚的阳光给她穿上了一圈金色轮廓，而那阴影里有藏不住的繁华和荒凉，关于往事朱莉从未过多提及，不过幸好我有双敏感的眼睛，最不济也懂得如何欣赏。

不久大家决定回客栈，我见天光尚好，又由于昨天到时已是晚上没有尽兴，所以决定再去一趟大叻镇上最著名的“疯狂屋子”，果然景色令人惊喜。到时正在日落，被夕阳包了金边的云朵巨大而柔软，铺展开来在远处连到地面，我站在屋顶最高处俯瞰全城，各色建筑随地势起起伏伏，像是人间舒缓的浪，日落后天色渐暗成微微青色，街灯陆续点亮，有光从千家万户的窗中流出，阑珊夜色里我独立屋顶风中，不禁寂寞泛滥，突然很想要一双，可以随时牵起的手……

“Fire！”有人喊我，回望，朱莉正站在暖色的光中。

2016年6月4日

Day 7
保持善良

“Fire，Frie...”

我睁开眼，乔治正在床边推我，见我醒来便嚷嚷着说该出发了，好吧，昨晚日记的最后一句，其实是今早的梦境，所以我醒来后恨不得一巴掌把乔治红色的脑袋拍碎，我本以为美梦破灭已经够倒霉了，没想当到一切就绪出门装车的时候发现，鞋！丢！了！

先前在印度炎热的班加罗尔市的教堂外丢了拖鞋，我是可以理解的，但在越南精秀的小城大叻丢一双 45 码的运动鞋，就真是大开眼界了！不过细想一下，也就又理解了（谁叫我这么聪慧），客栈里住着来自世界各地的几十号人，都把鞋子脱在门外放作一堆，遇到相同的难免拿错，不过我那 45 码黑帮白底的耐克似乎并不那么容易“撞衫”吧，而且之前也没看到有类似款式的鞋子啊，因此我推测，估计是某人鞋子坏了却急着赶路，情急之下发现了我那双正好合脚便顺手牵羊了，可几个月下来修修补补我也只剩那一双能穿的运动鞋了，而今天又要转场“芽庄”，我总不能光着脚骑摩托吧？

客栈老板说可以调监控查看，我觉得靠谱，而由于前台空间狭小，老板又说可以把监控画面接到客栈大厅墙上的大电视看，对此，一开始我是挺兴奋的，让大家都看看到底是哪个“讨厌鬼”这么不负责任，然而当监控画面在大厅电视上出现，几十号人全部注目过来的时候，我起身跟老板摆摆手说：“算了吧！”

不看了也不找了，万一那个偷鞋的人还在大厅里呢？他岂不是很没面子？而且也没有必要为了一双鞋，使整个客栈的人都沦为嫌疑犯，非要找倒显得我小气了，不如让大伙儿都体面点儿，虽然不开心，但至少我可以保持善良。

乔治跟朱莉以及老板听过我的解释后都表示赞赏，老板又说可以送我一双凉鞋，结果他的存货没有一双适合我的“巨脚”，这时乔治眼睛一亮从背包里掏出了一双鞋子给我，我俩身高相同，他脚的尺码比我大一号，于是问题迎刃而解，然而我也成为了一个在炎热的夏天穿高帮皮靴骑行的“怪物”……希望那位拿我鞋子的伙计，能感受到我的善意并好好享受我鞋子里那舒适的“味道”，祝他旅行愉快！

经过一夜休息，乔治身体状况好了很多，但经过昨天的教训他也学乖了不少，因此，这次他决定乘坐大巴去芽庄，而正好这几天下来朱莉对骑行这事儿培养出不小的信心，所以她决定骑乔治的摩托跟我同行，记得先前就跟乔治解释过中国的成语“乐极生悲”，这下乔治算是体会深刻了，于是当把乔治送上大巴，他只能透过车窗无奈地望着我跟朱莉潇洒离去，那眼神啊，当我骑出五公里时都能感受到背上的灼热。

为了减轻朱莉的骑行难度，我把她的行李都架在了我的车上，因此重量加大不少，不过这倒也使得机车行驶更加稳定，所以时速也并没有比我跟乔治一起时减低多少，一路艳阳高照，路况良好，沿途风光如何实在印象不深了，只记得时不时会停下来给朱莉拍照，而照片里只要有她风光就总是显得次要，对，在给朱莉展示照片时我就是按上一句那样说的，朱莉一笑说：“你的英语水平在夸人的时候总是出奇的好！”我想，这可能跟我还是个“诗人”有关吧，诗总是可以用简单的文字组合触动人心，所以再次建议各位英语学习者，先把国语学好，那样就能事半功倍了！（我怎么这么能扯？）

在一处停车休息，我把早晨那个梦告诉了朱莉，树荫下朱莉把蓬乱的金发稍作整理侧头看我一笑说："梦里我看起来怎么样？"我说："梦里的你呀，看起来像极了我小时候暗恋的姑娘！"朱莉噗嗤笑出了声又接着问："你暗恋的那个姑娘又是什么样？"看来不给个明确的答复朱莉是不会罢休了，于是我仰头喝了口水接着说："她呀……"我正说着，朱莉就轻轻靠了过来，而就当她的吻将要落在我……我铆足劲儿一把将她推开并嚷嚷道，臭流氓！

"Fire！"有人喊我，睁开眼一看吓我一跳，怎么是乔治？"你要干吗？"我把双手抱在胸口，乔治一脸疑惑说："我看你在笑，问问你在笑什么？"，"一边去！"我说完就没再理他，原来来又是个梦，这时候我跟朱莉还有乔治已经分别躺在芽庄海滩的太阳伞下了，现实中在上次停车休息时我并没有告诉朱莉那个梦，我们只在树荫下小坐一会儿便又上了路，全天都很顺畅，四个多小时就抵达了芽庄，这让乔治都傻了眼，在他的设想中我俩这对新手组合，怎么地也得晚上才能到了，结果只比他晚到一个小时。

在客栈安排妥后，我们仨就冲到了海滩，乔治一到就钻在太阳伞下闭目养病了，朱莉在海里起起伏伏一番后就坐在沙滩上晒起了皮肤，偶尔她会回过头望我淡淡一笑，而我码字儿码着就睡着了，估计朱莉那"淡淡一笑"就是上面梦境的诱因吧，而可恶的乔治把我叫醒时，太阳已经开始落山，朱莉见我略显沮丧便问："你睡觉时总是嘟着嘴，不开心的样子吗？"我赶紧说："哦，不，我只是做了个噩梦！"朱莉又问："什么噩梦？"我说："梦的最后，我变成了一个白痴……"

2016 年 6 月 5 日

HONDA

Day8
某种情感在生长

由于前往下一站的路况很差且风光平常，我们仨就集体订了晚上到惠安古镇的大巴，因此可以在芽庄多缓冲半天，早上本打算去越南“迪斯尼”的（越南最大的水上公园），结果到售票处一看就傻了眼，感觉排队的长度都能绕地球一圈了，恐怕一两个钟头才能轮到我们买票，果断撤！

随着乔治身体的逐渐康复，我的身体似乎有些吃不消了，难道是因为我炫耀得太高调了？午饭后我回客栈休息，乔治和朱莉一起去了海滩接着晒，下午时暴雨骤降，朱莉和乔治从海滩回来已经成了落汤鸡，看着狼狈，不过朱莉对乔治在回客栈的半路又折回海滩去“救”她的英勇事迹是大加赞许，“荷兰人”开心异常，眼看一朵花就要从胸口长出来了，真是一扫他连日来卧床不起的晦气，似乎什么毛病都没了。

雨一直没停，几十个游客聚在客栈闲聊，热闹却也没什么新鲜事儿，我开始咳嗽，连日奔波也该犯点小疾了，有时候意志力能当免疫力用，但只要稍微放松，病菌就破门而入了。

晚上大巴迟到两个小时，大家匆匆上车，当时望着茱莉手里的笔记本电脑，我总觉得有什么不对，但一时也没想明白到底是什么，结果半夜在铺位上摸书包时，才发现我的笔记本电脑还在芽庄客栈前台的储物柜里睡觉呢！好在知道先前在大叻认识的澳大利亚哥们儿“麦基”明天也会从芽庄到惠安，于是跟他通了电话请他兼职个“快递员”，麦基欣然答应，这也算是旅行中交友的一个特点吧，时常早晚一步，但总会再见。

深夜山路无灯，窗外黑乎乎，车内空调开得猛，盖薄毯都略冷，我睡车尾上铺，颠簸如浪滚，空气浑浊再加上咳嗽，睡意全无，而当我即将被无聊杀死的时候，收到了睡在大巴前段朱莉的短信：“你还好吧？”这次终于不是梦了，于是我正正经经地回道：“在收到你的信息之前，一切都不好！”很快就又收到朱莉回信，一句“Good night！”旁边还有一个笑脸图标，而就在等待朱莉回信的那几秒钟里，车厢里的空气竟清新起来，那是某种情感在生长。

晚安！

2016 年 6 月 6 日

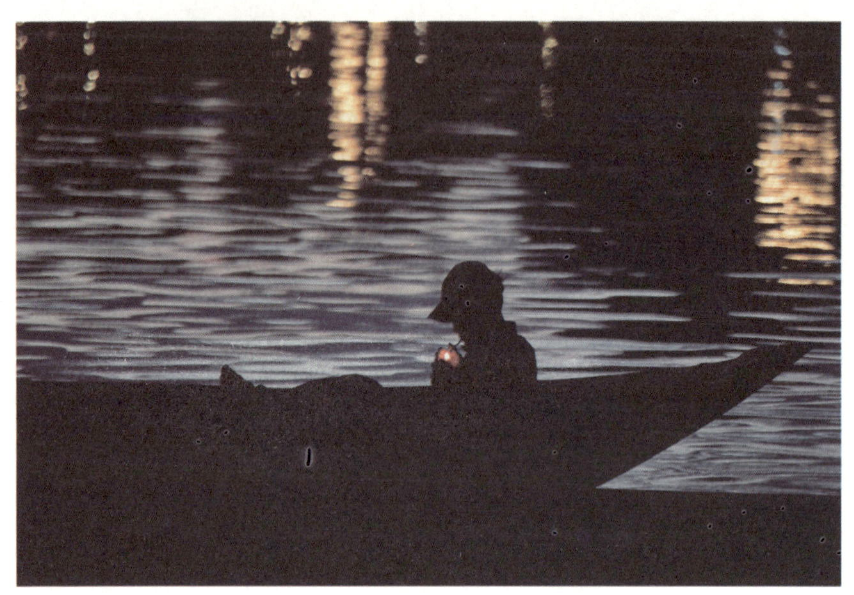

Day9
宁静好时光

将近正午，太阳正玩得兴致高昂，地面上啥东西都极度吸引着它的热情，因此把朱莉烤得直嚷嚷，说“绝情大巴”破坏了她对越南好友的整体印象，而我跟乔治只顾挥汗推车，听着朱莉的碎碎念也算是解乏了。

昨晚摩托车要上大巴，为节省大巴货仓的空间，我跟乔治摩托车的车胎都被大巴管理员卸了下来，早晨到惠安在路边重装后，才发现之前大巴管理员为了保证车辆行驶中不发生火灾，把我们摩托的汽油都抽干了，而此时大巴已经远走高飞，没有退我们油也没有提示在哪里可以买到油，真是够绝情的，因此只好推着摩托步行去客栈，烈日当头两公里总算到达。

虽然朱莉已经被烤了个半熟，但修整好刚过午后，朱莉又要去沙滩！谁让越南海岸线那么长，质量又那么高呢，欧美人出来除了“自焚”和啤酒，似乎也没别的什么大乐趣了，不过乔治再次体力不支，选择在客栈睡觉续命，于是我就被朱莉硬扯出来陪她看书，好吧，虽然我真是对沙滩有些过敏了，但“单身汪”有美女人召唤，还有什么好抱怨的呢?

沙滩绵长，游客稀少，我跟朱莉一人一伞，各读各书，听海浪在耳畔消长，任心思随书页起伏，宁静好时光……

惠安，是越南最早的华埠，早在 17 世纪就有华人到此落地生根了，几百年来华人在此繁衍生息，形成了一个昌盛的华人社区，而建筑啊民俗啊什么的都是当年中国那个风格，行走其间让人恍惚认为是在穿越。

傍晚下了场阵雨，气温稍稍凉爽，晚饭后我们仨一起出来逛古城老街，湿漉漉的街道灯火澄明、人群熙攘，不过虽然街景古朴漂亮，但也太像中国某城了，加之大部分行人都是华人面孔，因此著名老街并未另我有多少兴奋，而正当我不知把镜头往哪里送时，朱莉跑过来说要跟我自拍，拍一张看，一高一矮一黑一白，我说 :“这真奇怪！”朱莉说 :“这多可爱！”结果被乔治听到，凑过来非要跟朱莉也来一张，照片里乔治笑得夸张，下巴都能接到地面了。

2016 年 6 月 7 日

Day10
飞车抢劫事件

我们仨去市场吃午餐，市场里十分热闹，摊位及餐品繁多，说实话，虽然尽是些汤汤水水，但味道还真不错，当然要是附近有个山西面馆啥的，那可就另当别论了。

之后我们骑摩托去了“小吴哥”，由于在柬埔寨已经见过吴哥窟的真身，加之在印度待过那么久，相较起来这印度教风格的“小吴哥”着实显得平庸，不过面对上千年的“长辈”，我还是谦恭些的好，因此在那散布在林中的遗迹周边，我也用相机表达了足够的敬意。

去时听乔治的走错了路，田间小道坑坑洼洼，我载着朱莉溅了一身泥水，回时听我的，走对了路一路畅通，但朱莉已经对先前的泥水产生了恐惧，于是坐了乔治的后座，这也真是“有难可以同当，有福不能同享”的典范了。

回城后再到海滩，乔治仍旧缩在伞下续命，我帮朱莉拍了些沙滩照，时值日落，光线、色彩、人一切都配合得刚刚好，拍完给朱莉看，朱莉说那是她拍过最好的个人写真，接着她捧过相机删了她觉得能看出她腰间赘肉的所有照片，我无奈地表示那一点点根本就不明显，但朱莉说：“你不懂女人！”我说：“可我懂美啊！”朱莉又说：“女人可不止美那么简单！”说时她眼睛仍旧死死盯着相机屏幕不停搜索，而我，竟无言以对……

晚上，约了澳大利亚哥们麦基在 Sunfolwer 酒吧见面，为了感谢他从芽庄把我的笔记本电脑背来，我请大伙儿喝啤酒，白天刚刚认识的从新西兰留学毕业的德国小伙子“马提亚”也加入了队伍，之后畅聊很久，我看时间已不早，便提议大家回客栈休息，结果朱莉说：“再喝最后一杯吧！”好吧，而临走时我用 GPS 导航客栈的路，系统说向左走最近，但乔治非要带领大家走对面的小巷，好吧，小巷里黑灯瞎火，只有天上下来的微微月光，大家边走边聊氛围也算不错，朱莉与我并行，她今晚兴致很高，突然说要放收歌给我听。好吧，于是她拿出手机来开始播放，进而手舞足蹈起来，还招呼我加入她的疯癫，而我这种男神怎能如此随便（我哪里会跳什么舞），于是我只掏出手机打算用自己最擅长的技能给朱莉拍段视频，哪知我举起手机来还没把相机调成录像模式，一辆摩托车突然从朱莉一侧的黑暗小道中窜了出来，“嗖”的一声从朱莉身边经过，并顺势一把扯断了挂在朱莉右手腕上小钱包，接着一溜儿烟就窜出去消失在小巷的入口处。

“What……”大家一声惊呼，骑着自行车的德国小伙儿马提亚率先调头追了出去，而我把笔记本电脑塞进朱莉怀里也冲了上去，然而虽然我有两条大长腿，但感觉速度怎么也提不起来，只好把拖鞋拿掉光脚狂奔，一阵过后我停下整理自己已经没有道理的呼吸，突然有辆摩托一个急刹车就横在了我跟前，吓我一跳心想：“难道还要抢我的拖鞋？”这时驾车的哥们儿冲我一摆手喊道：“上车！”原来哥们儿从小巷经过时，从惊慌失措的朱莉和留下陪伴她的其他人那里了解了事发经过，于是自告奋勇前来帮忙，然而为时已晚，到最后，我们只追到了“先发制人”的马提亚……

这一定是早有预谋的作案，事已至此，只能也认栽了，见义勇为的当地哥们儿也只能一声叹息，最后把我送到了警察局报案，不久收到我信息的大部队也赶到了警局，已是深夜，疲惫又不堪。

这是我生平第一次进局子，没想到会是在越南，大伙儿陪朱莉做笔录到深夜三点，期间客栈老板也赶来帮忙做翻译，不过警察跟老板都表示追回钱包的可能性不大，还推测“飞贼”肯定是从别的城镇流窜至此作案的，而此时我看着旁边沮丧的朱莉心中懊恼无比，如果我早点拿出手机录像，或许就可以提供有利的线索了，如果我没有把电脑落在芽庄，今晚或许就不会来这个酒吧了，如果先前我执意带大家走大路回客栈，或许也就不会有这档子事儿了……“喂！”对面警官突然吼了一声，把我懊恼的魂魄唤了回来，由于意外，我身体一个激灵，恰好被朱莉看到，于是她微微一笑接着就又低头继续填那些无用的表格了，见她如此，我也算是宽了些心，于是接过警官递来的表格，乖乖填了起来。

好在，朱莉的钱包里除了一张信用卡和些许现金外再没别的重要物品，对之后的行程不会有太大影响，可讽刺的是，我在更落后更糟糕的地方都待过，没想到第一次出事儿的地方会是这里，惠安，这个传说中越南最安全的城市。

2016 年 6 月 8 日

Day11
善于记住 轻易忽略

由于昨晚“飞车贼”事件的折腾，今天大家的精神都不太好，朱莉的烦恼是，她出来时只带了一张信用卡，而身上现金又所剩无几，可申请的新卡要从德国寄来至少得半个月，而从我这里借钱往后分开“国际还账”又十分复杂，都不现实，最后只好从乔治那里借钱，然后让在欧洲的朋友给乔治转账，当然这点从乔治的角度来看的话，他该算是“因祸得福”的唯一一个了吧。

下午跟乔治一起去惠安附近的城市岘港修摩托，为接下来的长途骑行做准备，感觉岘港风光一般，也或许是心情不佳的缘故，总之大概转了一圈，等车子修好我们就折回了古城。

晚上大伙儿一起再到老街吃饭，跟新朋友聊天的内容都是我们昨晚如何被抢以及警察如何不作为，不知除我外，还有谁记得那位骑车帮我们追坏蛋的当地“猛哥”，我提了下，但没有引起注意，似乎也没有人记得我光脚狂奔的“史诗”了，心生失落陷入沉默，所以，为什么世界不够美好？因为，人们总是善于记住失去的，却又总是轻易忽略得到的。

我在沉思中，不知何时朱莉去旁边小店买了几只冰激凌回来分给了大家，之后她坐到我旁边递给我一只说：“昨晚谢谢你！”世界突然就又美好了起来……

2016年6月9日

DAY12
那一眼恰是天时地利人和

去顺化，一早先到大巴站送走朱莉和刚刚加入的马提亚，小伙儿热情奔放，有一副好嗓子，接下去的行程跟我们一致，因此可以预见今后一路会精彩更多了。

大巴离开后，我跟乔治拐上了一条山路，这些天下来，我们的车技都有巨大提高，因此沿途非常顺利，太阳落山时，我们翻过一座山口，霎时豁然开朗，辽阔海景扑面而来，山势陡峭，海洋直抵崖脚，顺光望去，天海共蓝，凉爽海风迎面吹拂，这就是大家常说的“心旷神怡”了吧，更棒的是，还没有吵闹的团体游客，这真是旅行中的福分了，而对面应该就是中国的南海了，看着更是亲切。

这可以算是到目前为止，我见过最壮观的海景了，不过至于怎么壮观我就不形容了，详细地点我也不说了，一些美好是需要偶遇的，再美好或许也只是美在了那一个时刻和那一个角度，很多时候很多风景都是路过时的一眼，而那一眼正天时地利人和，遇到是幸运，再来或许也就变了模样。

2016 年 6 月 10 日

Day13
唐朝和红缨枪

朱莉被抢的阴霾似乎已经散去，挺好，没必要为一个坏蛋对整个世界失去信心。

组队去顺化的紫禁城，紫禁城建于 18 世纪初叶，建筑蓝本是中国故宫，又一说是故宫的迷你版，同时也是东南亚地区现存最完整的一个古皇宫，还是世界文化遗产……来之前，听各种语言说的“相当壮观”，然而对于从中国来的见过“正版”的游客来说，这个“紫禁城”确实显得破败和无聊了些，当然跟故宫比起来，这里游客稀疏不显拥挤，倒是让我比较喜欢的一点了。

同行几人都没去过中国，更别提北京故宫了，一路跟我问东问西，在他们眼中顺化这个“紫禁城”已经足够壮观，因此在我描述北京现状和故宫如何如何之时，他们可都是一脸的惊诧和狐疑，说什么都不能相信这个“紫禁城”只有故宫的十分之一大小，然而，我除了摊开双手还能怎么办？谁让中国当年皇帝那么能铺张那么能折腾的呢？

从“紫禁城”出来，到河边看了日落，回客栈晚饭后看欧洲杯，空闲时大伙儿就翻我的照片，当然，各种“赞叹”的声音我早已习惯，但大家对于我只是“随便拍拍”的自谦也总是充满怀疑，似乎在摄影上我从未脱离过吹牛的嫌疑，每当这时，我只能再次摊开双手，还能怎么办？事实摆在那里，我就是在旅行中到处随便走了走，然后举起相机随便拍了拍嘛，都看在眼里，老天爷作证！而关于越南行的照片，乔治看过后非说我偏心把朱莉拍的最美，这我就不服了，于是我跟乔治说：“像你这一头红毛，190cm 的身高，长得跟个中国红缨枪似的，能把你拍成人样都是奇迹了，何况我把你拍的还很帅，你说是不是该好好感谢我？”乔治一头雾水问什么是“中国红缨枪”，于是我搜出图片来给他看，气得他非要摔我手机……

2016 年 6 月 11 日

Day14
阿尤呃买瑞肯

从顺化到丰芽得两天的路程，因此朱莉和马提亚坐巴士直接前往，我跟乔治继续骑行。

今天的路穿越了“美越战争”时期被使用了生化武器的区域，虽然战争结束已久，但藏在人们心中的创伤还远未愈合，不过大自然似乎早已康复出院，山路蜿蜒却平整空阔，来往几乎无车，两侧苍山青翠，有虫鸟竞相讴歌，早上艳阳浓郁，天蓝如缎、云白如馍，风势温和却不乏魄力，可见云影地上追逐，不久又爬上了道旁的山坡……好一派宁静俊秀的气象，回想在西贡战争博物馆里看到的那些照片，真是难以相信这里曾经沦为生灵涂炭的战争焦土。

我们在沿途一个小村落停车喝水，立刻引来几个在路边玩耍的小朋友的好奇目光，见状，乔治神奇地从腰包中掏出几颗糖果向小朋友们招手示意，孩子们先是怯生生地相互看看，接着一个撒欢儿就飞到了乔治腿边，乔治笑笑把糖果分别放在孩子们的小手掌上，孩子们目光纯净羞怯地接过糖果小手一握就欢快地跑开了……我停在不远处用相机记录下了这分享甜蜜的一刻，照片里，大路朝前通向未来，背景山绿天蓝，阳光直接扑进了人的心里，真是好看极了！而我又想起当年那张著名的“赤裸女孩儿哭泣着光脚奔逃在硝烟中的照片”，不禁感叹，和平真好，真的好好！

到达今天的中转落脚点“克山”时，才下午一点，在客栈安顿好后，我们到附近小店吃了两碗越南粉汤，味道仍旧不错，只是越发得想念中国正宗面条的味道了。

气温稍降低后，骑行去当地的战争博物馆参观，博物馆规模不大，建在一片开阔的平原上，远处有高大起伏的山脉做背景，阳光下更显苍劲，眼前平原上分散摆放着各式美越战争时期的飞机、大炮、坦克，还有当时留下的战壕、掩体、碉堡甚至弹坑等等，天地空旷无惊无扰，在宁静的氛围中看这些战争遗迹，仍旧让人触目惊心，和平来之不易啊，希望……

“嘿，阿尤呃买瑞肯？”吓我一跳，我正希望着呢突然听到有人大喊，转头见一位路过的当地大哥拉着孩子正冲站在一个地堡顶上的乔治喊话，由于口音严重，我和乔治楞了半天才反应过来，“大哥”是在问乔治：“你是不是美国人？”见“大哥”一脸怒色，想必是被展品成列室里墙上挂着的某些战争残酷瞬间的照片重新唤起了对美国人的恨意，于是乔治赶紧跳下地堡把手举在面前晃得跟拨浪鼓似地解释道：“不是不是，我是荷兰人！”闻此，“大哥”算是罢休，他白了乔治一眼，便拉着孩子走开了，而在走开的过程中“大哥”手里牵着的孩子回头冲我们咧嘴一笑还做了个鬼脸，那真是抚慰人心的甜蜜一笑，安抚了乔治跟我的惊慌情绪，也安抚这个世界美好的未来。

希望世界和平，希望你我用爱生活，笑做衣裳。

2016 年 6 月 12 日

Day15
感觉好棒

这是本次骑行之旅的最后一天了，全程 250 公里，沿途没有任何机车维修店铺和饭店以及客栈，因此昨晚我们认真检修了机车并准备了额外的汽油，据说之后，从丰芽到河内的路段景色普通，“骑士们”都会选择从丰芽直接坐火车或大巴去河内，而我跟乔治也决定“从众”，因此，我俩都格外珍惜这蜿蜒于山中的最后 250 公里。

早晨六点，太阳还在山后，我们披着清晨温润的风，路过湖泊的澄净，穿越丛林的青翠，倾斜了每一道山弯，接纳了落在身上的每一粒沙尘，而太阳现身后赤身裸体一路跟随，羞得云彩不停替他遮遮掩掩，如此，眼前美景不停转换，一幕胜过一幕，着实令人愉悦兴奋，除了一路积累下来的“屁股疼”，真是再找不出什么瑕疵了。

如今我的过弯技巧愈发成熟，因此一路弯道都没再掉过速度，而驾驶的乐趣就在过弯，先前某断路笔直好多公里，我差点没在车上睡着，还看见奔在前面的乔治有几次踉跄，不知道他是否梦见自己掉进了沟里，说来也是后怕，好在今天弯道充足，我俩一路都是“不倒翁”的状态，真是过了把“墙头草”的毒瘾。

途经一座链接两山的大桥，见风光不俗索性就在桥上午餐了，我俩凭栏而坐，仰望大云过天，一片一片层层叠叠，日头以光舞蹈，躲躲闪闪时隐时现，桥下江水汩汩，四周虫鸣啾啾，清风携花香徐来，花香入心勾起涟漪万千，真的，倘若乔治是个女人，真想就这么一辈子坐下去了，于是我转头问乔治：“你在这里干吗？”乔治一头雾水，“啥意思？”我接着说：“为什么不是朱莉？”乔治眉头一皱，“你想表达什么？”我说：“现在是和平年代，世界需要女人，不需要‘红缨枪’！”乔治一听“红缨枪”就来了劲儿，抽起一块饼干砸在我身上，我岂能示弱，便以饼干还击，一时间场面混乱，突然远处有人鸣笛，侧身看，一辆炫酷机车正在驶来，虽是老款，但军绿色的大油箱着实惊艳，来者到我们面前停下，长腿一支，摘下头盔，只见一脸曼妙笑容，天，竟然是个姑娘！

真是说曹操曹操到呀，我跟乔治对视一眼，相信在这荒郊野岭，一定是发生了什么奇迹！简单而愉快地交谈后，知道姑娘来自德国，独自一人跨着摩托从柬埔寨经老挝又到了越南，啊，这就是传说中的“女侠”吧！不过，姑娘竟然都不知今天这一程的荒芜路况，也不知还需骑多久才会有落脚的地方！在看过姑娘的机车油表后，我俩表示如果不是在此相遇，恐怕姑娘今晚就得露宿野外或者给野生猛物当粮食了，那么我俩也就顺应天意，把各自备用油的一半给添进了姑娘的油箱，为表感谢，姑娘上来一人一个拥抱，而后她突然问：“你们是情侣吗？刚才看见你们……”乔治赶紧跟我撇清关系：“哦不不，我们只是闹着玩儿的！”我补充道：“不是情侣，我是人，他是一种武器！”姑娘不明所以只顾哈哈大笑，随后我们互道“保重”，接着姑娘带上头盔、纤腿一摆、跨上坐骑便扬尘而去了，可谓是潇潇潇潇、洒洒洒洒呀，望着姑娘消失在远处的山弯后，乔治回头问我：“这是真的吗？”我知道他意思是：“真的有人会如此盲目上路吗？”我回想了片刻后跟乔治讲了一个“关于某红发妖怪，在西贡时不听劝告偏偏要穿短袖骑行，最终被太阳烤熟的故事……”

往后一路顺畅，下午两点多到达丰芽。丰芽素有“小桂林”之称，河流翠色，山如林立，确实秀气地“小”……见到朱莉和马提亚时，他们正泡在客栈“easy tiger”的泳池里，一见我俩出现，他们就过起了“泼水节”。

在“容易老虎”还跟两个老朋友重逢，前面在大叻路上爆胎的德国情侣，同时还认识了两个新朋友，美国姑娘西西里亚和荷兰姑娘珊娜，队伍壮大，午餐后决定一起去几公里外的“famerstay”酒吧看日落，酒吧建在野外的一处农场旁边，对面是山，山前是一片金灿灿的麦田，麦田上散落着几点农夫和水牛，在夕阳笼罩下都生出了一条漂亮的金边，大家围坐两桌各自容颜美好，如此时刻，我怎能不多送上些快门，于是快门之后又是一片围观惊叹，而我那虚荣的心被夕阳镶边后，也是更加灿亮了。

集体晚餐后，我跟乔治陪着朱莉和马提亚在路边等大巴到来，他俩早我俩一天到达，因此也早我们一天离开去了河内，由于大巴晚点，我们就坐在马路牙子上吹风了，全世界的人散落四周，夜色清朗，微风和煦，如此适合表情达意的时刻，我们四个竟然都在沉默，不像话，于是我转头问旁边的朱莉在想什么？她抬手把被风吹乱的鬓发捋在耳后淡淡地说：“没什么，只是觉得跟大家在一起，好棒！”我说：“是因为有我在吧？”朱莉一笑未及发言，乔治跟马提亚就不乐意了，纷纷表示“是因为我”，“不，是因为我”……

是啊，感觉很棒，没有辜负的往事，只有共赴的未来。

2016 年 6 月 13 日

Day 16
Let's fire

午后集结了新老朋友一起去“天堂洞”,天堂洞在“丰芽己榜国家公园”内，已被联合国教科文组织列入世界遗产名录，说是世界上最长的洞穴，大伙儿停好机车，步行穿越一片热带雨林就到了洞口，天气十分炎热，但站在洞口却寒意习习，这个“大自然牌”空调实在叫人满意，因此，成群结队地往里钻。

网上有很多游记对天堂洞进行了介绍，各种观点都有，有一些我觉得挺扯，如 :“洞中没有商业化的彩灯，只有普通灯光照明使得神秘感倍增。”倍增?进山洞举火把才过瘾的吧? 单一光源下洞内那些千奇百怪的钟乳石，才有会朦朦胧胧的神秘感，所谓“神秘的”都是那些“看不清的”，而眼前的天堂洞内处处有灯光，虽然受中国道教文化影响，四处有神仙石神兽石等等，但光影杂乱看着令人实在心烦，真是魅力大减。

果然是世界上最长的洞，我确信如果洞再长个五十米，我就要留在里面等着做化石了，由于没吃午饭，真是饥寒交迫呀，因此大伙儿在洞的尽头拍了几张合影就匆匆撤出骑车去一家叫作“cool beer”的小饭店续命了，怎知七转八转来来回回好半天才找到，而当吃下所点食物的第一口时，所有人异口同吼叫：“太难吃了！”于是纷纷猜测昨天介绍我们来此的朱莉，是不是在恶作剧？而我突然明白了，昨夜听朱莉介绍这家饭店时，马提亚在旁边为什么会神秘兮兮地笑了。

回程时已近黄昏，乔治和德国情侣以及西西里亚决定直接回“容易老虎”泡池子，而听我预测了昨天骑行路过的大桥将会有不错的日落景致后，珊娜决定随我去桥上看日落。

正如我所料，日落光景比昨晚的农舍要好很多，桥下河畔的农田上有拖拉机耕作，飞扬的烟尘被夕阳光打得通透，在背光暗色的山前像是一片橙红薄纱在飘浮，再看远处上游的暮色里有座尖顶教堂静静地守望着太阳一寸一寸地下落，最后在昏暗中将自己的塔灯点亮，准备在夜色里继续为人类指引迷途，珊娜倾伏桥栏凝望远方，金发被逆光染出一条毛茸茸的轮廓，风来时发梢轻舞，是谁正在她荡漾的心上闪烁呢？

由于从丰芽到河内的沿途风光平淡且路况不良，因此“骑士们”这一段路基本都会选择坐大巴，我跟乔治也不例外，因此晚饭后我跟乔治收拾好行装也坐在路边学起了“前人”的模样。珊娜、西西莉亚和德国情侣前来道别，德国情侣和西西莉亚在越南之后也会去老挝，和我的计划相仿，不出意外还有机会相见，而珊娜则要往下走去西贡，今日一别再会就不知是何年何月了。

珊娜特意强调说她十分喜欢我在大桥上给她拍的照片，说那是她出生以来最好看的照片了，这话我都听过一千遍了，但每次听就是很开心，于是我笑着继续吹：“如果不再遇到我，恐怕那些也会是她今生最好看的照片了！”珊娜哈哈大笑举双手赞成，当然，玩笑归玩笑，至于我那些照片会不会是她一生的骄傲，我没有把握，不过既然大家有缘同行一场，我也希望我在别人的记忆里会是特别的，而有那些照片作证，能让我们彼此记住，也就满足了。

大巴终于到来，彼此拥抱后，我高呼：“Let's fire!”意为出发，接着大伙儿一起响应："Fire！ fire，fire..."而夜色温柔，现场的其他吃瓜群众不明就里，四下观望，还以为要打仗了呢……

2016 年 6 月 14 日

Day17
You Raise Me Up

河内，清晨，抵达越南首都！

在路边组装好摩托，推到附近加油站满油，之后开到“大教堂”合影留念，我跟乔治深情拥抱，相互“热情”表达了这一路上两个男人相依为命的“无聊”和“沮丧”，并各自“抱怨”上天为何会安排如此“糟糕”的一场相遇……总之布拉布拉吹着吹着就吹不下去了，最后只好笑笑握手言和，在泪水即将掉出眼眶的时候及时打住，感谢一路的陪伴和照顾！

在“老广场”客栈，跟已经提前一天到达的朱莉和马提亚以及在西贡时就分开的西纳汇合，西纳这是已经从老挝玩回来了，由于对越南北部的山区情有独钟，特意二次入境，打算跟我们再去一次。

休整后，我和乔治到约定地点把机车卖回了那家公司，跟车子道别时的确不舍，17 天里天天折磨它，它却没出过任何机械故障，一路摔过三次，但人车都平安无事，可算是相依为命了，而此时除了能再给它加满一箱油外，再也做不了别的什么，抚摸再三，道声珍重，希望下位共它南下的车手，比我更懂珍惜，再见了“宝马”，再见了，我的朋友！

下午，有两位西纳的朋友大卫和安娜也加入了队伍，他们从国美直接飞来河内，再跟我们从北部山里出来后将继续南下。晚饭后，乔治提议去当地 KTV 嗨，得到除我外所有人的热烈响应，朱莉问我为何情绪一般，我再次双手一摊，还能怎么样呢？对于 KTV 这种存在，我只能对“少见多怪”的欧美人表示同情了。

于是到酒吧街走了几家，选定一家最高档的 KTV，结果其设施质量跟国内的比起来依然像是“过家家”，然而这并不影响“全世界”的热情，作为校园最佳歌手的马提亚一展歌喉，小小惊艳了一把，朱莉唱歌时手舞足蹈，摇头晃脑像是磕了药，乔治同样自我沉迷，唱着唱着总感觉他随时会在现场脱光衣服，而几位老美则相对保守，在旁边把观众扮演得十分妥当，鼓掌喝彩都是拿奖的水平，而当轮到我时，才发现歌单里没有一首中文，幸好咱早有准备，于是一曲深情的 *You Raise Me Up*（你鼓舞了我）献给大家：

感谢各位一路陪伴照顾，感谢上天安排让我们相遇相知，感谢感谢着就再也忍不住，声泪俱下……

2016 年 6 月 15 日

Day 18
回忆的模样

去下龙湾，途中大雨，车窗昏花，沉默是各自不同心思，目光长长短短四处零落，转轮渡往吉婆岛，窗外晃悠悠，灰暗中睡意滚滚，再醒来，船已靠岸。

客栈稳妥，各自行动，岛上晴天，与乔治去附近山头，看日落，稍晚了些的美妙，许多小山站海中，阵形有序，把海水推来推去，这游戏玩了千万年，不觉得烦，好看。

拍照片发群里，朱莉看到后嚷嚷要来，结果走错路，兜兜转转最后回信："我放弃！"那时天已黑，海上无月，黑乎乎，只有涛声依旧。

据说这里面食不错，晚餐大伙儿抓我去验证，相处到此，周围对我嗜面的性子已刻骨铭心，找摊齐坐，当我吞下第一口，众目睽睽等点评，我竖起大拇指说：“这是我吃过最好的米饭！”大伙儿笑得无奈，目光里是对我胃的绝望，还要我怎样，把面煮得那么烂！

凌晨到酒吧，欧洲杯直播，德国对波兰，我不是足球迷，但足球队里我最爱德国。德国男孩儿马提亚见我助威呐喊声比他大，满面狐疑，问我为什么支持德国队，我说：“因为，爱！”又问：“爱德国什么？”我说：“跟德国无关！”初中时母亲给我买了第一件球服，是德国队。

他猜我球应该踢得不错，其实，我是篮球场上水平最好的足球队员。

球赛激烈，旁座是朱莉，安静异常，问她，只得淡淡一笑，再无言语，每个人都有不同往事，但回忆时却都是相同模样，光阴在温柔里浅浅纠缠。

2016 年 6 月 16 日

Day19
海啸来了

晨，去山里徒步，路线平常不算艰苦，但朱莉穿拖鞋，一路都在骂自己蠢，四下虫鸣万千，那是她自嘲的回声。

山顶观景亭，绿峰环绕，烈日刚好在顶上，但有山风穿堂，肉身凉爽。

马提亚站崖边，非要拍光屁股照，我围他转一圈，拍了视频，之后他一路求我不要上传网络，答应请我吃十碗面条。

出山骑摩托一路颠簸，到“隐藏海滩”，沙滩质量一般，但无其他游客倒是清净，下水又上来，有水蛭。

在午饭时的客栈休息，有篮球场，跟来自篮球王国的西纳斗牛，西纳很快投降，然而太久不斗，我也体力不支，躺吊床上昏昏沉沉，突然所有人围过来冲我喊：“海啸来了！”一个哆嗦从吊床翻落沙中，原来是梦。

回程时已入夜，前前后后，车灯相互照耀，欢呼声里尘土飞扬。

2016 年 6 月 17 日

Day20
外婆桥

回下龙湾包船，载我们去两个小岛，游泳戏水晒太阳，赤裸裸地开心，去漂浮，在海中的船主家午餐，棚屋搭在几条并排捆绑的船上，船主夫妇真是聪明，住进大自然的摇篮，在每个梦里轻轻摇摆，摇啊摇，摇到外婆桥。

船主太太人好手艺好，饭毕空盘干净到都看不出我们吃过什么。午后皮划艇，在海上的小山间和山洞里穿梭，天蓝、山青、水见底，追逐、呐喊、笑不停，上岸才知体力耗尽。下午坐车回河内，众人蔫一堆，沉默是金，多说一句都要命。

2016 年 6 月 18 日

POSTSEASON

Day21
多一点爱

到河内中转，集体乘大巴到越北山区沙巴，这里已经快到中越边境，气候像云南，时值六月末，气温适中宜人，山清水秀，烟云缭绕，叫人想谈恋爱，团队里五男两女，竞争激烈，我想还是老实点做汪的好。

下午小雨，道路泥泞，索性就围客厅里侃大山，啤酒一举，那些关于前任的故事，就如泡沫般跑了出来，但毕竟是泡沫，消散地也快，接着各自点评看过的成人网站，什么都有，千奇百怪，最后轮到我，我就展示这几天拍的照片，话题瞬间从“性”转移到“天才”，每个人在照片都很赞，西纳总是惊叹“你是如何做到的？”其实很简单，我总比大家爱我多爱大家一点。

2016 年 6 月 19 日

Day22
Why are you so beautiful？

清晨，雨淅淅沥沥，早起坐阳台，理日记，朱莉打阳台另一端出来，伸懒腰，见我在望她，微微一笑冲我摇手，于是我冲她喊话："Why are you so beautiful？"朱莉把金发向后一甩，轻轻皱眉，"I do want to know that as well！"乔治恰好从中门出来，左右看看问："Know what？""Nothing！"我跟朱莉异口同声，乔治把手一摊，"Well!"自觉主动退回屋中，朱莉笑笑下楼洗漱，云雾在客栈对面的山脉缭绕，万物雨中胧胧朦朦。

雨下一整天，困在客栈集体补血，成效显著，晚餐时停电，客栈老板点上蜡烛，浪漫满屋，烛光里所有故事都温柔，不久雨停，窗外云开，星光满天，山间有泉，响入耳，虫鸣在旁，不惊梦，羡慕长居于此的村民，日日清静如此，该会很长寿。

2016年6月20日

Day23
给你写诗

晴天午后，我跟西纳小范围徒步。总算是把这个村落看清楚，道路依旧泥泞，泥水花掉鞋帮和裤脚，深深浅浅不能快行，这倒正适合山间万物的静穆，在一处瀑布停下，天蓝如洗，绿野开阔在对面山前，而云雾从山脚幽幽上行，汇于山腰隐去了上部面目，西纳坐在崖边巨石上，望远处，无言语，风吹过时，他会微微眯眼睛，我想他也快从那浑浊的过往情事中抽身了吧，毕竟此处天地澄明，适合清洁记忆。

照片发群里，引惊呼，落日前团队到齐，瘫坐于瀑顶四处，各自整理心思，太阳西沉，天色逐渐暖昧，如此光景，再倔强的往事也会变得温柔，逐日而归，日落氛围神秘，在遥远的山后天空一片粉红，我拍拍走走，于一处观景台叫大家停住，远远地拍了一张“全家福”，没有我的全家福，但我又无处不在。

晚饭后，我坐门外为文思枯竭发愁，朱莉出来坐在对面，点一支烟，烟雾徐徐，逆光中面容朦胧，她问我在写什么，我说，给你写诗，脱口而出，朱莉笑笑说，最好美一点，之后掐灭烟头进了屋。

给你写诗，最好又最糟的冲动。

2016 年 6 月 21 日

Day24
冷不防

收拾行装包车回沙巴镇上，午饭后转乘大巴回河内，如来路，兜兜转转颠颠簸簸，不想清醒又难以入睡，所以群里爆发丑照战争，乔治发一张我的张嘴睡照，于是我发了他的六张，并警告，作为摄影师，每个人的“把柄”都在我手上，于是战争平息，众人开始赞美我的仁慈与善良。

到河内后大家将要陆续离队，回家或者继续旅行，彼此距离终会越来越远，不过，我相信有那些照片在，即使画中全是窘态，每当看到也会微微一笑，生活中，总有某个时刻，我们冷不防地想起些朋友，即使未见多年，亦如眼前。

2016 年 6 月 22 日

Day25
Goodbye,darling!

这是在越南的最后一天，一早去看“胡志明”，拖拖拉拉到地儿已经闭馆。在附近咖啡馆闲坐，朱莉叫在场男士都闭上眼，马提亚尖叫：“Kiss me kiss me!”乔治也嚷嚷：“Kick his ass!”结果朱莉给我们每人系上一条手环，用花线编织的手环，挺丑，但必须做出惊喜表情，毕竟那叫“友谊手环”，寓意天长地久，西纳说：“这意思是没有做情侣的机会了呗？”朱莉笑笑没言语，看来是的。

我第一个离队，很少讨厌订车接驾准时，集体送我到门口，逐一拥抱说“爱你”，朱莉躲最后，到她时眼睛泛红，拥抱最深情，她问我给她的诗是否写完，我点头，她问都写了什么，我说，Goodbye,darling！

朱莉笑，大家笑，钻进车里我还笑，快到机场时，手机叮叮响，打开看，每人一条“Goodbye darling”，再无笑。

Goodbye,darling！

2016 年 6 月 23 日

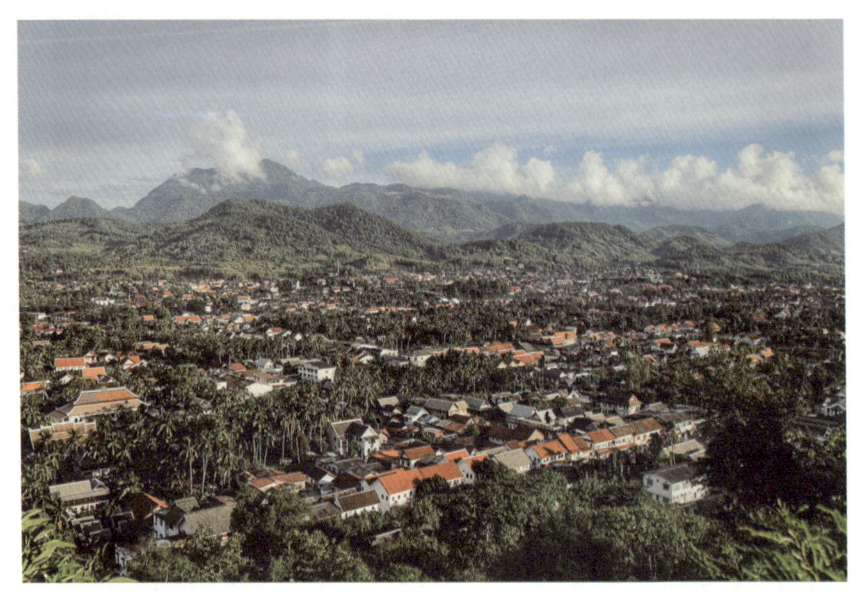

老挝日记

Day1
母女平安

落地琅勃拉邦机场时已是午夜，收到国内妹夫发来的信息“漂亮姑娘，顺产，母女平安！”激动喜悦的同时也备感遗憾，遗憾身为兄长却未能在现场照料，但又感到“庆幸”，不然孩子哭我也哭，岂不是添乱，总之，妹已顺利进阶成“世界上最伟大的人”了，从此便可以顶着“母亲”的光环，将人生过得圆满，而我还在想办法把“童年”过好……

刚下过雨，热浪消隐，不过客栈大厅里热闹依然，各国游客散落四处闲侃，飞机上认识的澳大利亚的伙计戴安，碰巧又落脚同一客栈，于是打算一起出去搞点晚餐，但周边店铺早已打烊，听几个英国人说，镇上有家保龄球馆会营业到很晚，想必那里会有食物贩卖，因此前去，果真热闹，每个球道都被塞满，一水儿“老外”，叮叮咣咣和欢呼声此起彼伏，我对这球没什么研究，便点了个披萨独自坐到球馆门外，乘凉，放眼望去，夜色如墨，虫鸣幽幽，霓虹在水泊中一闪一闪……

2016 年 6 月 24 日

Day2
上佳作料

开始了我的习惯性孤独，下午独自逛老街，处处像泰国，街不长，没多久走了个便。

午后宁静，入一家精致小馆喝茶，不料俯桌睡着，醒来时已到傍晚，去浦西山看日落，山顶满是游客，好在我身高拔萃，放目有余，不过日落景致着实一般，或许，是因为这一路看下来有些审美疲劳，而“看日落”这个差事也有两种方式，要么有心上人陪伴，要么就是独自霸占，可现在漫山遍野的“勾肩搭背”，看着就烦、就心酸，如此虐“狗”，动物保护组织也不管一管！

下山后到老街晚餐，人满为患，拾一小摊落座，遇到来自泰国的 Vicky 和她的德国男友 Kai，虽然 Vicky 的爷爷奶奶是华人，但她已不会多少中文，而 Kai 已在泰国找好工作买好房产，这次旅行结束回泰国他和 Vicky 就要举行婚礼了，席间他俩你一句我一句，讲述了他们在爱情这条路上的分分合合，讲到最后 Kai 把 Vicky 搂进怀中狠狠亲，完全无视对面“单身狗”的存在，而“狗”除了埋头吃粉儿，还能怎样？只能假装他们的幸福，是一种上佳作料！

2016 年 6 月 25 日

Day3
寻找什么

早上跟戴安一起去山里的光西瀑布，这也是老挝最著名的景点，瀑布群，上下几层层次分明，各有特色，又恰到雨季，水势迅疾，可谓磅礴大气。

几个富有“冒险精神”的欧洲人钻过护栏，爬到了第一层瀑布的顶端，属于违法，此处禁止人们下水游泳，因为这是当地人的水源，然而“勇士们”并不在乎这亚洲内陆小国的人民是否健康，到最后戴安也按耐不住也随了大流儿，而我带着相机就不淌这趟浑水了，但之后吃饭喝水时，这些赤赤裸裸的游客总在脑中挥之不去，尤其是那些穿比基尼的姑娘……

从瀑布下来，我跟戴安步行去了三公里外的一个小山洞，除了我俩再无游客，洞内无灯，花几块钱跟看洞大哥租了电筒，抹黑深入，越往里空气越稀薄，但也越神秘越莫测，不能跟越南的天堂洞比宏伟壮观，这里蜿蜿蜒蜒曲曲折折像是一条巨蟒的老窝，有好几处我们都是跪在地上爬行才得通过，而每次直起身子，便又是一片幽暗的开阔，令人不禁遐想，百十年前是否有世外高人隐居于此，若要是一对逃离红尘的眷侣，那就更有人情味了。

下山时走错了路，半道休息时和昨晚饭摊遇见的一个中国乐手重逢，再聊才知道他也认识拉萨的“老赵”那帮子人，世界很大，巧全在路上发生，就是这样。而在听过乐手才华横溢的尤克里里即兴演奏之后，我明白了他为何会显得疯癫，他一个人开车自驾，在东南亚地区已经逛了半年，车里塞满乐器走到哪儿唱到哪儿，“在歌声和路上寻找存在的意义”，这是乐手说的，他还问我在寻找什么，我说，找路回客栈。

2016 年 6 月 26 日

Day4
中国好吃

跟 Vikcy 和 Kai 逛了整天，没有新鲜事，晚上到一家酒吧看球赛，戴安姗姗来迟，闲聊才知道他真正的职业是“厨子”，而这次他出来就是为了看看全世界都有哪些好吃的，取好经后回国创业，我问他是否去过中国，他说没，接着他反问我中国有没有好吃的？我无言以对……

2016 年 6 月 27 日

Day5
大嘴巴兄弟

Vivky 和 Kai 下午飞曼谷，戴安也是，跟他们告别后，我到当地的“大嘴巴兄弟”公益组织参加英语角，除了我们这些热心的“老外游客”，其他基本都是当地小朋友，就像在骑行时午餐的那家饭店一样，我再一次成功地向小朋友们宣传了学中文的好处，但不论中文英文，真心觉得“大嘴巴兄弟”是个好主意，遥想当年我老家要是有这玩意儿，现在我恐怕早成宇航员去忽悠外星人了。

下午租船到湄公河上看日落，同船的有英国、德国、澳大利亚和法国人，除我外都是情侣，哎……日落挺美，但当下的我似乎已对此免疫，便专心偷听起“洋人”的对话来。

是关于美食，全船人都鄙视英国，而英国人对此没有反对意见，之后法德澳便开始了世界美食哪家最强的争论，可谓面红耳赤，最后实在看不下去的我发表结论说：“断定你们都没去过中国！”都问：“你怎么知道？”我说：“要是去过中国，你们就不会有今天的争论了！说起吃来，没谁的花样比中国人多！”讲到这里，突然觉得面对这将要结束的旅行，也就没那么失落了。

2016 年 6 月 28 日

Day6
豪华大巴

从英语角出来，巧遇在越南时认识的多米尼克，在咖啡馆闲聊，相约未来要做彼此异国的依靠，说白了就是互访时有个义务接机的，挺好。

晚上去老街买些工艺品，每天在朋友圈拉仇恨，总得搞点东西回去消消灾不是？之后乘大巴连夜赶往老挝首都万象，道路条件堪忧，颠簸到让我想起印度，尤其是半路风雨交加电闪雷鸣，那简直是我在去东北印乞拉朋奇时路上景象的翻版，想想也好，这次旅行从印度开始，现在也算是某种形式的“圆满”了。

过了很久，车子才走上平路，雨水狠狠敲打车窗，窗外景物幽暗，正适合假装多情，然而好景不长，很快车顶漏起雨来，是的，你没看错，“豪华”大巴车，车顶漏起雨来……

2016 年 6 月 29 日

Day7
她在想什么

清晨到达万象，感觉该算是世界上少有的“村庄式”首都了。

在落脚客栈，认识了从中国来做志愿者的静远，想想临回国能和国人复习复习国语也是好的，于是约了一起去万佛园，骑摩托颠颠簸簸 20 公里，然而眼前可谓糟糕透顶，粗制滥造破旧不堪的各式塑像在园中四处瞎摆，匆匆转完干脆回程，沿途景物无聊，俯在车上睡意袭来，一个哆嗦差点儿就立地成佛了，赶紧念咒感谢上苍，多谢佛祖保佑，刚才不该放肆妄发评论……

在湄公河岸看日落，静远坐旁边任晚风吹拂头发，眉间轻挂一丝忧愁，想起下午在佛园时她说：“想做一个按自己心愿生活的人。”她曾经做过乐队经纪，开过酒吧，现在做 NGO，享年，哦不，现年 23 岁，年纪轻轻便有如此阅历，难道她还不满足吗？问她在想什么，她说，减肥……

逛夜市、买礼品，这次持续整整五个月的旅行就要结束了，如果让我当即作个总结，那就是“爽坏了，累趴了”。或许不够诗意，但算足够坦诚，要是再走下去，恐怕我连这流水账都写不下去了，所以明天下午回国，发誓一年半载不要再出来了，那么就让我以此为证，看看我到底能坚持多久才会打破承诺，晚安！

2016 年 6 月 30 日

Day8

再见老挝，你好祖国!

2016年7月1日

狗血与制冷之王

在外面晃荡久了，想停下来就得先“还债”，因此在回国后的这两个月里一直在为“毛爷爷”卖命。

那天飞机刚落地，还没来得及吃碗拉面就被昊子抓去拍了条广告，几天苦战加上“水土不服”，杀青时不幸落下了干咳的毛病。买了小儿止咳糖浆刚喝一口，就又被老墨逮到了黄山为他的养老宝地考察“风水”，心想来得挺是时候，正好疗养疗养，然而黄山人好水好空气好，只是我命不好，止咳糖浆还没有在胃里化开，“风水”一转又被“昊子”拽回了北京拍他的创投短片。

短片讲述了一个猥琐小偷在目睹曾经抛弃了他，现在已沦为妓女的前女友被变态杀人狂在厕所里残忍杀害后，勇敢地选择了替她复仇的故事。深夜杀青时，我一口就把胃里正在吸收的糖浆咳了出来，见红一地，昊子赶紧跑过来慰问：“几个意思？”我拍拍他肩膀开悟道：“没事，我把‘狗’血亲自演了一遍！”，不幸“人民币”在上，吐出来的血还没有舔干净就又被“风”吹到了珠海金湾拍起了他的政府广告。

珠海的环境超棒，十分宜居，然而外面暴热屋里乍凉，在拍摄的十天里糖浆始终都没能进入我的血液，而拍摄刚结束就迎来了真正的台风，身轻如我顺势就被刮到了广州，到地儿时才想起先前风送来替换“狗血”的药品，还舒适地躺在金湾酒店空调下的沙发里。于是，台风被我的喉咙呼唤跟着也到了广州，气象台发出的预警红得如“狗血”一般，而我“火”势太大为免造成不必要的伤亡，便在老友“恒成”的车上瞭了几眼妖娆的“小蛮腰”后匆匆逃到了宁波。

到宁波是为了在老宏的“枫林晚书店”做签售，老宏是文化人，为人纯粹爽快，当初《第一本书》出版没多久便答应了他登门“卖脸”，没想到这一答应就是半年。

宁波风和日丽，温度适宜，“狂犬病”好转不少。随老宏进山里吃了隐士“缘子”做的土菜，而后又跟美女主播“金鱼”及“小野栗”共进了晚餐，签售时人满厅堂又跟不少美女合影留念，结果却只跟老宏九岁的儿子多多成了“好兄弟”，还得其亲笔画一幅，虽然画中我俩勾肩搭背，但看起来我更像是多多怀里的一只老年“拉布拉多”，想来懊悔，恨没能吐几口“狗血”把先前跟美女们合影的背景喷成红色，先办了证儿，事儿可以以后慢慢来嘛。

不过，悔恨并未削弱我的机智，因此，我趁老宏还没反应过来让我喊他“干爹”，就溜回北京参与了培源的广告拍摄，培源第一次当导演，分寸掌握得很好，拍摄进展顺利不慌不忙，所以我得以在片场附近的药店换了“成人糖浆”，因此虽然拍摄的几天依旧艰苦，但血开始慢慢补足，“犬吠”也逐渐消退。

可是，没等我跟一众青春靓丽的女演员们要到联系方式，就又紧锣密鼓地坐进了北锣鼓巷的“天堂时光”。我对先前宁波老宏的半年等待是充满愧疚的，但要说起天堂时光的老田，我就只能用“愧疚难当”来讲了，此“天真”在我书出版之前就约了我前去“卖脸”的行程，谁知一等大半年，即便她那铺子是我《第一本书》的销量冠军。

不过好在是落实了诺言，而正如书店的名字，签售当天到现场的果然是女性同胞居多，而分享会期间有美女见我“犬吠不止”便不断端茶倒水，甚是温暖，分享结束后又跟所有美女合影留念加微信，热闹非凡，那光景看起来感觉“狗血”就要吐到头了，怎知这窃喜还未入梦，次日一早就又被恒成喊着飞去横店参加了“聪”抗日短片《瞭城记忆》的拍摄，期间拍死了无数火力威猛的日本鬼子，也遭遇了全世界最差的灯光师，是的，绝对最中之最，连太阳“东升西落”都搞不清楚！

于是一气之下旧病复发，要是再多拍一日“狂犬”估计就要咬人了，接着被人道毁灭。幸亏杀青及时，让我带着最后一口气逃回北京，在顺利谈崩了两个项目后总算得闲，想必“债”已还清，“伟人”已经在我头顶消散，便安心埋头苦宅整理出了第二本书的书稿，再抬头时天都亮了几遭。

屋里光线昏沉，只听见冰箱和空调在悄悄争论，谁才是制冷之王？不禁一个疑问涌现冰冻了我的心脏，致使我怒咳一口狗血：我都忙成这样了，咋还是没有女朋友？

突然家里断电，空调和冰箱都安静了下来。

2016 年 8 月 27 日夜

于北京寓所

45-250
SONY

ISO800
5000K
Menu
85%
13.8V
Varispeed

人情味

一 老赵

老赵吹着口哨收起伞刚从青唐酒吧的大门进来就突然呆在了原地，他空噘着嘴望向大厅最后一排独坐的“老人”，目光里尽是当年飞了劣质“叶子”后的迷离，此时“老人”慢慢站起来张开双臂，一副寻子多年而终得的震撼表情，而那个怀抱也必定是有着母乳般魔力的，才能让老赵像个痴呆一样摇头晃着脑就钻了进去，可还没等“老人”撩开衣襟露出……老赵就回头向吧台喊了句：“沏茶！”只见吧台新来的伙计一脸懵 C，开始怀疑自己应聘时是不是理解错了“酒吧”的含义。

当年我第一次进藏，老赵的酒吧还开在拉萨北京东路的“老巷”里，那夜老赵“飞”得太高屁颠屁颠儿过来指着我就喷：“你说你为什么混得这么惨？”我没有直接回答，而是把手里的杯子推到老赵那开始斗鸡的眼下反问：“你见过在酒吧只喝茶的么？”于是“酒吧喝茶”便成为我的一个标签贴在了拉萨老友们的心上。

这次进藏说是为新书签售，实则找个由头见见老朋友，然而时过境迁，如今老友们多在他乡奔走，“民谣大鹏”带着用眼泪唱出来的媳妇去大理开起了自己的酒吧，“船长小月”把刺青院迁回武汉讨了老婆还生了个胖娃娃，“万能多杰”掌勺浩浩荡荡的房车队伍在地球上成天乱“扎”，而“不死渔夫”东一枪西一炮地打游击，后代不详，行踪成谜……最后只留了老赵这个顽固分子坚守这一方净土还戒了叶子、换了车子、买了房子，当老朋友来了总算还能凑出个“面子”。

两年前老赵从老巷退出来跟新合伙人在新路段开了新“青唐”，那次我出藏时“青唐”还在装修，而如今“青唐”已算是拉萨最红火的酒吧，成了内地民谣音乐人在拉萨的聚集地，只是茶水利薄又不符酒的“醉名”，便消失在了厚厚的点单上，而温情构建于人，老友散落天涯，无酒亦无茶，多少消了些人情味。

未免被人笑话，我跟老赵各自捧着一杯“康师傅冰红茶”并排坐在“青唐”的最后排，望着吧池里交杯换盏的酒客，沉默如杯中打转的冰块儿，浮沉间是两年平行的光阴，偶尔谈话，却见彩色的过去已经开始泛黄，而未来虽然仍旧满是希望，但终因缺乏细节而流于黑白，所以红茶味甜却喝出了酒的惆怅。

老赵仰头将一杯饮尽，接着拿出了老生的常谈：“你说你为什么还是混得这么惨？”我见他这回清醒无比，于是思索片刻也作出了认真而豪放的回答：“因为，‘酒吧喝茶’的人当了作家！”只见老赵抿嘴一笑，笑得分出不悲欢，他站起身一把摁在我的肩头，“作家好啊，作家好……”接着他就上了台去给内地新来的驻唱打起鼓来，驻唱的歌声低沉舒缓，在昏暗的灯效里铺展弥漫，恰似老赵欲言又止心思的延展，是啊，作家好啊，作家好，不然我们的潮湿青春该往哪里晾晒？

二 胡子

刚到拉萨的下午，我在圣承书院见到了这次签售活动的东道主“胡子”，活动将在四天后他的“旁观书社”举办，我觉得“旁观”是一个很酷的名字，就像我书封面上那条黑狗骄傲的眼神，红尘看破般泰然自若地把它旁边的“老人”当作了傻瓜，因此在旁观书社做签售是再恰当不过了，大伙儿要么买书当“黑狗”，要么不买书被“黑狗”看，反正我都吃不了亏。

微信头像上胡子那一脸浓密的络腮胡在冰天雪地里被冻成唰白，而此时面前的他已把胡子剃成了我胡子的长度，因此他那点造型上的优越感也自动消失殆尽。不过作为文化人，胡子在招待客人这件事上自然不会失掉分寸，于是刚在餐厅坐下，胡子就开口对我表示了热烈欢迎：“真看不出来您是八五年的！”对此我身经百战，应对起来也自然是得心应手，“既然已被看穿，那我还是叫您胡子哥吧！”，哪知胡子突然正襟危坐探出脖子环顾一周后压低了音量：“不要乱说，我八七年的！”餐桌靠窗，有风进来，吹得我一身荒凉，“这，也真是看不出来呀！”。

胡子与我相识于一个书店群里，当时我那不幸的第一本书刚刚出版，四处开拓销路，当遇到胡子时我的“广告词”还没说完他就答应了下来，说是“有这封面就会好看”！可见胡子是个爱屋及乌的率真人类。果然，初次见面，其谦和内敛中掺着活泼天真的个性就让我胃口大开，书还没售就吃回了本钱。

胡子见识丰富心胸广阔，曾经独自骑行环游中国，最后在拉萨停下开了一家书店和一家客栈，问他为什么偏偏在拉萨停下，胡子说那年春暖花开他在这里遇到了自己的太太！于是我吃出了“书香人家”的另一种美味，而面对如此之人生赢家单身狗怎能不羡慕不发感慨，所以嘴皮子在席间翻飞，从东西南北中到金木水火土，总之世界和生命在满嘴的油腻腥子里变得越来越“轻盈”，心情越来越好，语速越来越快，终于缺氧，顺利“高反”。

把炸裂的脑仁儿挂在脖子上缩回书院的沙发里续命，胡子点了支藏香，沏了一壶好茶，然后告诉我这次签售分享会的主题将是：“我是谁，从哪里来，又要到哪里去？”他说时表情严肃目光深邃像极了苏格拉底，于是我说：“要不，您替学生我答一答？”胡子似乎没有听见，而是抿了一口茶叫我躺下好好休息，之后便自顾自地到柜台后面数起了钱来，手边是他和太太的甜蜜合影，当时阳光从书院的天井落下来，青烟袅袅，窗明几净……

再醒来时，时已入夜，从“书院”出来开始执行预谋已久的对老赵的突袭，只是酒吧无茶久已，见老赵在台上锤鼓锤地分不开神便独自出来回了落脚客栈，刚到时，前台小妹说我运气好赶上了次日的“雪顿节”，然而三十万人看“晒佛”的大场面，我这超级（不）帅（要）哥（脸）去或不去都不会对节日气势造成什么影响，因此，虚荣受损又高反炫目恰好给了我放弃的绝好理由，加之深夜雨袭，辗转反侧整宿未眠，淅淅沥沥死去活来。

三 新朋友

连躺两日，总算把“高”反了过去，眼睁睁看着客栈同舍的人马换了两茬儿，心想再不“勾搭勾搭”新书签售会恐怕就只能是我跟胡子两人的自嗨了，于是赶紧跟宿舍里我旁床仅剩的一位老兄开勾，而由于前两日感官闭塞今天才听出他的南京口音。

“哥们从南京来？”

“是啊，你？”

“我在南京待过五年！”

“喔，你住哪片儿？”

“光华门下面的鸿意星城。”

“……我住 22 栋！”

“我 2……”

好么，怪不得总觉得似曾相识，原来都是“2”的属性，当年我们必定是相互踩过对方家狗屎的，不然这是什么运气？然而哥们儿说他家并未养狗，那看来是只有他踩过我家的了。

哥们儿叫江海，此行要去阿里转山，而光从他的名字和行为上来看就知道这是胸怀大志的人才能干的事儿，然而单身狗财短气小一心只想卖了书换几袋狗粮，于是跟江海握手告别，约了南京再聚，到时候他会养条狗子，我会专门去踩一踩。

“高反”初愈，左脚拇指却又肿了起来，这是先前在印度旅行时的遗患，蹲不下走不快，虽然挎着相机出来但始终懒得端起来按，在大昭寺旁的小巷里吃了碗半生不熟的面，形单影只突然心生寂寥便蹭到了“旁观”做起了“市场调研”。

午后明媚的阳光从窗进来落在书面，字里行间洋洋懒懒。我见读者四落，便随意拾桌而坐，面对是个皮肤黝黑的小伙儿，侧身匐在桌上竖起一张书页眉目紧皱，似乎那页纸就是他的未来，可就是看不透。

前两日已经认识的店长“笑笑”过来放下一杯清水说：“看完你的书后一见到你，我就忍不住想笑！”我说：“我这么帅，才不好笑！”于是对面的小伙儿和店里的所有人一起侧目看我，他们目光交汇织出了一本“三字经”：不要脸、神经病、死变态、阿西巴……

对面小伙儿叫柿子，见我把相机放桌上，便要求“欣赏”里面的照片。我见他“白眼”一双身侧也放着一台级别更高的相机，就知道他是自觉高人一等，一心要将我这个骄傲的乡巴“老”比下去，然而连日“高反惰怠”始终是空卡一张，令他好不失望，不过我指指他身后的图书展台说：“那儿有本书，里面有图 416 张，你可以买了随便翻翻！”于是柿子回头又回头惊呼：“那是你的书？”我说：“不，那是我的脸！”

于是，柿子把我的“脸”端在手上逐页抚摸，时而大笑时而拿纸巾擦擦我湿润的“脸庞”（泪洒封面），基情不住四射，致使书店里冷眼横飞，气氛尴尬，于是我拿出电脑，“兄弟，要不你还是只看图片吧！”总算是让这“病人”安静了下来，然而没想到他又举着手机对着电脑开始狂拍，互加微信后见他已满满刷了一屏的“画中画”，并信誓旦旦说要将我电脑里的照片重拍一遍，而为对他的“热爱”表示感谢，我也在他买的那本我的“脸”上写下了真诚的祝福：“想要在摄影上干过我，你最好先把相声说好！”

就在柿子被我顺利发展成“托儿”后，店里那些曾经的“白眼”见我欺人太甚，也终于按捺不住纷纷扮演起了我的读者，一个下午，除了柿子，先后有小慧、兴华、琦琦、小雪拎着我的“脸”来要我画押自残，那时日头已经西沉，窗影上墙四处斑驳，不禁怀里就开出了感激的花来，可是再看图书展台突然心头又是一紧：此来西天只带了“经书”三十，而这一下就消掉了十本，万一签售当天来人超过雪顿节看晒佛的，那可该怎么办？

“市场调研”相当成功，心情愉悦，从“旁观”出来便带着柿子跟刚发展的下线琦琦去大海和小雨的家里吃火锅。跟这对小情侣是在前年斯里兰卡旅行时认识的，那天我正陪着一起行走了半月的四位德国姑娘在街头“抓饭”，惊闻身后有人讲国语，出于对“曼德瑞”（普通话）的敬仰便回头搭讪：“你们从哪里来？”哪知两人同时一惊，只见斯里兰卡炒面挂在他们嘴边随风飘荡……不必问我也知道他们是把我当成了“秦代跨海东去的人”。

两年未见，没想到这次重聚拉萨又带了两个生人来骗吃骗喝，大海问我是不是有些过分？我说孩子们都小吃不了多少。大海说当年一男四女怎么如今还是单身？我说这火锅底料真的挺好……大海信佛，于是一路吃一路普渡我这个“众生”，小雨就在旁伴笑，笑得如佛台上的香，飘飘摇摇。

餐毕已至午夜，散了各自回窝，街上细雨如丝，大昭寺外冷冷清清，但仍见有虔诚的信徒把长头叠了一个接一个，我想起了去转山的大海，想起了烟雨朦胧的南京城，也想起了曾经那个不舍昼夜坚持遛狗的男孩，那时他还有爱情，即使终日做梦都不觉孤单，只是后来那“狗”遛着遛着就遛成了他自己，在世道上摇摇晃晃就是三年，不过好在狗绳长在自己心里，再难都不曾扯断，因此在这拉萨宁静的雨夜，信仰在发热，敬意如灯火辉煌，回想这些年和这几日，人情味又在湿漉漉的青石板上闪闪发光。

明天签售，希望天气晴朗、阳光温暖。

2016 年 9 月 3 日夜
于邦达仓客栈

第四维不孤独

分享会到场的人数并没有超过雪顿节看“晒佛”的30万，因此这次活动的结果，也如预期没能把我推上《时代周刊》的封面，同时我也长舒了一口气，并为“猜封面上男人的年纪”没能成为轰动全球的智力游戏而感到欣慰，不然爱因斯坦的《相对论》和霍金的《时间简史》就得改写，那样我真就成了对逝者不尊对生者不敬的大逆不道之狂徒了（很遗憾在本书出版时，霍金先生也已去世），恐怕会被科学界乃至全人类所不齿和仇视，也就一辈子不会有“岳父大人”了，真是细思恐极啊……

不过，当日现场还是妥妥坐满了30多条“封面黑狗”把我那剩下的20本“脸”啃了个干干净净，这倒仍旧是个非常幸福的遭遇并带给了我一个全新的经济启发：那“脸”如果不是先上了书店的架子，说不定还可以摆到肉铺的案板上试试，我也就说不定可以成为肉铺老板的女婿了，而如果“肉”铺老板是个女人并且名叫西施或者别的什么，那我说不定就是吕布或者韦小宝了？更是细思恐极啊……

当天的“食客”大部分没有吃过孟火火的第一块儿“肉”，因此所探讨的大部分问题跟我幽默的“体味”无甚关联，不过大家倒是对我的“褶学”有着浓烈的兴趣，对，就是褶皱的“褶”，有位姑娘问我是如何年纪轻轻就获得如此一张千沟万壑之面孔的？还问我常年独来独往是否感到孤独？这两个问题“翻译”得通俗一点就是：“如何在‘哥’的年纪获得一张‘爷’的脸？”和“每天吃‘狗粮’胃受得了吗？”而对此我感到异常骄傲，说明我在大家眼里是超越时代的、是引领人类进化的，这一下子就把我推至了哥白尼和达尔文的高度，而哥白尼比胡子拉碴的达尔文爷爷还要年长 336 岁，因此这也证明了“哥”比“爷”大在人类历史上是有过先例的，因此从“第四维”来看我有不少同伴，所以还不算太孤独。

不过，面对姑娘如此走肺的提问我并没有急于作出回答，而是先对姑娘进行了谆谆“诱导”，我问姑娘芳龄几许，姑娘没有说话而是双拳一举，由于未成人读我的书需要有家长在场监护，不然有突发“笑喘”的危险，所以我叫她赶紧回家找爸妈，怎知姑娘嘟起嘴来一脸委屈，“不是‘十二’，是二十好嘛！”我大吃一惊，心想：“她那举起并微微倾斜的两只小臂难道不是代表着‘八’吗？”

这真是个离奇的时代，于是我开始反问：“作为一个成年女性，你是如何保有这么一副曼妙童颜的？”虽然姑娘红着脸乐得心中都开出了花，但却始终给不出答案，于是只好由我代劳：分享会开始之前，姑娘已经来到旁观书社，店里有只丢掉一条后腿的老猫，姑娘把它抱在怀里轻轻抚摸并不时感叹着“可怜、好可怜”，进而竟然湿了眼眶，因此，我相信即使她到了我的年纪不管是否已为人妻母或者生了二胎，她依然会跟现在一样魅力四射貌美如花，因为她心里住着善良，而我即使倒退至她的年纪也依然会看起来像是她爸爸，这是因为我这么说此处你会鼓掌（强行索拍）……

不可否认相貌会随着岁月改变，但“年纪轻轻”跟“千沟万壑”却并不矛盾，有的人活过 100 岁还是一张娃娃脸，如红孩儿，还有人一出生脸上就已经千难万劫，如孙悟空，所以“如何获得”并非关键，“怎样共存”才是重点，而但凡超越时代、引领人类进化的人都不可避免地要与孤独为伴，根据《相对论》和质量守恒定律，人一孤独内在时间就会变慢，同时外在时间则会变快，因此时间张力太大一不小心时空扭曲，“哥”就比“爷”都大了，可见“共存”的结果就是不断撕裂的“鸿沟”，而这鸿沟要么长在人类的脑皮层上，要么就长在人类的脸上，而我很荣幸地成了后者。

至于“吃狗粮”坏胃这事儿经过我亲身验证，属实无疑，因此我又赶紧问姑娘她的爸爸是否已经有了女婿，只见姑娘的男朋友在旁边微笑着向我竖起了两根手指头，于是我脸上瞬间又多出一道深渊……

就这样，嘻嘻哈哈热热闹闹分享会圆满收场，虽然没能上“时代封面”，但我的脸已经走到了“时代”的前面，因此更加骄傲，而短短三个小时只靠动嘴皮子就又交下了一帮子“狐朋狗友”，以后少不了分享我的“狗粮”，实实在在的“祸从口出”啊！不过这也是一件很好的事情，人只有在压力下才能爆发出更大的潜力，因此为了不跟身边的“野生动物”们互相伤害危机物种存亡，我决定备加努力早日脱单，所以，买了我书的单身女性们，请尽情地给我发红包吧，而买了我书的单身男性们，请带上你们身边的所有女性们尽情地给我发红包吧，这样至少可以保证在脱单之前我不会缺粮。

2016 年 9 月 5 日夜
于山南桑耶寺客栈

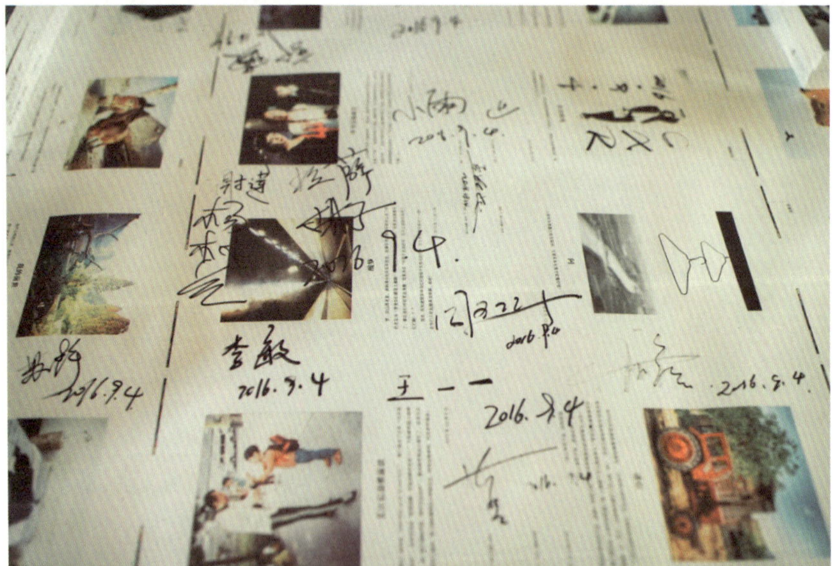

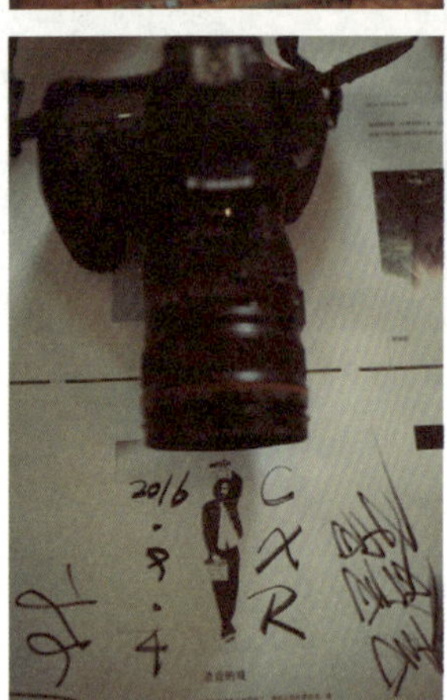

孟火火
的第一本书

择日入洞房

一 桑耶寺

三年前因广告拍摄第一次进藏到桑耶寺，便深深喜爱上了这座偏远素净的寺庙，据说是藏传佛教莲花生大士在西藏创办的第一座寺庙，香火幽幽，相当灵验。

那天清晨在寺前，当地好友益西卓玛教了我一个咒语“嗡阿吽班杂咕噜叭嘛悉地吽”，说这是对男人最有帮助的咒语，而“有帮助”也在后来的生活中得到了验证，每次发生梦魇无法醒来我就会在心中把咒语默念，每念必醒，百试不爽！有一次梦到我跟莫名美女完婚后要入洞房，可是不论我如何推打踢踹，洞房门就是岿然不动，令我大汗淋漓心急如焚，这时梦中我想到了咒语，琢磨着念一下就能开门传宗接代了，哈哈哈，真是喜上眉梢笑逐颜开，于是，半夜我笑着“醒”来，却望着天花板“哭”到天亮，单身狗连做春梦的资格都没有……

三年未见，这里变化不小，寺庙经过修缮和扩建变得更加宏伟整洁，镇上也比过去更加热闹，不仅游客数量大增，而且更加多元，路上总能看到有国外游客举着相机停停走走惊惊叫叫，因此不论你来自哪里，即使意识形态和文化背景有着巨大差异，我相信你都会像我一样深深爱上这里，爱上那天空透彻的蓝，爱上那云中辽阔的白，爱上那掠过雪山的风和拂过大江的波澜；爱上那朝夕飘渺的炊烟，爱上那四季竞艳的斑斓，爱上那倾泻千年阳光的炽烈和铺满万代星月的璀璨；爱上那明眸皓齿红润的脸蛋，爱上那三步一叩等身的信念，爱上那酥油灯火下玛尼石筑起的圣洁天堂和那经咒声声中红蓝白绿黄的纯粹人间。

二 柿子

这次到桑耶寺是由前几日认识的“柿子”小兄弟作陪，平日里他在拉萨做舞蹈教练认真祸害青少年的头发，对，就是那种跳着跳着就把头杵在地上转圈圈的舞，看起来真是炫酷。

柿子也爱摄影，爱拍美女和星空，但他最令我喜爱的作品却是其微信头像，他把自己套在毛绒大象服装里，跟一位身着红袍的小喇嘛并排坐在色达的高点，望着眼下漫山遍野红灿灿的佛学院，背景是高耸连绵的苍翠山脉和两片大云一抹蓝天，看起来既孤独又温暖。

问他为什么选这张做头像，他说生活中他就是那只孤独又温暖的大象啊！这口气，看来他闲暇时还会研究研究哲学，于是我也终于知道他为什么一表人材却连初恋都没有“过”了，就像那个不知廉耻的蜡笔小新没事就扭着屁股嚷嚷什么“大象，大象……”虽然真诚无比又充满想象力，但现实中似乎并没有姑娘会喜欢那样的男孩儿呀……

在镇上挑了家整洁的客栈住下便出来拍照，然而天公心情不佳，没多久就派来了十万阴云遮天蔽日，因此，在桑耶寺里转了两圈除了几张水中倒影达到预期外，其他设想中蓝天白云配红墙金塔的“艳照”始终没能进入画框，而为了堵上柿子满嘴对老天爷的抱怨避免雷劈，我开始教他如何在阴天里拍出精彩的照片，秘诀就是“拍我”！于是我“再一次破天荒”地给别人做起了免费模特，然而当我看到柿子相机里歪七扭八并不精彩的我时，我想还是教他如何在雷劈下来的时候不连累我的好……

傍晚时，那座顶着白塔的小山爬到一半便遭遇山雨，只好作罢，哆哆嗦嗦回到客栈已经入夜，用高压锅领了六个“康师傅”做晚餐，由我亲自下厨，别小看煮泡面，对于单身狗来说这也是有着大学问的，水要开到 99.9 度，至于怎么衡量全靠感觉，先下菜料，接着酱包，等汤色浓郁香气扑鼻的时候打入蛋花儿，最后下面，见每根面条的弧度接近一百八十度时就可以出锅享用了，说实话，真是热气腾腾色香味俱全就差个女朋友了，因此看着柿子“兄弟”在一边不停地吧（bia）唧嘴我就气不打一处来，“你这是接吻呢？”

深夜云开，月光抚窗而入温柔了四壁，起身倚窗独坐，心思回溯，多少往事起伏在那远处幽暗的山川，曾经参佛拜祖转响经筒无数，而那个只需心知的愿望也已成空，不过岁月悠悠，渐渐我们都会明白失望终究是希望的一种，时间静静流淌，流过眼眸和面颊，流过心田和步伐，流过诗和远方，流过梦和天涯，一生笑傲，才不辜负那纵横过并发着光的荒凉和孤独。

三 Summer 和阿铁

从山南回到拉萨就搬进了朋友 Summer 在仙足岛开的客栈，两层小楼加个小院，有花有草塞满阳光。Summer 人如其名，为人温暖，做事敞亮，而原本就没几块的房费她还要再给我优惠，真是落地的“凤凰”不如鸡，单身狗就是让人看不起……

在那儿小住四日，每早都有骑行进藏后在客栈常住的四川姑娘小茜给做早餐，中午 Summer 就亲自下厨制造食物进行款待，面对如此盛情我怎能不主动学习雷锋洗锅洗碗，看着自己那被洗洁精腐蚀的“纤纤细手”，我不禁老泪横流，单身狗向来只在街边乞食，过得也算是饭来张口衣来伸手的贵族生活吧，没想到在拉萨搞得“身败名裂”，竟然觉得亏待了“狗”的名分。

第四天有老朋友阿铁住进了 Summer 的客栈，做电影美术的他说是在成都的戏刚拍完连账都没结清就跑了上来，他到那天我恰好晚归，一进门就见他蹲在厨房里哼哧哼哧擦地板，我没有理他而是转头问 Summer："这是哪里捡来的狗？"一块抹布飞来……

先前我只知道 Summer 跟阿铁是朋友，这回才知道他们不仅是朋友还是男女朋友，而且已经是"前"男女朋友，先前见 Summer 在东南亚独子暴走，原来是因为他们闹了别扭，这不 Summer 刚回国就在拉萨盘了个客栈，阿铁闻讯就马不停蹄奔来做"狗"，为求 Summer 原谅，他一来就擦地、清厕、做饭，最后还抢了我学雷锋的小红花，真是"狗"何必为难"狗"啊！

由于我要去参加"屎鹏"项目的拍摄，在阿铁入住的第二天一早我便赶往了成都，因此，阿铁"赎罪"的后续细节我就不得而知了，只是后来在成都我发信息去询问阿铁进展的时候，只得到他一个"……"的回复，于是"哼哧哼哧"的声音开始在我脑袋里回荡，我想如果当时他不是在传宗接代，那么就必定是在擦拭眼泪了，不过不论结果如何，阿铁的回复都是准确的，爱情和世间其他种种都可以用一个省略号来概括，一半是意犹未尽，一半是戛然而止，拼在一起就是一生一世的纠缠不清。

2016 年 9 月 10 日夜

于拉萨

后记

一人一年一百城
一书一路一宇宙

后记一：

大团圆的爱情

原本已经打算跟“屎鹏”这只铁公鸡绝交，但没想到他又接到了去拍熊猫的项目。三年前也是这个时候，失恋的我正在当时南京的公寓里装死，突然接到“屎鹏”的电话喊我跟他去成都，于是我拥有了那张骄傲的熊猫头像（见封底或内封），并戴着它一路从成都走到拉萨，并顺着去了尼泊尔和印度泰国等，回国后就有了《孟火火的第一本书》，而也是从那时起，我正式开启了在地图上纵横的生涯，到现在《第三本书》都写完了。

《第一本书》的故事实际上就是从成都开始的，因此，我想这次再去正好可以在三部曲上形成闭环，几乎可谓是圆满，因此就“骂骂咧咧”订了飞成都的机票。

是的，“几乎”是圆满的，当年我曾设想到出第三本书的时候，要以命中注定的全新爱情作为结局，只是没想到如今爱情不知所踪，却又回到了出发点。当年那只刚刚睡醒斜着眼睛看人给过我莫大鼓励的小猫已经长大成熊，而再见面时，它仍旧是一脸与世无争却又舍我其谁的表情，真是叫人恼火。

作为国宝有人管吃管住还包办婚姻，当然做什么都有底气，因此，我突然觉得当年是被它那奇妙的眼神蛊惑和欺骗了，那时的小猫一定不是想告诉我“要勇敢！”，而是在说：“快滚开！”

国宝精贵“过人”，熊腕儿巨大，其拍摄待遇即使是全世界的顶级巨星加起来都无可比拟，因此着实心累，想要“国宝”跟你稍微配合一下，简直要比把它们拍成彩色的都难，不过好在我一身黑白也自诩“国宝”多年，看在“血缘”的亲密关系上才没有半途而废。

拍摄的三天里天空都是熊猫溶化后的颜色，最后一天又下起了雨，叫人满心惆怅却难以抒发，而原本打算杀青后去雅安的始阳第一小学看看当年那些个在黑板上写我名字的和跟我在田里一起奔跑的“小鬼们”，怎知赶上中秋放假，孩子们散落天涯，于是又失去了一个跟小朋友们吹牛的好机会，只好灰溜溜从熊猫基地回到成都。

“屎鹏”说他想在成都玩儿一天，叫我作陪，于是我推迟了去重庆筹备签售的计划，结果次日一早刚醒来就看到屎鹏的手机留言：“家里有事，已于凌晨打飞的赶回老家，因此特别留言叮嘱你，独自上街时请务必提防抓狗队员！”好吧，中秋没有“屎”吃，真是悲伤。

中午当地朋友大牛、玉富和小疯见我可怜，便出来同我小聚，餐桌上他们聊了很多，唯独不聊如何偷“岳父”家的女孩子，因此，虽然满桌菜肴香色俱全，我还是吃得“索然无味”。餐毕各自回家过节，只留我在外面逛大街，大街上成双成对出来进去都是情侣，原来“屎鹏”所谓的抓狗队员叫作“爱情”，而为了不给爱情添堵，我溜进一家叫作“猫的天空之城”的书店坐下码字，感觉比起被人类虐杀还是和“猫”同归于尽来得壮烈。

好吧，这也是命中注定，三年前的中秋，我曾在苏州老街这家书店门外的板凳上为等一个人整整坐了一夜，结果人没等到，却等来一段天涯浪迹。如今旅行于我已是生活常态，而渐渐地旅行能带来的新鲜感和刺激也开始变得常规且温和，因此在文字创作上也不可避免地开始变得重复和平淡，如非人类要突然移居火星，恐怕在短期内是我很难在“旅行故事”的写作上有多大突破了，好在三部曲已成，至此终于可以告一段落，今后旅行还会继续，只是“游记”且先放一放吧。

至此，只可惜不是“大团圆”结局，不过在写作上我会放更多精力到小说上，希望到时候还能换来大家抛洒的狗粮，而小说结局的圆满与否，我可以任意虚构，就像我刚刚又收到阿铁发来的微信：择日入洞房。

从书店出来天色已晚，霓虹闪烁车水马龙，冒着被爱情“虐杀”的生命危险，在路边扒拉了几口炒饭后决定去看场电影，票我买了两张……这几年没能遇到你，但我还是想在这浪漫的月圆之夜请未来的你看一场，大团圆的爱情。

2016 年 9 月 16 日夜

于重庆

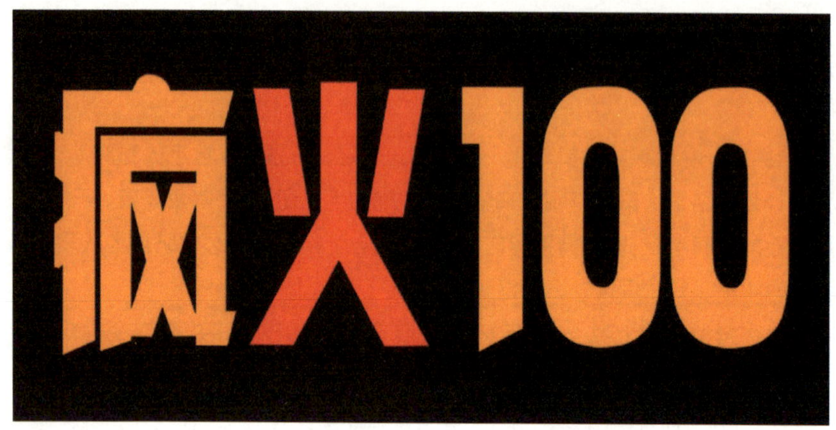

后记二：

一场“空前绝后”的行为艺术

经历了反反复复艰难无比的审查和修改，这“三部曲”的最后一本，终于要和大家见面了，而时间也从 2016 年来到了 2020 年，让大家久等了，实在抱歉！

这是一篇在我公众号“疯野”上发布的文章，而上面图片处应该是一段 3 分钟长的视频，其内容“单调”剪辑“花哨”，看了眼睛会很累，所以体力好的可以去公号找了看，祝愉快！

当我排版排完上一篇文章的时候，突然觉得作为三部曲的后记，真是意犹未尽，总觉得不够完满，在憋了几天后，突然想起了去年的这场行为艺术，于是就想到用这篇文章做三部曲的收尾后记真是再适合不过了，着实一身轻松，那么接下来就请你保持自己最舒服的姿势，安安心心地听我吹牛皮吧，牛皮很长，但如果你在过程中没有睡着，那么我想，你能得到最坏的结果也就是开怀一笑，这个我是可以保证的。

我们从头开始：

我，孟火火，真名儿，1 个人，带着 1 本书，从 2018 年 4 月 7 日到 2019 年 4 月 7 日，于北京开始，在故乡阳泉结束，用整整 1 年时间，所谓 365 天，走遍全国 34 个省级行政区（包括港澳台以及各自治区和直辖市），算上重复进入的个别省会和周边城市，还有马来西亚的万饶，一共走了 100 座城，平均每 3.65 天换一个地方，多少次在梦醒时分恍惚不知自己身在何处，穿云过雨，翻山越岭，飞机也好火车也罢，总行程约

60000 公里，可绕地球约 1.5 圈，对于旅行者来说，这并不算什么，但重点是，其间我做了 100 场名为“疯火会”的新书《野人天堂》的见面分享会，同至少 100 位书店人和 3000 位读者坐下来聊了天，共回答了不下 1000 个问题，算上问题的重复率至少也有 100 个不同，就在这 1 问 1 答间，我不断重新审视着自己和走过的路，有否定有肯定，有失败有成功，有遗憾有收获，总之，最终我完成了这场叫作“疯火 100”的行为艺术，再一次践行了我“内外观并行”的探索之路，这，是 1 条孤独艰苦的路，是 1 条充满惊喜的路，更是 1 条成长之路，或许，这一路我没能让世界变得更美好，但这一路让我更自信勇敢，更坚强果断，也更加相信这世界的美好！

以下空白，请大家想象一张从中国全境到马来西亚吉隆坡由错综复杂的行程路线编织而成的地图，我不放出来是因为那真的太吓人了，哈哈！

（百场“疯火会”的路线图，是不是“荆棘密布”又孤独？）

那是一个寒风萧瑟的夜，我顶着 38 度高烧的额头，关上肿胀的喉咙，拎着分享会剩下来的 20 本书，独行于通往住处的路，回想晚上的场面，虽然人数寥寥无几，但氛围仍旧愉快，只是当大家告别离去，有种莫名失落还是击中了我心，夜渐深，无月无星光，我穿过灯火黯淡的大街，像是走在一个冰凉而又飘忽的梦里，然而寒风过耳的疼痛告诉我这不过是一个最普通的现实，书店离住处不远，但步伐沉重感觉好不漫长，我在十字路口停下，四周空旷，无人亦无车，只有一盏红灯杵在对过傻傻望我，当时我竟感到了温暖，好像获得了某种关怀，然而顷刻，一个塑料袋随风飞来蒙在了那盏仅剩的柔情之上，于是，心中开始翻腾，泪腺就放飞了自我……

咔！咔咔！咔咔咔！导演，实在看不下去啦，咱们煽情就到这儿吧！

好吧，你吓我一跳……

都说艺术来源于生活的苦难，我赞同，经过这一年的折腾，什么智慧、什么思想、什么境界等等有没有提高我不敢胡说，但可以肯定的是，我的演技绝对可以到奥斯卡颁奖典礼当观众了，当然是二层最后排那种！

如今回过头来，那些甚至都算不上苦难的坎坷和悲伤，都早已烟消云散，“疯火100”这场为期一年的“暴走”，在故乡亲朋好友的围绕下，在最热烈而轻松的氛围里，终于落下了帷幕，而那所有在落幕时刻响起的掌声和绽放的笑容，就是大家颁发给我的荣誉勋章，这勋章闪闪发光，照亮了我的胸膛和五脏六腑，尤其是胆，因此，我又可以勇敢地继续吹牛皮了！

（用放大镜细看，密恐患者爱不爱我？）

那么，就请让我来说说这次的牛皮为什么叫作《疯火 100 | 一场“空前绝后”的行为艺术》吧？当然，倘若到最后你觉得这是“饱前满后”的话，那么请你来找我，然后请我吃个饭什么的，我改口就好了，我很随和的，不骗你！

言归正传，既然你不发问，我就先自问自答吧。

首先，为什么是“疯火”？这个简单，不过咱们到“其次”的时候再说，那为什么是“100”呢？这个也简单，但它跟“疯火”紧密相关，所以咱们也到“其次”的时候再说，那么回到“首先”，就从我的身份说起吧。

关于我的身份，是每次“分享会”的推广文案和主持人用来作为开始的基本内容，而在这 100 场的活动中，经常被问到的一个问题也跟我的身份有关，那就是：“你如何看待自己身上的众多标签？”那么这个问题的答案，恰好也是“疯火 100”的基础所在。

如玉少年　突变怪兽　疯野行者　笔墨刺客

抢戏演员　快门杀手　无名导演　帅哥

如果大家在网上搜索，或者听认识我的朋友介绍，都会说我什么是个作家、摄影师、导演、编剧、诗人、旅行者、帅哥、“臭不要脸”的等等，可谓“品种”繁多，而在这些标签当中，除了最后一个我比较有信心外，对于其他都有点心虚或者说不太上心，但不论怎样，这些都不是我主动盖上的帽子，一个人之所以会被贴上某种标签，那必定是因为这个人做成了某些事，而后社会周遭赋予了他相应的称号，但不论称号多少，做成事情是要付出辛劳的，因此，也可以说我那些“标签”其实也是自己努力奋斗的成果，只是，我认为“标签”是个十分凶险的存在，一旦我们默认了自己身上的某种标签又使用不慎的话，就会给自己造成局限，自己的心智会变得片面，脚下的路也就跟着越来越窄了。

看过我书的朋友都知道，书的作者简介都特别模糊如，如《孟火火的第一本书》的简介是“想知道作者是个什么样的人，得先看这是一本什么样的书”，而《野人天堂》的作者简介就一首诗，还有我的诗集《疯凉话》作者简介“一个有趣的人”，所以，当大家读完我书的“作者简介”，我相信关于我是个什么样的人，大家依然是云里雾里，好像是看到了一片“马赛克”，没错，那确实是我给自己打的马赛克，但我为什么要这么做呢？

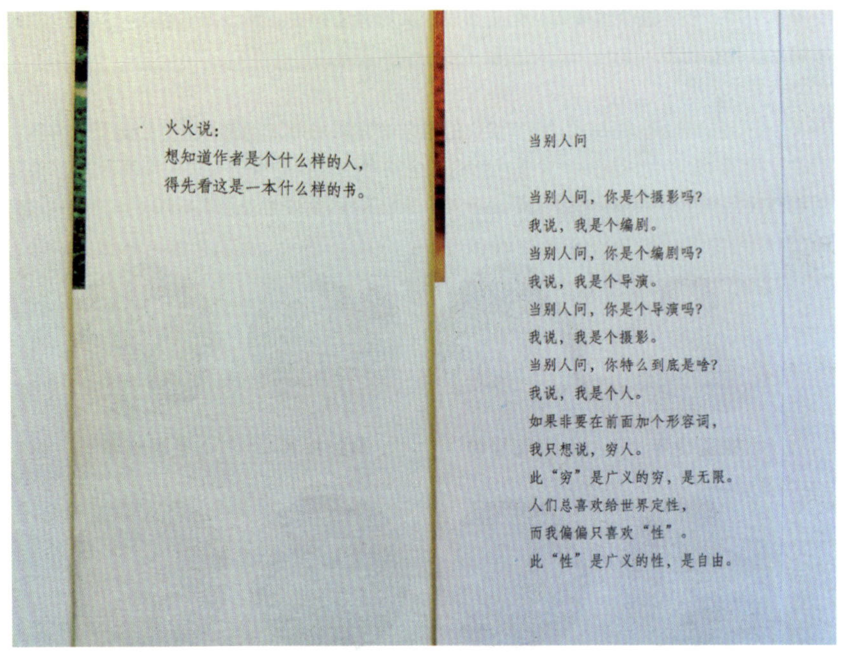

火火说：
想知道作者是个什么样的人，
得先看这是一本什么样的书。

当别人问

当别人问，你是个摄影吗？
我说，我是个编剧。
当别人问，你是个编剧吗？
我说，我是个导演。
当别人问，你是个导演吗？
我说，我是个摄影。
当别人问，你特么到底是啥？
我说，我是个人。
如果非要在前面加个形容词，
我只想说，穷人。
此“穷”是广义的穷，是无限。
人们总喜欢给世界定性，
而我偏偏只喜欢“性”。
此“性”是广义的性，是自由。

为了，去标签化！

而这跟我最大的“人生追求”有关，这个“人生追求”也是我为什么会有那么多标签的原因。

这时我狠狠地给你使了个眼色……

……哦，那你最大的人生追求是什么呢？你（zong）问（suan）得（kai）真（shi）是（fa）太（wen）及（le）时（ni）了！

这么说吧，到我临终的时候，当大伙儿聊起我，我最希望听到的不是“孟火火是一个伟大的导演，是一个杰出的作家，是一个优秀的摄影师，是一个臭不要……”停，尤其是最后一个！我最希望听到的是“孟火火这个人啊，太有趣、太好玩了！”，对，

“有趣好玩”！我最大的人生追求就是，

成为一个有趣好玩的人！

因为，只有“有趣好玩”才具有“无限性”，而具有“无限性”的人生，才是饱满又精彩的人生。

怎样才能成为一个有趣好玩的人呢？
呀，你的问题越来越高级了嘛！

要成为一个有趣好玩的人，就要在这有限的人生中，尽最大的努力去做最多有趣的事！而这次的“疯火 100”就是我为践行“有趣好玩”的目标而进行的一次努力和尝试。那么“疯火 100”的起因，是我自主营销的第二本书《野人天堂》，所以咱们就从“出书”说起。

（第一本书和第二本书的封面图）

我的谋生手段是电影摄影师，收入还算不错，时间也相对自由，平时没事儿就爱四处转悠，时尚点儿的说法叫做作“旅行”，我习惯在旅行中写作，因此每次旅行结束都会攒下很多故事，而当我的旅行故事积累到一定程度就有了出版的可能，接着我想，既然不靠写作谋生，那么要出书，就要出得特别和有趣些，所以经过冥思“甜”想，我决定把“写作”和“出版”以及“售后服务”这三个动作结合起来做成一个“行为艺术”作品，于是“折腾之路”就这样开始了。

什么是“行为艺术”？

嗯，高级！所谓“行为艺术”，简单从字面意思来说，就是要“动起来”，哈哈，而至于深层次的解释，小孩儿没娘，说来话长，咱们只需要知道“高级”就好啦，哈哈！

……

当然，“高级”是肯定的了，但真正的“艺术”必须要有“独创性”……

那你“疯火 100”的独创性从哪里来呢?

嗯，你打断得很好，很有礼貌！

之前说了嘛，书是这次“疯火 100”的基础，所以先回到书上，而为了我出的书能具有“独创性”，我在出版前定了一个小目标，我要出一套“前无古人，后无来者”的书（一套三本的旅行故事集），也所谓一套“空前绝后”的书！记得每次我在分享会上讲这话，总有朋友咧嘴笑，似乎在说……

果然不要脸！

哈哈，这你都知道，厉害厉害，不过虽然我自己也这么觉得，但我最终实现了目标！

而为达目的，我一共用了两步。

第一步，出书我要自主营销！

我的“旅行三部曲”全部是自主营销（诗集《疯凉话》也是），为此我花光了这些年通宵达旦拍戏苦攒下来的生活费，几乎落得终日吃面度日（认识我的朋友怕是在此处要笑出猪叫了），如此“凶险”那为什么还要自主营销？因为我富啊！哈哈哈，这样说话，真是太爽了，只是我自己都不信！

好吧，认真说，因为只有自主营销，才能最大化地体现自己对书籍呈现的控制，要不然连书名恐怕都无法自己主导。什么内容版式、封面设计、跟进印刷、营销推广、网店售卖、线下活动、自费举办万元大奖的书评大赛、看着堆积如山的滞销库存发呆等等，都是我自己负责，可以说压力巨巨大大，每天早上我必须对着镜子里的自己大喊一声，“我（menghuohuo）爱（ni）你（hao）中（shuai）国（ya）！”才能鼓起勇气走出门去继续闯荡，如此正能量，难道还不算是“前无古人”？以上那些，单独拎出来说其中一项，或许有人做过，但综合起来恐怕不太可能吧！

但是万一有呢？

高级！

孟火火的第一本书

作者：孟火火
出版社：九州出版社
副标题：游魂故乡
出版年：2015-10-1
页数：416
定价：56.00元
装帧：平装
ISBN：9787510839498

豆瓣评分
9.2
583人评价
5星 91.6%
4星 5.5%
3星 2.1%
2星 0.3%
1星 0.5%

野人天堂

作者：孟火火
出版社：天津人民出版社
副标题：孟火火的第二本书
出版年：2018-1-1
页数：372
定价：46.00元
装帧：平装
ISBN：9787201128702

豆瓣评分
9.5
428人评价
5星 93.7%
4星 4.4%
3星 1.9%
2星 0.0%
1星 0.0%

我经常吹“我的书在旅行类书籍里是写得最棒的！”但写书人无数而我读书有限，故对此牛皮，没什么把握，总有人写得比我好或者比我差，那么我还吹“在所有类型的书籍里出现的照片，我拍得该是最棒了”！我也总吹“我的摄影水平不是中国顶尖，但在国际上是顶尖的！”，但对于这个说法我只有一半把握，毕竟我们这里没有谷歌和 ins，而且现在都是全民摄影的时代了嘛，人人都可以这么说，所以，如果有个人他出书也要自主营销，并且自己做了我做过的那些所有事，同时写得比我好拍得也比我好，我的“三部曲”该如何才能“前无古人，后无来者”呢？

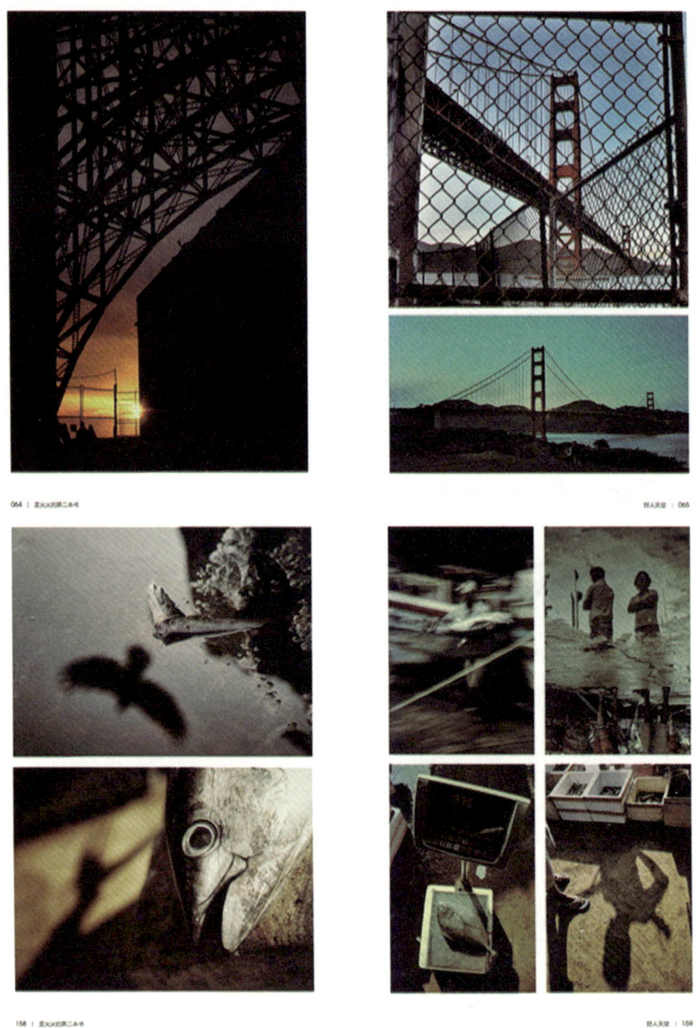

（《野人天堂》插图）

经过艰苦卓绝的片刻思考，我想到了一个好办法！

看过我前两本书的朋友，都知道我的每本书都有 10 篇序，惊不惊讶？大家看书见过 3 篇 5 篇序的，但肯定没有见过有 10 篇序的吧？那么，单从数字来说，第一本书的十篇序就是“前无古人”，第二本书的十篇序就是“后无来者”，而即将在今年年底出版的第三本书的序更特别，第三本书《游魂故乡 野人天堂》是我在 2016 年末的那次为期五个半月旅行的路上写完的，而我这一套书的所有序作者都是从我的旅行中、生活中以及工作中选出来的文笔最好的伙伴，恰巧在 2016 的那半年时间里跟我同行的人都是西方人，因此，第三本书的序言全部是外文，并且会有五种语言，英语、日语、荷语、印地语和西班牙语，如此奇特，我觉得第三本书就给“前无古人，后无来者”加了个双保险。

如果说有个人无聊，模仿我出版三本书，也做了所有我做过的那些事情，并且写得拍得都比我好，而且每本书也有 10 篇序的话，我也不怕，我会单独再出一本书，叫作《孟火火书的序言》，30 篇旧序加上 10 篇新序，一本只有 40 篇序的书，厉害不厉害？不求完美，只求“绝后”！

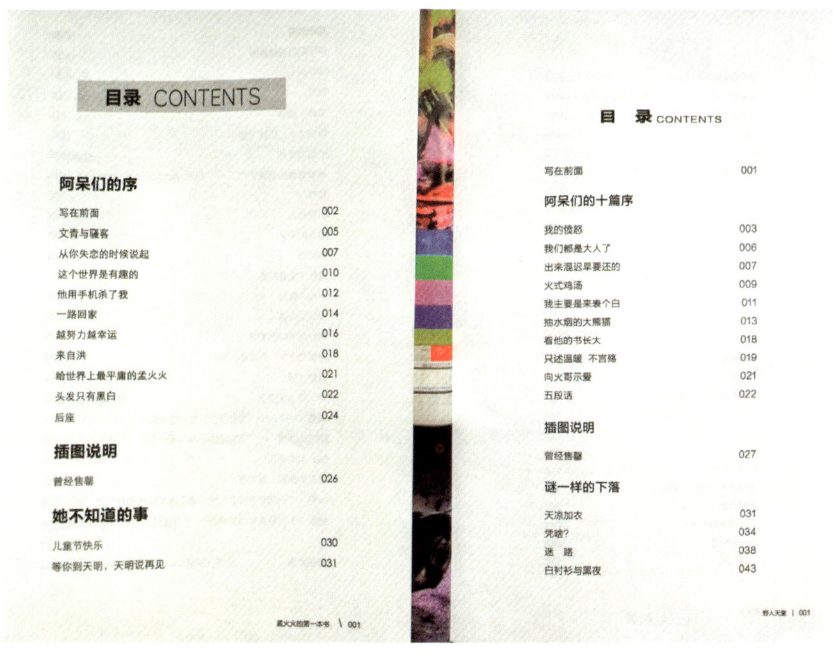

目录 CONTENTS

阿呆们的序

插图说明

她不知道的事

孟火火的第一本书 \ 001

目　录 CONTENTS

阿呆们的十篇序

插图说明

谜一样的下落

野人天堂 | 001

……

哈哈，看你的表情，是不是觉得很酷很无聊？

当然是的！

不过这只是概念上的玩法，而这些序实质上还有别的诉求，那就是我在出版之前，对自己书的阅读体验作出了如下设计：无论是谁，在任何地方，只要翻开我的书阅读，都能够获得一种像是“老朋友”一样的亲密感。这才是所有序言的真正目的。

我给每位序作者写序的要求都是“无正文可看”，也就是说，我请各位给我写序言的时候没有给他们我书的成稿，所以每位序作者在写序的时候，都不知道我书里到底写了什么，因此为了给我写序，序作者就只能从我这个人下手，而这 30 位作者的成长经历、社会背景和阅历等等都不同，这就意味着会有 30 个完全不同的角度来向大家介绍孟火火是一个什么样的人，这比那些机械式的“我是干什么的从哪里来的”简介要有趣和生动得多，当大家读完这些“妙趣横生”的序言，其实就是对我进行了一次相对全面和深入的了解，那么带着这种了解再读后面的文章，就会自然而然地跟我产生那种老朋友一样的亲密感，就像我们是一起长大的发小或闺蜜，某天约了喝茶或咖啡，其间一段时间保持沉默各做各的事，突然灵光一闪又聊了起来那样的亲密感，这就是我要的“阅读体验”，而且从读者朋友的反馈来讲，我目的达到了。

囚徒

2017年6月25日

装的有点过头了吧

口音

3月26日

不如狗屎

（人间充满恶意，而我相信并遇到爱）

真是有心机呀你！

你说什么“新机”，贵吗？

额，挺贵吧……

那我不可能有！

不过，不论这本书的概念如何精巧或者粗糙，最终呈现出来的实体书，在我这次“疯火 100”的行为艺术过程中，只占 20% 的比重，仅是个基础，但实体书是个桥梁，没有这座桥，就没法进行我后面的行动。

那么，还有 30% 是出书这个过程，我花光了自己的“狗粮”，自主营销，完全是交学费重新学习了一门新本领，经过几本书的出版过程，我基本了解了出版行业的运行模式、规则和流程，从源头到末端我都进行了学习和操作，也就是说今天我完全可以跟别人吹我还是一个“滞销书作家”呢！

而更重要的是，在我自己做营销推广和线下活动的过程中，我的各方面素质和能力都得到了巨大提高，从第一本书出版时，自己带书找书店上门推销四处碰壁（当然过程中也收获了很多支持），到这次敲开一百家书店和文化机构的大门，我可以轻描淡写地说成“艰难”，而每次我都要在最短的时间里讲明白自己的意图，并取得对方信任，最终还有把活动落实并且做成功，要用一年的时间走遍全国所有的省级行政单位，包括港澳台，最后还扩展到了国外马来西亚，做成华语世界属性的活动，风风雨雨单枪匹马，经过这些，我的沟通理解能力、统筹规划能力、决策执行能力、抗压以及调整负面情绪的能力、现场节凑和氛围控制能力、吹牛皮说大话的能力等等，都有巨巨大大的提升，对此，我也可以轻描淡写地说成“大丰收”！

那个……

稍等，我先说完哈。

（百场“疯火会”过程中的全部火车票和机票）

话说到这儿，先不提自主营销这事儿，一个作者单枪匹马在一年时间里做 100 场“分享会”的，有没有？空前并暂时绝后，有没有？（如果你觉得没有的话，解决办法最开始我已经说过啦，哈哈！）而这也恰恰是那最后且最最重要的那 50%，就是跟这次 100 场活动中的读者朋友们“见面聊天”！而“疯火 100”也正是从这里开始“动起来”了！

那个……
别急嘛，我知道你激动，但等我说完哈。

另外，在这一百场“分享会”中，时常会有第一次见面的书店人在见到我时问“火火，你是一个人来的吗？”每次我都回答：“不是啊，还有我的经纪人和团队！”然后对方就会说：“那他们在哪里啊？”这个时候我就会指指自己说：“就在你们面前啊！”于是大家会心一笑，这笑使我温暖也是我自豪，我就是一个团队，我就是超级英……

停，抱歉，我能不能先上个厕所？
哈，原来你是尿急呀，但是不行，这篇文章没有尿点！
……

一本书就是一个世界，这个世界上所有的已知，甚至未知，都可以找到相应的书籍，或描述介绍或推测猜想等等，总之每本书里都有一个世界，那么书店和有书的文化空间是个什么地方呢？一个书店里有无数本书，也就是说有无数个小世界，那么一个书店就是一个小宇宙！

宇宙具有“无限性”，因此，经营书店的人以及常来书店的读者朋友，就自然带有这种宇宙的无限性，那么我在这样的空间里跟具有无限性的人交流和沟通，实际上就是在拓展我自己的无限性，那么每场活动之后，我会跟参与活动的每一位读者成为朋友，朋友之情或远或近，或深或浅，但是只要这个联系发生了，我就相信在未来我们之间必然会发生某种微妙的“化学反应”，反应有强有弱，但必定是向上和往美好去的，因为这反应的基础是书籍和文化，而这些化学反应的结果，就是我最大的期待和收获！

还有，每次活动结束后，不论大家对我和我的作品以及现场表现是持批评还是赞赏态度，实质上都是对我产生了认可，认可是什么呢？认可是人类精神上最基本的追求，而认可的转化是“自信”，那么自信又是什么呢？自信是每个人成长道路上最最重要的动力来源，所以在这一百场活动中认识的各位，加上过去已经认识和未来将要认识的各位，就是我孟火火继续成长的动力所在！

（“疯火会”过程收集的书店纪念章，部分书店无纪念章）

对，大家是我的动力来源！

这就是最后的 50%，总和起来的 100%，就是“疯火 100”的初衷和基本意义。

啊，到此总算把“首先”说完了，唉，你刚去哪儿啦？我都没注意你走开……

去厕所了！

哦，那你还知道回来，给你点赞！

你要不先喝口水？

哈，我不渴，咱们赶紧进入“其次”环节吧！那么，先说为什么是“100”，很简单，因为我从小到大的考试都没有及格过，所以 100 是最初的梦想！

啊，你智商这么低？

哈哈，怎么可能，开玩笑！

正经说，其实最开始，我只计划做遍所有的省会和几位老朋友书店的所在城市，但做着做着就超过了60场（此处的经验是，只要耐得住且懂礼貌，就没有敲不开的门），于是又想，这一路上我都在聊“无限性”这个话题，那么都超过60场了，怎（ru）样（he）才能（shou）更“无限”（chang）呢，因此顺势就想到了“100”这个数字，1 后面那个“00”特别像个“无穷大”的符号，即“∞”，正好代表“无限”，而 1 就可以代表“你、我、他”，代表每个独立的个体，而没有 1 这个开始，也就不会有今天的所有故事，因此可以说，我们每个人都是 1 个世界，而当我们相遇，

就是无穷大的宇宙！

是不是很厉害？！

厉害厉害……

来，让咱们一起鼓掌！

啪啪，啪啪，啪啪啪……

停，你干吗打我脸？

要你清醒一下啦……

哦，那谢谢你，我接着说。那么，为什么是“疯火”？也很简单，一个单身汪不好好谈恋爱找对象，花光积蓄出书，然后用一年的时间，跑遍全中国还到达东南亚，一共做了 100 场书的见面分享会，食宿路费都自理，只为跟人聊聊天，你说够不够疯？

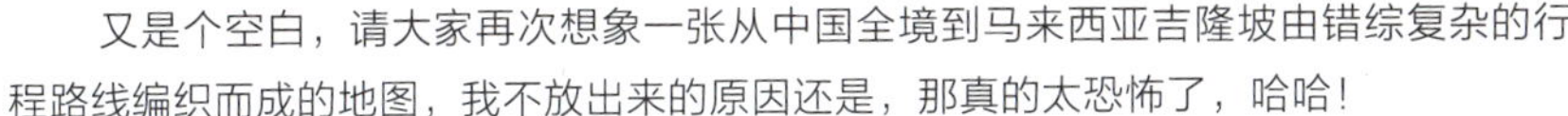

又是个空白，请大家再次想象一张从中国全境到马来西亚吉隆坡由错综复杂的行程路线编织而成的地图，我不放出来的原因还是，那真的太恐怖了，哈哈！

不够！

不够，再来！

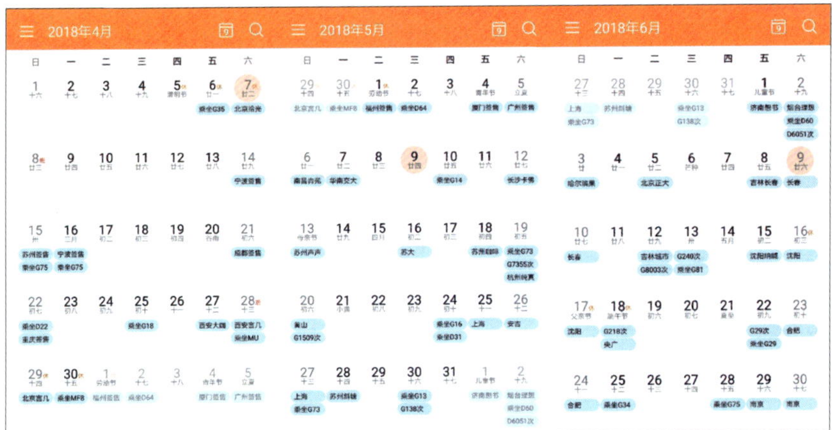

（“疯火会”行程日历图）

2018年7月

2018年8月

2018年9月

2018年10月

2018年11月

2018年12月

2019年1月

2019年2月

2019年3月

2019年4月

够不够？

不够！

那请看！

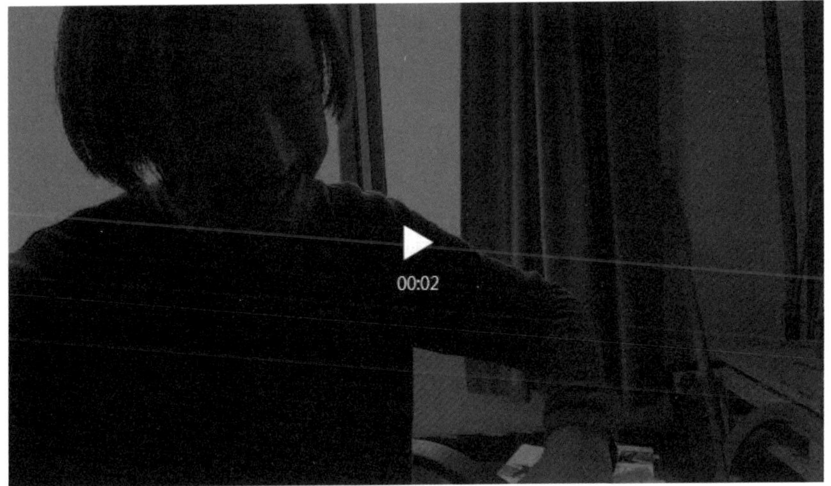

别点了，这只是一张截图……

这本应该是一段视频，内容是“滞销作者”在求大家帮忙，特备性感，至于如何性感，大家就自行脑补吧，哈哈！

这下够了吧？

不够！

好的，之所以是“疯火”的另一个原因，就是朋友们常说的“孟火火，一言不合就暴走天涯”，其实没有那么夸张，我只是规定了“半年工作，半年旅行”的生活模式。不过，这半年不是绝对值，一般都是工作一段时间之后出去走一段时间，这样来来回回，最后划分下来差不多是半年半年的规模，也即我所谓的“半半生活”。

那么，为什么会有这样的生活模式呢？这就跟我的“职业规划”和我对“人类基本诉求”的认知有关了。

第一，我的职业规划，我要成为一名杰出的电影艺术家。

而当一个人有了一个“艺术家”的追求，他就自动获得了一个基本任务，就是“要让自己不断地成长”，那在这个前提下，日复一日的重复性劳动，会极大地消耗和伤害人的创作热情和才华，因此我决定要适时地停下来，并且选择了“旅行”来作为自己的成长途径，因为旅行可以极大地丰富我的阅历、拓展我的眼界、锻炼我的思想和强健我的体魄、让我喝风吃土等等，更重要的是，旅行可以让我收集到非常多的素材，而素材是创造的基础。

另外，我认为所有的艺术创作，到最后拼的都是“世界观”，如果一个创作者没有立体又饱满的世界观，我认为他的作品也必定是扁平化和没有生气的，这就是出于职业规划我选择“半半生活”的原因。

第二，我认为作为人类有两个与生俱来的诉求，一个是“内观”，一个是“外观”。

什么是内观呢？

生而为人，我们自己是个什么样的存在，自己的肉体是怎样的构造，意识思想和灵魂到底是什么等等，我们需要去向内发现和探索，我们读书、搞艺术创作、参加社会活动等等，都可以说是“内观”的过程，都是在向内探索，目的也正是“认识自我”，但作为人类仅仅认识自我是不够的，要想成为一个完整的人类，就还要进行“外观”。

什么是外观呢？

生而为人，诞生在这颗星球上，这颗星球是个什么样的存在？我们国家是个什么样的存在？我们国家背面的世界有怎样的意识形态和社会结构？我们国家西边的世界有怎样的历史文明和风土人情？我们国家东边的世界的人类讲怎样的语言和吃怎样的食物？我们国家南面的世界又有怎样的地理外貌和世界外观？宇宙是什么？我觉得作为一个人类，也有责任和义务去发现和拥抱这个世界。

那么，内观在哪里都可以进行，只要我们这个身体存在就可以随时随地内观。但外观，只有通过我们的双脚才可以实现，如果我们不迈开双腿走出去，这个世界就永远无法真正地进入我们的怀抱。那么回过头我们会发现，内观的同时一般很难同时做到外观，假设正在上班的我不可能拍拍屁股就出去玩耍了，至少得搞个假病假条或者辞职信吧？但是外观的同时却可以同时进行内观，比如在旅途上，我们可以读书、可以写作、可以搞艺术创作、甚至可以通过旅行来赚钱过活，因此，外观是个一箭双雕的过程！

这便就是我对人类基本诉求的认知，同时我还认为“旅行”对于人类来讲，不应该是个“要不要”的问题，而应该是个“必须”。当然，我也不反对有些朋友说“我就是喜欢一个人在一个地方待着”，每个人都有自己的活法，我只是从我的个人角度出发讲，如果我这一生无法充分地进行“内外观”的双重探索和实现的话，我的人生就是不完整和不饱满的。

你干吗一直点头?
我觉得你说得好有道理呀!
你该去看脑科了……
哈……

那么，综上一二，就是为什么我会有“半年工作，半年旅行”生活模式的原因，而这“遍布华语世界”（就让我假装是这样的吧）的100场“疯火会”，也正是在践行我“内外观”的生存之道。

这够不够疯?
不……
够啦，够啦，我嘴都麻了，够啦，不接受反驳!

总之，上面的所有，就是《疯火100 | 一场“空前绝后”的行为艺术》。

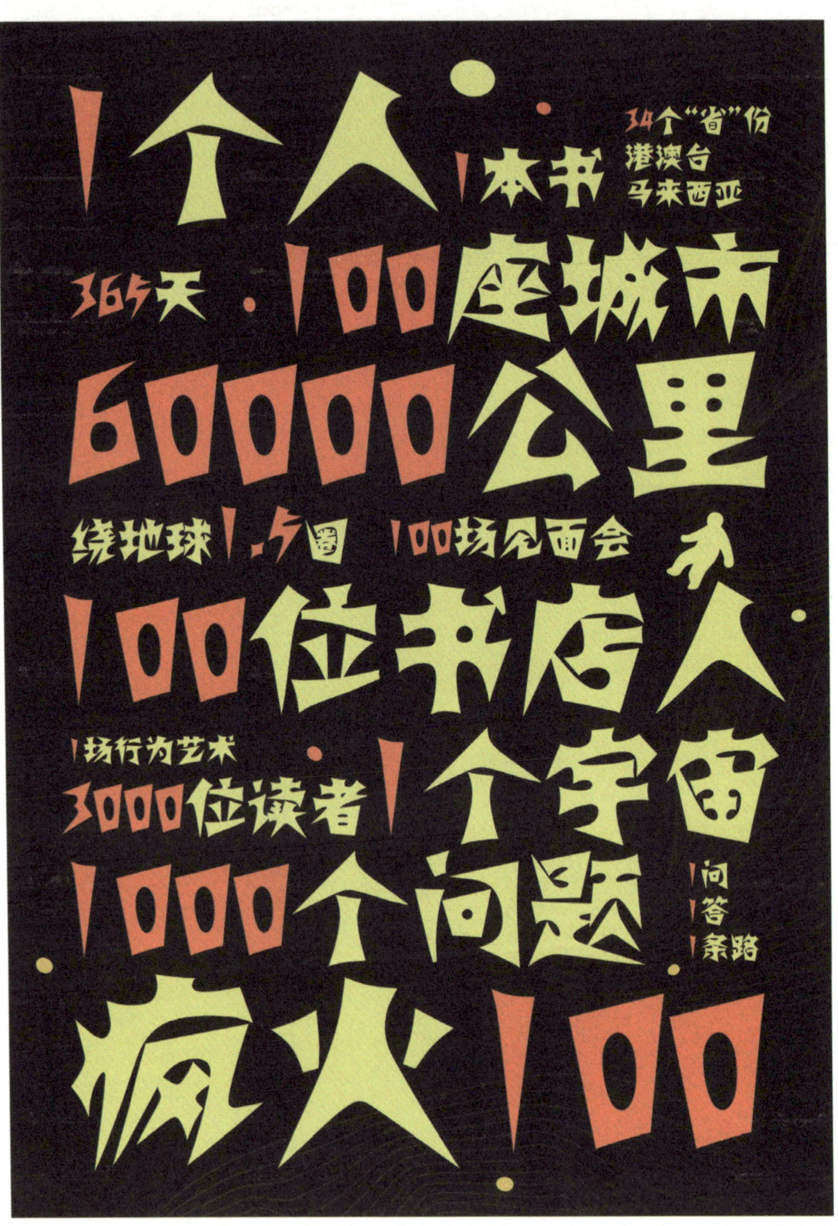

至此，大家通过“大数据”浏览了我这“疯狂”的一年，也忍着胃里的翻腾欣赏了我“高超”的演技，更通过我的“歪门邪道”了解我的“身份秘密”，又跟着我故弄玄虚了“无限性”和“内外观”的奥义，并且和我促膝长谈了一场“空前绝后”的

行为艺术，但其实到头来，我并没有做什么“行为艺术”，因为我只是，

做了“一个宇宙”！

哈哈哈，是不是超级厉害?

……

你说什么？掌声太热烈了我听不清！

……

听不清，听不清呀，哈哈，管他呢！

那么当然，除了“宇宙”这个无形而美好有巨大的成果，这一路的奔忙自然也产生了一些有形的成果，就是上面展示的视频以及图片内容，而那100场活动的视频剪辑，虽然画质不高（着实没有经费请专业团队和使用专业器材，大部分是现场观众朋友的手机录制的，型号千奇百怪），不过这样倒也更加真实，可以肯定不会拿到奥斯卡最佳纪录片奖了，但作为大家颁发给我的荣誉勋章，价值是无限巨大的，全世界所有的奖项加起来都比不过！

无比幸福！

另外，在做疯火100时，虽然我旅行三部曲的收官之作《游魂故乡 野人天堂》还没来得及出版（就是你现在手上的这本），但在这次“疯火会”的一路上，我又写下了10万字的笔记，计划将来整理出来单独出一本叫作《疯火100》的书，讲述这一路的各种故事和思考，希望大家喜欢，但不再自掏腰包了，早就揭不开锅啦！

哈哈，一年下来都变成话唠啦，同时就像每次分享会的最后，总是舍不得说“再见”，那么在这即将“剧终”的时刻，就让我多献一份“爱心”吧，在此我特意贴心地为对我书感兴趣的朋友，送上书店二维码，

孟火火的书店

扫我进去看看

是我亲自经营的网店，只卖我自己的书，所有书都会是我亲自“画押”名版，当然还有赠言版等多种不同型号，大家可以随喜好选择。

那么最后，关于“疯火 100”，我要郑重向这次跟我合作的每一家书店以及各位负责人，还有参加我分享会的各位读者朋友道谢，90° 鞠躬：谢谢，谢谢你们！

没有你们，就不会有“疯火 100”的成功！

没有你们，也就没有我未来的进一步成长！

没有你们，也就没有今天我吹牛皮时心中的愉悦与幸福！

郑重地，

谢谢！我爱你们！

而在这最后的最后，我要感谢我的大哥、大嫂（在拍照）、妹和妹夫、没有你们的支持和帮助，别说“疯火 100”了，连我……我说话这么甜，要不要先给点零花钱？

哈哈，总之 180° 鞠躬：

谢谢啦，我爱你们！

当然在这最后的最后的最后，我还要感谢我的侄子和外甥女，你们还很年幼，多谢你们相信叔和舅，多谢你们对那位我还不知道在哪里的婶婶和舅妈充满期待，也多谢你们先来到这世上肩负起了照顾那个，我自己还不知道会是你们弟弟还是妹妹的重担，而在未来的那一切发生之前，我要叮嘱你们，等你们长大了一定不要学我吹牛皮，这样不好，但要学我超级自信，我觉得这样很好，另外，最最重要的是，一定要爱你们的爸爸妈妈，他们原本是很爱我的，结果有了你们……

哎，一声叹息，总之，你们爱不爱我没有关系，只要记得压岁钱交给我就好了！谢谢你们，360° 叔舅给你们翻跟头，

我爱你们！

特别鸣谢

疯火 100 的承办书店和机构

（按时间顺序排列）

01 北京 / 拾光书屋，02 宁波 / 甬上枫林晚，03 苏州 / 慢书房，04 宁波 / 由学书社，05 成都 / 言几又，06 重庆 / 博来居，07 西安 / 万邦书店，08 西安 / 言几又，09 北京 / 言几又，10 福州 / 无用空间，11 厦门 / 不在书店，12 广州 / 学而优书店，13 南昌 / 青苑书店，14 南昌 / 华东交通大学，15 长沙 / 卡佛书店，16 苏州 / 声声曼书吧，17 苏大 / 六维空间，18 苏州 / 隽品堂（木渎店），19 杭州 / 纯真年代，20 上海 / 坐忘书房，21 安吉 / 坐忘 · 蓝莲花开，22 上海 / 坐忘书房（金科店），23 苏州 / 坐忘书房，24 济南 / 想书坊，25 烟台 / 理想书店，26 哈尔滨 / 果戈里书店，27 沈阳 / 乐读书社，28 吉林 / 美好生活博物馆，29 吉林 / 梅梅读书会，30 吉林 / 乐读书社（活力城店），31 吉林 / 城市之光，32 沈阳 / 呐喊书店，33 沈阳 / 离河书店，34 沈阳 / 杏林七号咖啡书吧，35 合肥 / 瑶海书城，36 合肥 / 保罗的口袋，37 南京 / 大鱼户外俱乐部，38 南京 / 万象书坊，39 石家庄 / 呈明书店，40 北京 / 荟读书馆，41 北京 / 单向街，42 北京 / 读者书房，43 南阳 / 淯吟书房，44 洛阳 / 兔子共和国，45 武汉 / 境自在，46 武汉 / 予果书店，47 天水 / 天一书店，48 兰州 / 广场书城，49 乌鲁木齐 / 左边右边，50 西宁 / 几何书店，51 拉萨 / 圣承书苑，52 拉萨 / 自在莲瑜伽生活馆，53 昆明 / 塞林格咖啡馆 · 麦田书店，54 昆明 / 花生书店，55 大理 / 海豚阿德书店，56 丽江 / 堂吉诃德书店，57 贵阳 / 集文里，58 南宁 / 稻草人，59 南宁 / 当当书店，60 海南 / 知和行书店，61 广州 /1200bookshop，62 深圳 / 小津概念书店，63 深圳 / 麦哲伦书吧，64 深圳 / 手印咖啡，65 苏州 / 初见书房，66 郑州 / 纸的时代，67 郑州 / 目录书店，68 天津 / 肆拾贰空间，69 秦皇岛 / 岛上书店，70 银川 / 围炉社，71 银川 / 设计师专场，72 太原 / 岛上书店，73 呼和浩特 / 中山书店，74 青岛 / 不是书店，75 威海 / 布一书店，76 大连 / 念时光书店，77 无锡 / 初见书房，78 常州 / 书式生活，79 南京 / 江苏经贸学院，80 深大 / 简阅书吧，81 香港 / 艺鹄文艺空间，82 澳门 / 边度有书，83 厦门 / 外图书城，84 厦门 / 晓学堂，85 厦门 / 造作青年文艺空间，86 台湾 / 读字书店，87 台中 / 新手书店，88 高雄 / 三余书店，89 台东 / 有人在家客栈，90 台北 / 飞页书餐厅，91 上海 / 书集，92 昆山 / 清朗书房，93 北京 / 天堂时光，94 成都 / 读本屋，95 重庆 / 南之山，96 西安 / 阅己书屋，97 香港 / 序言书室，98 马来西亚 · 万挠 / 爱美乐图书馆，99 杭州 / 蜗牛读书馆，100 阳泉 / 半岛书店。

我爱你们！

谢谢！